# VIVRE EN TRAVAILLANT !

## PROJETS, VOIES ET MOYENS

## DE RÉFORMES SOCIALES.

# VIVRE EN TRAVAILLANT!

PROJETS, VOIES ET MOYENS

## DE RÉFORMES SOCIALES;

PAR

## FRANÇOIS VIDAL,

Auteur de la RÉPARTITION DES RICHESSES.

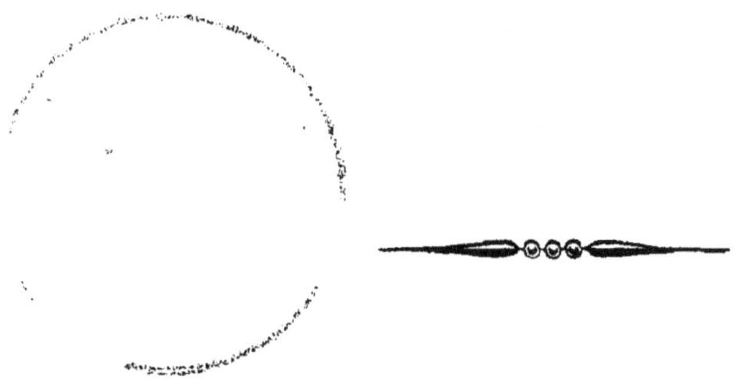

# PARIS

CAPELLE, LIBRAIRE-ÉDITEUR,

Rue des Grès-Sorbonne, 10, près le Panthéon.

# 1848

# PRÉFACE.

---

Les idées que je développe dans ce volume, ne sont pas nouvelles. Je ne réclame donc ni brevet d'invention, ni brevet de perfectionnement.

Je n'ai jamais compris qu'un homme osât revendiquer la propriété et la paternité d'une idée, pas plus que je ne concevrais qu'on prétendît s'être mis au monde, être son père et son ancêtre.

Les idées sont éternelles par essence, et ne sauraient appartenir à personne en particulier. Nous sommes tous des réceptacles et des échos : ce que nous appelons invention, imagination, n'est le plus souvent que le résultat de la faculté d'observer, de se souvenir, de comparer et de conclure. Le germe des théories que propagent aujourd'hui les utopistes les plus avancés, se trouve déjà dans des livres qui ont été écrits il y a plus de deux mille ans, dans des livres dont les auteurs sont restés inconnus.

La filiation d'une idée est bien autrement difficile à suivre et à déterminer que la filiation d'une race ou d'un individu. Toute idée, même la plus simple, est la résultante, est le produit complexe du travail accumulé de toutes les générations qui nous ont précédés sur ce globe. Cherche qui voudra la part qui peut revenir à chacun dans cette œuvre collective ! Pour moi, je sens que toute vanité est ridicule ; je sens que les personnalités les plus hautaines sont perdues et confondues dans cette foule immense, comme une goutte d'eau dans l'Océan ; je sens que chacun de nous vit du travail, de la pensée, de la vie de tous les autres, de la pensée de ceux qui se meuvent autour de lui, de la pensée de ceux qui s'agitent à l'autre bout du monde, de la pensée de ceux qui sont morts depuis des siècles.

Non-seulement je n'ai pas la prétention de faire du nouveau, de l'inconnu, mais encore je dois déclarer franchement que tout ce que je vais développer ici, je l'ai déjà exposé en grande partie, sous une autre forme et en d'autres termes, il est vrai, 1° dans une brochure sur *les Caisses d'épargne, les banques et les ateliers de travail agricole*, publiée en 1843; 2° dans divers articles de la *Revue Indépendante*, imprimés en 1844; 3° dans un livre sur la *Répartition des richesses* ou sur la *Justice distributive*, qui a paru en 1846.

Ainsi, je marche dans un sentier depuis longtemps frayé, dans un sentier que j'ai battu moi-même. Toutefois, je prends aujourd'hui une autre allure. Les projets que je présentais, sous la monarchie écroulée, comme des projets rationnels dont je n'osais espérer la réalisation, je les donne maintenant comme possibles, comme immédiatement réalisables, comme nécessaires. Ce qui était une utopie, il y a six mois, peut devenir une institution de la République.

A mon avis, les théoriciens d'avant la révolution sont aujourd'hui les seuls hommes vraiment pratiques, les seuls qui comprennent le mouvement des idées et des faits, les seuls qui puissent le diriger, les seuls qui aient le vrai sentiment des besoins de la société nouvelle.

Le temps est proche où les *idées sociales*, les idées positives *d'ordre, d'association et d'organisation*, que l'on traitait de chimères et de rêveries, seront les seules idées raisonnables, deviendront pour la société actuelle l'*unique moyen de salut*.

Le temps est proche où l'intervention de l'État, réclamée depuis vingt ans par les socialistes, repoussée avec obstination par les économistes libéraux, repoussée par les propriétaires, par les agriculteurs, par les industriels, par les marchands, par les banquiers et par les capitalistes, sera invoquée à grands cris, implorée comme une faveur, comme une grâce par la propriété, par l'agriculture, par l'industrie, par le commerce, par la banque et par le capital, par les économistes libéraux eux-mêmes! Le temps est proche où cette intervention, chose plus étrange, sera accordée et dispensée, peut-être, par les hommes qui ont passé toute leur vie à la combattre, et qui se sont fait un nom et une popularité pour l'avoir combattue !

Les apôtres du laisser-faire, du salariat et de la concurrence ; les disciples de Say et de Malthus ; les théoriciens de l'individualisme, de l'égoïsme, de l'optimisme, du fatalisme, du désordre absolu et de l'anarchie systématique, réduits à réclamer la solidarité des intérêts par l'association, l'intervention directe de l'État, l'organisation du travail, de l'industrie et du commerce ! Quelle volte-face !

Les hommes de la vieille politique, qui voyaient le salut et le bonheur de la France dans l'application de la maxime constitutionnelle *le roi règne et ne gouverne pas*, ou de la maxime monarchique *le roi règne et gouverne*, ou de la maxime républicaine *le roi ne règne ni ne gouverne*, et qui ont discuté sur ce thème pendant trente-deux ans, écrit des milliers d'articles de journaux, prononcé je ne sais combien de harangues... obligés d'aborder les questions sociales, les questions de travail, de répartition, de salaires, c'est-à-dire obligés de se remettre à l'étude pour être en état de suivre les discussions !

Eh bien, avant longtemps, nous verrons tout cela. Si l'on ne se hâte d'entrer franchement et hardiment dans la voie des réformes, des réformes organiques, des réformes sociales, nous verrons les finances épuisées, l'industrie aux abois, le commerce paralysé; nous verrons les illusions des optimistes s'évanouir; nous verrons monter, monter le flot de la misère; nous verrons se fermer les ateliers, les magasins, les boutiques; nous verrons se succéder les faillites et les catastrophes; nous verrons s'écrouler les derniers débris de notre vieil édifice économique... Dira-t-on encore, alors, qu'il faut laisser faire, qu'il faut laisser les ruines s'entasser, l'industrie s'anéantir, les capitaux disparaître, le commerce s'arrêter, les populations mourir de faim? Dira-t-on aux ouvriers de prendre patience, d'attendre le retour du calme, de la confiance, du crédit? leur vantera-t-on encore les merveilles de la concurrence et du salariat, l'action bienfaisante des monts-de-piété et des caisses d'épargne? leur prêchera-t-on la sobriété, la résignation et l'économie?

Ah! nous verrons à l'œuvre les architectes

et les maçons de la politique, les docteurs de l'économie libérale qui prétendent guérir la gangrène avec des cataplasmes, et tous ces philanthropes aux bons désirs qui comptent sur le baume de la charité privée pour cicatriser les blessures les plus profondes! nous verrons comment le comité des représentants résoudra le problème qu'il s'est posé : *Améliorer le sort des travailleurs, sans rien changer à leur situation présente, sans modifier les institutions économiques!*

Ah! l'imminence du danger dissipera bien des préjugés, forcera les moins résolus à recourir aux vrais remèdes, et donnera raison aux socialistes. Il en sera du socialisme comme de la République : le 20 février, personne n'en voulait entendre parler ; le 25, tout le monde l'acceptait comme nécessaire.

Sans doute, on commencera par parcourir en tous sens le cercle vicieux de l'économie libérale, par essayer de tous les palliatifs impuissants de l'école philanthropique, par épuiser toutes les erreurs.... mais on sera bientôt à bout d'expédients, et alors, bon gré, mal gré,

il faudra bien adopter les solutions véritables,
les solutions présentées par les socialistes, les
solutions que l'on repousse aujourd'hui, et qui
cependant pourraient seules parer aux difficultés d'une situation désespérée. Seulement, le
mal aura fait des progrès immenses ; les remè--
des qui auraient pu suffire, il y a quelques jours,
ne suffiront plus dans trois mois ; ce qu'on peut
encore aujourd'hui, on ne le pourra plus peut-
être. — Puissent ces prévisions sinistres ne
pas se réaliser ! puissé-je me tromper dans mes
prophéties !

Pendant qu'on dressera cette fameuse enquête sur la misère, la crise ira toujours s'ag-
gravant de plus en plus. Bientôt, de tous les
points de la France, s'élèveront des demandes
de secours et des cris de détresse. Ouvriers
sans travail et populations affamées, manufacturiers et négociants ruinés, contribuables hors
d'état d'acquitter l'impôt, tous s'adresseront à
la fois au Gouvernement, à l'Assemblée nationale, supplieront l'État de venir à leur aide !

Alors, pour empêcher les populations de
mourir de faim, il faudra bien entretenir à tout

prix le travail dans les ateliers existants ; fonder des ateliers nouveaux ; intervenir en faveur de l'agriculture, de l'industrie, du commerce ; improviser des ressources immenses ; remplacer par du papier-monnaie les capitaux engloutis ; fonder le crédit sur de nouvelles bases ; établir des banques agricoles, des banques industrielles et commerciales ; il faudra établir des entrepôts de marchandises, des bazars, des magasins où le papier-monnaie s'échangera contre des objets de consommation, etc. ; il faudra faire enfin ce que conseillent les socialistes.

Le socialisme que l'on rejette maintenant, le socialisme que l'on calomnie, peut seul nous préserver des horreurs de la misère, de l'anarchie et de la guerre sociale. Cette vérité sera certainement comprise un jour ; mais trop tard, je le crains. Elle sera comprise, quand la catastrophe aura éclaté, quand il s'agira de réparer les désastres qu'on aurait pu prévenir.

Il est bien évident que la France ne peut être aujourd'hui sauvée que par une puissante organisation du crédit. Il est évident aussi que l'État seul peut distribuer largement le crédit à l'agriculture, à l'industrie, au travail. — La centralisation entre les mains de l'État de toutes les institutions de crédit, voilà la solution de ce terrible problème du prolétariat, qui préoccupe et qui effraye tous les esprits : il n'y en a pas d'autre ! — Il est vrai que c'est une complète révolution sociale, une révolution pacifique et féconde, sans doute, dont les bienfaits se répandront sur toutes les classes sans exception ; mais aussi, c'est le triomphe du socialisme, et présentement, la France ne veut pas entendre parler de socialisme !

Elle n'en veut pas aujourd'hui, mais elle l'acceptera, mais elle l'invoquera demain. Au mois de janvier, les actionnaires des chemins de fer ne voulaient pas être expropriés, et depuis, le rachat est devenu une nécessité, et ils l'ont accepté avec reconnaissance. — Le rachat des chemins de fer et l'exploitation par l'État, mais c'est du socialisme en action, c'est le prélude à l'organisation du travail ! — Dans peu de temps, l'État rachètera forcément les mines, puis les canaux. Ce sera encore la nécessité qui l'y contraindra, et ce sera encore un pas de plus dans cette voie du socialisme qu'il faudra suivre jusqu'au bout, en dépit de tous les préjugés, de toutes les résistances mal fondées.

Les idées les plus justes, les idées les plus rationnelles ne font leur chemin dans le monde, qu'autant qu'elles sont patronées par des hommes qui ont donné des gages suffisants à la routine, qui ont conquis la confiance du public en soutenant des erreurs invétérées et en sacrifiant aux préjugés dominants. — Ceci n'est point un paradoxe. Si le Gouvernement provisoire avait été exclusivement composé de républicains de la veille, il est probable que la France n'aurait pas spontanément acclamé à la République. Si la République doit le jour à un petit nombre de combattants décidés, elle doit l'existence à des hommes qui, le 24 février, à six heures du soir, étaient encore sincèrement partisans de la monarchie.

De même, ce sont les antisocialistes d'aujourd'hui qui feront triompher le socialisme, qui rallieront à nos idées les suffrages de tous ceux que nous ne convertirions jamais. Quant à moi, je compte sur la nécessité d'abord, puis je compte sur nos adversaires, et je pousse un cri d'espérance !

Pourvu que la vérité triomphe, pourvu que notre drapeau soit arboré en pleine assemblée nationale, et salué par les vivats de la France, qu'importe, après tout, le nom du porte-étendard, qu'importe le nom du tambour qui aura battu la charge, le nom de celui qui aura fait accepter le programme nouveau ! — Accueillons les auxiliaires, de quelque part qu'ils viennent ; tendons la main aux hommes de bonne volonté, amis ou adversaires, et vive la bonne cause !

Vivent l'ordre et la justice ! Vivent la Liberté, l'Égalité et la Fraternité réalisées !

Mai 1848.

# VIVRE EN TRAVAILLANT!

## PROJETS, VOIES ET MOYENS

# DE RÉFORMES SOCIALES.

## CHAPITRE PREMIER.

### DROIT AU TRAVAIL.

## I

Le 24 février 1848, le peuple victorieux a demandé que la nouvelle République s'engageât solennellement à fournir du travail à tous les citoyens. Ainsi, ce peuple que l'on calomnie tout bas, ce peuple qui inspirait aux riches un effroi inexprimable, lorsqu'il sillonnait les rues, les armes à la main, ce peuple s'était battu avec héroïsme pour conquérir *le droit de vivre en travaillant !*

*Vivre en travaillant !* c'est tout ce qu'il réclamait à l'Hôtel de ville, pour prix de son triomphe, alors qu'il était tout-puissant, qu'il imposait à la France la

République et un Gouvernement provisoire ; alors qu'il pouvait tout oser et donner à sa volonté la forme et l'autorité de la loi. Vivre en travaillant, c'est tout ce qu'il demande : il consent même à travailler au profit d'autrui, pourvu qu'on lui laisse seulement une partie des fruits de son labeur. — Vous voyez bien qu'il n'est pas exigeant !

*Panem et circenses, du pain et des spectacles !* criaient les prolétaires de Rome. Pour entretenir dans l'oisiveté ces mendiants orgueilleux, il fallait que Rome conquît et ravageât le monde, dépouillât les vaincus, fît des millions d'esclaves. Pour procurer à ces plébéiens dégradés, avilis, les émotions et les joies du cirque, il fallait que des hommes s'égorgeassent sous leurs yeux, tous les jours, et que d'autres hommes fussent livrés vivants à la voracité des bêtes !

Voilà comment la *plebs* de Rome comprenait la *Liberté, l'Égalité, la Fraternité humaines !*

Le peuple de France, Dieu merci ! est plus moral et plus digne, entend autrement la Liberté, l'Égalité, la Fraternité. Il demande à gagner bravement et noblement sa vie à la sueur de son front, car il est vaillant et fier ; et non pas à être entretenu, à être subventionné pour ne rien faire. Il demande à travailler pour vivre, mais à vivre en travaillant ; il demande à recevoir, pour prix de sa peine, une partie des richesses qu'il peut créer par son activité, et non à recevoir l'aumône de la République. Et ce qu'il demande pour lui, il le demande pour chacun de ses frères, pour chaque membre de la grande famille, sans exception. Le peuple de France a la passion de la justice et de l'humanité.

*Du pain et des spectacles !—Vivre en travaillant !* Entre ces deux devises quel admirable contraste ! Il y a la différence du monde ancien au monde nouveau, il y a dix-huit siècles d'intervalle.

Le 25 février 1848, au nom de la France, le Gouvernement provisoire a décrété qu'il serait fait droit à cette réclamation touchante du peuple victorieux. Il a promis de l'ouvrage à tous les bras sans emploi, il a reconnu et proclamé le DROIT AU TRAVAIL.

Cette promesse résume et couronne la Révolution de Février, cette promesse décidera probablement de l'avenir de la France.

La République tiendra sa parole : elle le peut, elle le doit. Elle le doit, sous peine de renier son origine ; elle le doit, sous peine de faire éclater une nouvelle révolution, la révolution de la misère !

Le droit au travail, qu'on le sache ou qu'on l'ignore, implique nécessairement l'organisation du travail ; et l'organisation du travail implique la transformation économique de la société. Le principe est posé, les conséquences sont inévitables.

Maintenant que les adorateurs du passé se lamentent comme des Jérémies, qu'ils exhalent leur douleur dans la Chambre des représentants, dans les journaux, dans les livres, dans les clubs, sur la place publique et sur les chemins : leurs plaintes, leurs regrets, leurs cris de désespoir, leurs actes même seront impuissants. Ce qu'ils ont de mieux à faire, c'est de prendre résolûment leur parti et de se résigner. Ils peuvent porter le deuil des priviléges abolis, des préjugés vaincus, des erreurs condamnées, le deuil de leurs illusions et de leurs espérances, le deuil des abus, le deuil de la vieille société qui succombe. C'en est fait à tout jamais de l'ancien régime, et quoi qu'il arrive dans l'ordre politique, la régénération sociale s'accomplira.

Les hommes que la Révolution de Février avait portés au Gouvernement provisoire, sont des hommes de cœur, des hommes pleins de bonne volonté, animés d'intentions excellentes, cela est incontestable ; mais ont-ils tous bien compris la portée de ce décret qui garantit à chaque citoyen le droit au travail ? J'en doute ; ou plutôt non, je ne doute pas : je puis affirmer, d'après leurs actes, qu'ils méconnaissent encore aujourd'hui le véritable caractère de cette révolution ; qu'ils sont étrangers aux idées, aux sentiments, aux besoins des générations modernes ; qu'ils sont les hommes du passé plutôt que les hommes du présent ; qu'ils ne seront jamais les hommes de l'avenir. — Ce n'est certes pas leur faute : ils sont nés trop tôt, voilà tout.

Ils ont cru réaliser le droit au travail en établissant, le lendemain de la Révolution, des ateliers de charité, des ateliers temporaires !

C'était une nécessité, je le reconnais, de pourvoir sans délai à l'existence de la population ouvrière ; mais il fallait se hâter de convertir les ateliers nationaux en véritables ateliers de production, de mettre fin à ce gaspillage des deniers de l'État et des forces vives des travailleurs. Certes, on aurait procédé autrement, si l'on avait cru qu'il s'agissait de fonder des ateliers permanents et non pas des ateliers temporaires, de faire vivre les ouvriers du fruit de leur travail, et non pas de les assister momentanément aux dépens de la République !

Les ouvriers qui demandaient à vivre en travaillant se seraient révoltés avec indignation, si on leur avait parlé d'aumône, d'aumône patente ou déguisée. Ce n'est qu'à regret, parce que la faim les presse, qu'ils s'en vont tristement, la rougeur sur le front, retourner la terre du Champ de Mars, comme ils iraient battre l'eau de la rivière !

Ce qu'une pareille besogne leur inspire de dégoût, on le comprend sans peine. Employer un homme fort et vigoureux, un homme qui sait un métier et qui a quelque sentiment de sa dignité, à faire dans le sol un trou qu'un autre homme bouchera aussitôt, et cela sous prétexte de donner de l'ouvrage aux bras sans emploi, ce n'est pas même déguiser l'aumône, c'est profaner le travail et commettre un sacrilége.

Mieux vaudrait donner sans prétexte et sans condition, donner simplement à titre de secours et pour acquitter une dette envers les malheureux, que de condamner les travailleurs à s'agiter dans le vide, à se fatiguer en pure perte ; que d'épuiser des forces précieuses à une tâche ingrate et ridicule ; que de faire couler sur le sable et sur les cailloux des chemins, des sueurs qui pourraient féconder la terre et faire germer d'abondantes moissons !

Ah ! le peuple a bien raison de protester, en se croisant les bras, contre cette besogne stérile et humiliante ; il a bien raison de montrer peu d'empressement à remplir ce tonneau des Danaïdes ; il a bien raison de ne point prendre au sérieux un pareil travail, de se coucher sur l'herbe, pour réserver du moins sa dignité, de jouir du soleil et de regarder passer les nuages sur sa tête, en attendant qu'on lui donne un emploi digne de lui !

Comment donc voulez-vous qu'il ait du cœur à l'ouvrage, quand il a conscience que l'ouvrage que vous exigez de lui est dérisoire et complétement inutile, quand il voit que vous insultez à sa fierté et à sa pauvreté ? Ce n'est pas là le travail qu'il demandait, le travail qu'on lui avait promis.

On pourrait croire que les ateliers nationaux du Champ de Mars ont été établis pour tourner en ridicule le droit au travail, pour dégoûter le peuple de sa conquête, pour dispenser les ministres à venir de tenir la parole du Gouvernement provisoire. Si l'on ne se hâte de changer de système, les ateliers nationaux finiront par devenir une injure à la Révolution, une honte pour la République, un moyen de démoraliser les travailleurs!

Le droit au travail réclamé par le peuple, garanti par la République, ne pourra être sérieusement et efficacement réalisé que par une organisation quelconque du travail, par la création d'ateliers permanents, mais d'ateliers véritables, dans lesquels on saura tirer parti de toutes les forces et de toutes les intelligences, dans lesquels les travailleurs produiront au moins l'équivalent de ce qu'ils consomment, gagneront de quoi pourvoir aux besoins de leurs femmes, de leurs enfants, contribueront à l'accroissement de la richesse générale, au lieu de vivre aux dépens de la société.

## II

Les théoriciens avaient raison : Toute société basée sur le désordre et sur l'injustice, porte dans ses flancs un germe de dissolution prochaine, inévitable. L'antagonisme, la concurrence, l'hostilité flagrante de tous les intérêts, le désordre systématique, le salariat et l'exploitation sous toutes les formes, ont porté leurs fruits. Voyez, la vieille société s'affaisse sur elle-même : partout des débris et des ruines. — Il faut constituer un ordre nouveau.

On parle d'améliorer la condition des travailleurs,

et en même temps on parle de maintenir à tout prix les institutions économiques qui réduisent forcément les travailleurs à la misère ! Qu'est-ce que cela veut dire ? avons-nous affaire à des niais ou à des imposteurs ? Les uns et les autres seront confondus.

Si l'on veut améliorer sérieusement le sort des travailleurs, il faut absolument changer les conditions du travail, appliquer les principes d'une nouvelle économie sociale. Il est temps de se prononcer et de se mettre à l'œuvre.

Il ne s'agit pas seulement aujourd'hui de rédiger une constitution politique. Il s'agit encore et surtout de décréter la Charte du travail et de l'industrie, la véritable Charte du peuple, *la grande Charte* des sociétés modernes.

Il s'agit de promulguer le Code *des droits et des devoirs économiques*, de concilier les intérêts anciens et les intérêts nouveaux, les droits acquis et les droits jusqu'ici méconnus. Il s'agit de mettre fin au désordre et à la guerre industrielle, de remplacer la *concurrence* par la *coopération émulative* entre associés, de substituer au *salariat* le principe de la *participation proportionnelle*, il s'agit de rendre tous les intérêts solidaires ; il s'agit, en un mot, de régler les rapports des hommes considérés comme producteurs et comme consommateurs, d'organiser le travail ou l'industrie.

C'est là le grand problème du dix-neuvième siècle,

le problème qu'il faut absolument résoudre, et qui sera résolu, s'il plaît à Dieu !

Ah ! sans doute, il faut prodigieusement multiplier les richesses de toutes sortes, car les sociétés les plus riches sont encore bien pauvres ! Il faut donner à l'agriculture, à l'industrie, au commerce, au crédit, un essor immense... Mais à quoi servirait d'augmenter les fruits du travail, si tous les travailleurs ne devaient pas être admis à y participer, s'ils devaient être éternellement réduits au salariat, si les producteurs par excellence devaient toujours être condamnés à la misère ?

Il faut donc organiser le travail pour augmenter la production, pour créer l'ordre et l'abondance, et en même temps il faut introduire le principe de justice dans la répartition des richesses.

Le travail, dit-on, est organisé, et il s'organise de lui-même. — Si l'organisation du travail consiste à tirer de la bête humaine, au profit exclusif de quelques privilégiés, la plus grande somme de travail pour le moindre salaire, on peut dire en effet que le travail est parfaitement organisé aujourd'hui : car, en cela, nous avons atteint, nous avons presque dépassé les limites du possible. Mais si le véritable problème consiste à faire produire par des hommes associés, avec la plus grande économie de temps, de force et de dépenses, la plus grande quantité de richesses, de telle sorte que tous puissent jouir largement des biens physiques et en même temps des plaisirs intellectuels et moraux, développer pleinement toutes leurs facultés, etc... alors ce qui se passe sous nos yeux n'a évidemment rien de commun avec ce que nous entendons par organisation, et tout est encore à fonder.

Organiser le travail, c'est constituer l'ordre économique, proportionner en toutes choses les moyens au but, la production aux besoins de la consommation ; c'est créer l'abondance et réaliser la justice ; c'est rendre tous les intérêts solidaires. Organiser le travail, c'est développer par l'éducation générale et par l'éducation professionnelle, toutes les facultés, toutes les aptitudes ; c'est tenir compte de toutes les vocations et mettre chacun à sa place ; c'est établir l'ordre et la hiérarchie entre les travailleurs, confier la direction aux plus capables et proportionner la rétribution aux besoins et à la bonne volonté manifestée par des actes. Organiser le travail, c'est mettre en jeu tous les nobles ressorts de l'activité, sans jamais faire appel aux instincts mauvais ; c'est convertir le travail en exercice normal des facultés naturelles ; c'est prévenir, par l'alternance et la variété des travaux exécutés librement, au milieu d'un groupe joyeux d'associés, le dégoût, la fatigue, l'abrutissement d'une tâche continue, monotone, solitaire et prolongée outre mesure ; c'est transformer le devoir en plaisir, de façon que chacun contribue avec ardeur, avec attrait, à la production, d'autant mieux qu'il y est **directement intéressé**; c'est garantir à chaque travailleur la liberté réelle, la sécurité la plus complète, le bien-être et les joies de la vie ; c'est lui fournir les moyens de développer toutes ses facultés, morales, intellectuelles et physiques ; c'est, enfin, préparer l'ère de la véritable fraternité et du bonheur pour tous; c'est organiser la fraternité même, la fraternité en action.

Voilà plus de dix-huit cents ans que les chrétiens s'appellent frères, récitent trois fois par jour l'Oraison Dominicale, tout en continuant de s'exploiter et de s'entre-nuire de toutes leurs forces ! — Ah ! il est temps de mettre en pratique les saintes maximes, de faire sérieusement acte de foi, de *réaliser* cette fraternité depuis si longtemps proclamée et acceptée; il est temps de donner et de garantir à tous les fils du Dieu vivant, à tous nos frères, le pain du corps et le pain de l'intelligence et du cœur; il est temps d'arracher l'homme aux funestes tentations de la misère ; il est temps, enfin, d'inaugurer ici-bas le règne de l'ordre et de la justice ou le règne de Dieu !...

Il faut organiser le travail, pour qu'il n'y ait plus désormais de races maudites, de races déshéritées; il faut organiser le travail, pour conquérir *en fait* ce que nous avons conquis *en droit* : la liberté, l'égalité, la fraternité ; la liberté positive, l'égalité véritable, la fraternité universelle !

L'organisation du travail ne se réduit donc pas à

un enrôlement temporaire d'ouvriers affamés, auxquels on donne, par prudence, une subvention de
charité. Elle ne se réduit pas davantage à une diminution de la durée du travail, à une fixation quelconque du prix des salaires, à une espèce de réglementa-
tion du désordre.

— L'organisation du travail, c'est l'organisation
économique de la société.

Si nous voulions nous placer au point de vue purement spéculatif ou scientifique, faire abstraction
complète du milieu actuel, des événements contemporains, de tout ce qui nous entoure, nous pourrions
tracer l'idéal d'une société parfaite, créer de toutes
pièces, par la pensée, un monde imaginaire, dans lequel tout serait prévu, calculé, combiné en raison
d'une fin déterminée, dans lequel régneraient l'ordre,
la justice et une inaltérable harmonie. Et nous pourrions ensuite, après avoir trouvé la meilleure organisation possible, chercher les moyens de transition
de ce qui est à ce qui devrait être ou à ce qui pourrait
être, du présent à l'avenir, d'un ordre mauvais ou
imparfait à un ordre meilleur.

Mais présentement il ne s'agit point de cela. Les temps
sont trop orageux pour qu'on puisse s'abandonner à
la spéculation, faire de la théorie pure ou de la science
rationnelle. — La question du jour est de savoir comment on pourra faire face aux nécessités du moment,
conjurer les dangers de la crise qui se prépare, entre-

tenir l'activité de la production, sauver de la ruine l'agriculture, l'industrie, le commerce, ressusciter le crédit; comment on pourra faire vivre des millions de travailleurs.

Donnons d'abord du travail et du pain à chacun de nos frères. Nous pourrons ensuite discuter à loisir sur l'organisation de la société future, balancer des idées et combiner des théories !

On pouvait encore parler de palliatifs, il y a six mois. Mais au point où en sont aujourd'hui les choses, toute réforme partielle ou isolée serait radicalement impuissante. Il faut un ensemble de mesures promptes et décisives, il faut recourir aux remèdes héroïques. Quand le danger est extrême, la prudence et l'habileté consistent à se montrer hardi et décidé, et non à rester inactif et irrésolu.

Il faut garantir à chaque citoyen *le droit* et *le moyen* de vivre en travaillant; il faut exécuter le nouveau programme de l'Hôtel-de-Ville; ou bien il faut se préparer à de sanglantes catastrophes. — Le problème ainsi posé, il s'agit de savoir si, en embrassant à la fois toutes les branches de l'activité humaine, on ne pourrait pas remplir les conditions de ce programme, donner du travail à tout homme de bonne volonté, et augmenter prodigieusement la richesse générale de la France.

L'engagement pris par le gouvernement provisoire est tellement onéreux, dit-on, que la République ne pourra jamais le tenir. — Je dis qu'elle le tiendra, parce qu'elle y sera forcée ; je dis qu'elle le tiendra, parce que nous y sommes tous intéressés, parce que le travail étant la source de toute richesse, ne saurait devenir une cause de ruine ; je dis qu'elle le tiendra, parce que quand nous saurons et quand nous voudrons tirer parti de toutes nos ressources, en hommes et en capitaux, nous comprendrons que le travail est le plus précieux élément de la richesse, et que l'obligation de faire travailler se réduit, pour la société, à l'obligation de s'enrichir ; enfin, je dis qu'elle le tiendra, parce que cela est juste et parce qu'il faut que le règne de la justice arrive.

Les réformes que je propose et que je considère comme immédiatement nécessaires, auraient précisément pour effet d'enrichir la société, en assurant du travail à tous les citoyens.

# CHAPITRE II.

### AGRICULTURE.

La France est vaste et fertile, traversée en tous sens par des rivières, placée sous le plus beau climat du monde. La France convenablement cultivée, pourrait aisément nourrir dans l'abondance 60 millions d'habitants... Et néanmoins, aujourd'hui, la France ne produit pas assez pour suffire aux besoins de 35 millions d'individus.

Le tiers de nos compatriotes, cela est monstrueux, vit de millet, de maïs, de sarrazin, de châtaignes. Un autre tiers mange du pain de froment, de seigle ou d'avoine, mais ne connaît pas la viande. Le dernier tiers seulement mange de la viande et du pain.

A tout prix, il faut considérablement augmenter, en France, et la production des bestiaux et la production des céréales; il faut améliorer les terres cultivées et les pousser au maximum de fécondité; il faut au besoin élargir la surface du sol cultivable, conquérir de nouveaux terrains à la culture, mettre en valeur les 7 ou 8 millions d'hectares de terres vagues ou abandonnées que le capital et le travail peuvent transformer en champs fertiles et en prairies. La France devrait être le pays le mieux cultivé du globe, car toutes les récoltes peuvent mûrir à son soleil.

De la terre fécondée par le travail procèdent originairement toutes les richesses. Mais pour travailler, il faut des avances, des instruments, des capitaux. Le sol ne manque pas, les bras s'offrent en foule: reste donc à trouver des capitaux, à organiser le travail agricole, à former des agronomes et des cultivateurs.

La République, il faut l'espérer, fondera l'éducation professionnelle, créera des écoles spéciales d'agriculture dans chaque département. Nous aurons bientôt des ingénieurs agricoles, comme nous avons des ingénieurs militaires ; nous aurons des professeurs d'agriculture, comme nous avons des professeurs de grec, de latin, de langues mortes.

Les professeurs et les ingénieurs, salariés par l'État, mettront gratuitement au service des travailleurs des campagnes leur science, leurs études spéciales. Les ingénieurs doteront la France d'un vaste système d'irrigations, comme les ponts et chaussées l'ont dotée de routes, de canaux, de chemins de fer. Par l'irrigation on multipliera les prairies ; par les prairies, les bestiaux et la viande ; par les bestiaux, les engrais ; et par les engrais, les récoltes de toute espèce.

La création des écoles d'agriculture, la création d'un corps d'ingénieurs, regardent le ministre de l'instruction générale et le ministre des travaux publics.

Nous ne nous en occuperons pas ici.

Le crédit extirpera l'usure dans les campagnes, mettra au service des propriétaires et des cultivateurs des capitaux à bon marché.

Nous expliquerons comment le crédit foncier pourrait être immédiatement organisé, par l'intervention de l'État ; quelles réformes spéciales il faudrait introduire à cet effet dans notre régime hypothécaire ; nous dirons, enfin, comment on pourrait délivrer l'agriculture de l'hypothèque qui la grève et de l'usure qui la ronge, comment on pourrait favoriser l'accession

des travailleurs à la propriété territoriale. Nous trai-
terons cette question du crédit foncier, après avoir
parlé des institutions de crédit en général.

Avant tout, parlons de l'organisation du travail en
agriculture ou de la fondation de colonies agricoles,
d'ateliers-modèles.

---

### Des Colonies agricoles (1).

L'agriculture offre au travail un champ vaste et
fécond, un champ à peu près illimité. L'agriculture
permet de proportionner constamment la production
aux besoins et aux ressources de la consommation ;
elle offre aux travailleurs une occupation permanente,
une rémunération assurée. On peut donner à l'agriculture un plein essor, sans craindre d'ajouter à l'en-
combrement des marchés et de déprécier les produits,
sans craindre de ruiner des ateliers voisins et de dé-
placer la misère au lieu de la secourir, sans craindre
de jeter sur le pavé de pauvres ouvriers employés
ailleurs, et de faire baisser le prix des salaires.

Le cultivateur vit sur le sol, des produits du sol,
sans avoir besoin d'acheteurs. Son existence ne dépend point, comme celle des ouvriers de l'industrie,

(1) Ce projet a été présenté à la commission de gouvernement pour
les travailleurs qui siégeait au Luxembourg. Il a été publié par le
*Moniteur* dans l'exposé général des travaux de la commission.

des vicissitudes du commerce, des hasards, des crises politiques, de la fermeture d'un débouché lointain, d'une catastrophe imprévue.

L'ouvrier de l'industrie ne peut vivre qu'à la condition de trouver un écoulement pour ses produits. Les produits agricoles, à la rigueur, peuvent être consommés directement par les producteurs eux-mêmes.

L'agriculture est favorable à la santé, à la moralité des travailleurs; elle leur permet de varier leurs travaux, de développer leur activité et leur intelligence, à l'air libre, au milieu des magnificences de la nature.

L'industrie manufacturière entasse les créatures humaines par milliers dans les villes, dans des maisons sales et malsaines, où hommes, femmes et enfants s'étiolent, périssent faute d'air et de soleil; elle épuise, elle abrutit les ouvriers par l'excès d'un travail monotone; elle les voue à la misère, à l'immoralité, et le plus souvent à une mort prématurée.

La France n'est certes pas trop peuplée; mais la population est fort mal répartie sur notre territoire. Il faut arriver à une distribution meilleure; il faut peupler les campagnes désertes du trop plein des villes; il faut faire refluer vers les champs, et diriger vers l'agriculture le plus grand nombre de bras; il faut, par la séduction, entraîner dans des colonies agricoles la population surabondante des cités industrieuses. L'émigration volontaire d'un certain nombre de travailleurs aura pour résultat inévitable de rendre meilleure la condition des ouvriers des villes, de diminuer le nombre des bras sans emploi, d'absorber une partie du travail offert, par conséquent d'amortir la sous-enchère entre compétiteurs affamés, de faire hausser le prix de la main-d'œuvre ou le taux des salaires.

Il faut créer des ateliers ou des colonies agricoles.

Nous proposons la fondation, dans chaque département, d'ateliers agricoles, d'ateliers sociaux placés sous la direction de l'État.

Ces établissements seraient des écoles théoriques et pratiques d'agriculture; ces ateliers garantiraient à chaque travailleur, non-seulement le droit au travail, mais encore le droit aux instruments de travail, et aux fruits du travail, le droit à l'éducation, au libre développement des facultés, aux douceurs de la vie.

Une somme de 100 millions serait affectée à cette destination spéciale. Ces millions ne seraient point demandés à l'emprunt, ne seraient point pris sur le budget normal, sur les recettes ordinaires; ils ne seraient point levés sur les contribuables par un surcroit d'impôts. Ils seraient fournis par de nouvelles sources de revenus publics, sources fécondes dont il n'y a qu'à tirer parti.

Nous dirons tout à l'heure comment, sans rien ajouter aux charges qui grèvent aujourd'hui les citoyens, mais en rendant à la société de véritables services, l'État pourrait augmenter de plusieurs centaines de millions les recettes annuelles de la trésorerie nationale.

Voici, selon nous, comment ces colonies devraient être organisées.

Il serait mis à la disposition de l'État un crédit de 100 millions, destiné à l'établissement de colonies agricoles. Ces colonies seraient des propriétés nationales.

Ces 100 millions seraient dépensés en cinq ans, et par cinquième chaque année.

On créerait d'abord une colonie par département, sauf à en augmenter le nombre, s'il était nécessaire.

Chaque colonie devrait se composer d'au moins cent familles.

Chaque colonie serait dirigée par un agronome qui représenterait l'État, commanderait et surveillerait les travaux. Ce directeur choisirait ses chefs de service et composerait son cadre de contre-maîtres.

Quand l'atelier serait en pleine activité, quand les hommes auraient eu le temps de se connaître et de se juger, les contre-maîtres seraient choisis par le directeur, parmi les candidats désignés par les colons eux-mêmes.

Le personnel de la colonie serait composé pour un tiers au moins de cultivateurs ; pour un autre tiers, d'artisans dont la profession se rattache à l'agriculture ou dont les travaux sont partout nécessaires, tels que forgerons, charrons, maréchaux, bourreliers, menuisiers, maçons, charpentiers, serruriers, tailleurs, cordonniers, sabotiers, etc. ; enfin pour le dernier tiers, d'ouvriers de l'industrie pris dans les villes manufacturières.

Pour l'admission, on exigerait la connaissance d'un métier, une probité et une moralité incontestables. La préférence serait donnée aux familles les plus nombreuses et les plus pauvres.

Le directeur prononcerait sur les admissions dans les premiers temps; mais dès que le personnel de la colonie serait en partie formé, nul ne pourrait être admis sans que le comité d'administration eût été consulté.

Ce comité d'administration, composé de quinze membres, et nommé par tous les colons, délibérerait, sous la présidence du directeur, sur tous les intérêts de l'association, et surveillerait la comptabilité et la gestion des affaires.

Le comité prononcerait aussi sur les cas d'exclusion, mais après enquête, après avoir entendu les explications de l'accusé, et par jugement motivé que signeraient les deux tiers des membres.

Les colonies seraient soumises à l'exploitation unitaire, et au régime de la grande culture par familles associées.

Les colons seraient logés dans un vaste bâtiment, divisé en autant d'appartements séparés qu'il y aurait de familles.

Chaque famille aurait un logement spacieux et commode, propre et salubre, chauffé, éclairé, le tout moyennant un loyer modéré, car chacun sait qu'un vaste édifice, propre à loger cent familles, coûte moins cher à bâtir que cent maisons isolées. Il y aurait, en outre, des salles communes, des salles de réunions, de lecture, une bibliothèque, des livres, des journaux, tout ce qu'on rencontre dans les villes, tout ce qui facilite les relations et rend la vie attrayante. Il y aurait une cuisine économique, où les aliments seraient préparés et revendus au prix coûtant, il y aurait de même des lavoirs, des buanderies communes.

De la sorte, les colons profiteraient de tous les avantages de la vie collective ou de la vie en grande réunion, de toutes les économies que permet de réaliser la consommation sur une grande échelle ; et néanmoins chacun aurait son chez soi, son foyer domestique, son intérieur dans lequel il pourrait s'isoler, se retrancher comme dans un inviolable sanctuaire.

Entre associés, la spéculation est prohibée. Il n'y aurait ni boutiques ni marchands dans la colonie. Toutes les provisions seraient achetées en gros par l'administration et revendues au prix de revient.

Pour établir ces colonies, on peut acheter des terres vagues appartenant aux communes.

On peut défricher des landes, dessécher des étangs, assainir des marais, conquérir de nouveaux terrains à la culture.

On peut acheter des propriétés particulières et invoquer au besoin la loi d'expropriation, car les colonies sont au plus haut degré des établissements d'utilité publique.

On peut prendre un grand domaine sur lequel on trouverait déjà et l'habitation convenable et le mobilier agricole. Il y a encore en France des châteaux que les possesseurs céderaient volontiers à l'Etat, d'anciennes terres seigneuriales qui pourraient devenir de magnifiques colonies.

En défrichant des terres incultes, mais susceptibles de fertilité, des terres dont la valeur vénale est aujourd'hui insignifiante, on mettrait les colons dans les conditions les plus favorables, et l'on augmenterait la surface du sol cultivé.

Les colons combineraient les travaux agricoles et les travaux industriels, mais l'agriculture serait toujours la base fondamentale. Déjà même aujourd'hui, pour l'agriculture comme pour l'industrie, cette combinaison est devenue une nécessité, une question de prospérité ou de décadence, de vie ou de mort. Grâce à cette combinaison, chacun pourrait changer d'occupations, se délasser du travail de l'atelier par le travail des champs, et *vice versa*. D'ailleurs, pour réaliser l'abondance de toutes choses, il faut que l'on puisse tirer parti de toutes les forces disponibles, du temps et des bras que tantôt l'agriculture, tantôt l'industrie ne réclament pas.

Quand il n'y a point d'ouvrage aux champs, quand la saison n'est pas favorable, par les jours de pluie, de gelée, pendant les chaleurs accablantes de l'été et les longues veillées d'hiver, on peut imprimer une grande activité aux métiers et aux machines. Quand, au contraire, les semailles ou la moisson exigent, à un moment donné, le concours simultané d'un grand nombre de travailleurs, on ralentit la fabrication pour se livrer spécialement à la culture. Ce serait le mariage fécond de l'agriculture et de l'industrie.

### CONDITIONS DE L'ASSOCIATION.

Les colons sont solidaires. Ils sont associés pour les travaux agricoles et pour les travaux industriels, et les bénéfices à partager se composent des produits des deux industries combinées.

Sur le produit brut de la colonie, on commence d'abord par prélever le salaire du travail.

Ce salaire est uniforme pour les travailleurs de la même catégorie; mais il pourrait y avoir plusieurs catégories différentes ou plusieurs classes de travailleurs.

Le conseil d'administration, nommé par les colons et présidé par le directeur, déterminerait les diverses catégories et fixerait le taux des salaires pour chacune d'elles.

Le salaire serait payé chaque semaine; mais en

dehors de ce salaire fixe, tous les associés auraient droit à une part dans les bénéfices.

Dans la fixation du prix des salaires, on prendrait pour base du minimum le taux moyen actuel de chaque profession et de chaque contrée.

Ce taux moyen pris pour minimum, d'une part, les économies réalisées dans les dépenses par la consommation sur grande échelle, d'autre part; enfin le droit à **un** dividende ou à une fraction des bénéfices, introduiraient dès le principe des améliorations notables dans le sort des travailleurs.

Le minimum de salaire serait garanti, dans tous les cas, par le fonds de réserve dont il va être parlé.

Après le montant des salaires, on prélèverait sur le produit brut les frais quelconques d'exploitation, les frais d'entretien du matériel, enfin l'intérêt à 3 0/0, au profit de l'État, de tout le capital engagé. Ces frais et cet intérêt feraient partie des dépenses annuelles, et seraient mis à la charge de l'association.

Ainsi, les colons payeraient chaque année à l'État l'intérêt à 3 0/0 de tout le capital que la colonie aurait coûté.

Tout ce qui resterait du produit brut formerait le produit net, ou le bénéfice.

Ce bénéfice serait ainsi partagé :

1° Un quart serait prélevé au profit de l'État, pour servir à la fondation de colonies nouvelles (affectation spéciale).

2° Un autre quart serait consacré à composer un

fonds de secours destiné aux vieillards, aux malades de la colonie. Sur ce fonds, on payerait le médecin, les frais de pharmacie et d'infirmerie, etc. Toutes ces dépenses seraient supportées par l'association.

3° Un autre quart servirait à former un fonds de réserve, lequel serait affecté à réaliser la solidarité de toutes les industries, l'assurance mutuelle entre les colonies différentes et entre tous les ateliers sociaux de la République. De la sorte, les ateliers ou les colonies qui, une année, se trouveraient en souffrance, pourraient être secourus par ceux qui auraient prospéré.

Ce fonds de réserve, composé d'une retenue d'un quart sur les bénéfices de toutes les colonies et de tous les ateliers, formerait bientôt un capital considérable, lequel n'appartiendrait à personne en particulier, mais appartiendrait à tous collectivement.

Le fonds de réserve de tous les ateliers de France serait confié, sous la surveillance de l'État, à un conseil supérieur d'administration qui, le cas échéant, aurait à répartir les secours ; qui aurait, en outre, à employer productivement le capital collectif.

4° Enfin, le dernier quart des bénéfices serait attribué aux colons et réparti entre tous, proportionnellement au nombre de journées de travail fournies dans l'année par chaque associé, toutes les journées de travail étant considérées comme équivalentes (1).

_______

(1) Les bénéfices pourraient encore être répartis proportionnelle-

**Les femmes**, les enfants des deux sexes qui auraient travaillé dans la colonie, auraient droit à une part dans les bénéfices.

**Or**, comme dans les ateliers agricoles-industriels on peut tirer parti des bras les plus faibles, des intelligences les plus bornées, le père d'une nombreuse famille n'aurait pas, comme aujourd'hui, à supporter seul les dépenses du ménage. D'un autre côté, la crèche, la salle d'asile, l'école gratuite se chargeraient de l'éducation des enfants, et la colonie pourvoirait, sur le fonds de secours, aux frais de maladie, à l'entretien des infirmes et des vieillards.

**A** ces colonies on pourrait annexer des établissements qui deviendraient pour elles des causes de prospérité certaine, des sources fécondes de revenus :

1° Une école d'agriculture dans laquelle on admettrait des élèves payant pension, et des boursiers entretenus aux frais de l'État, des départements, des communes. Les professeurs seraient naturellement payés par le budget de l'éducation publique ; les enfants de la colonie seraient admis à suivre les cours à titre gratuit ;

2° Les hospices à fonder pour les invalides de l'in-

ment au montant des salaires gagnés dans l'année par chaque travailleur.

Ce dernier mode est celui que j'ai proposé comme transition dans *mon livre sur la répartition des richesses*, et dans la *brochure sur les caisses d'épargne*.

dustrie ; les maisons de retraite à fonder pour les vieillards de l'un et de l'autre sexe ;

3° Les établissements charitables placés aujourd'hui au sein des villes et qui seraient bien mieux à la campagne, où ils coûteraient moins cher, où les pensionnaires mèneraient une existence plus heureuse, en même temps qu'ils pourraient se rendre utiles dans les travaux de jardinage ;

4° Les hospices d'orphelins ou d'enfants trouvés. De ces enfants on s'attacherait à faire des cultivateurs.

La vie étant moins coûteuse à la campagne, l'État, les départements, les communes qui supportent les frais de ces institutions de charité, auraient intérêt à s'entendre avec l'administration de la colonie, et pourraient ainsi réduire la liste civile de la misère ou faire participer aux secours un plus grand nombre de malheureux.

Si l'on transportait dans ces colonies les invalides, les infirmes, les vieillards, les indigents, les orphelins entretenus à grands frais dans les villes, on donnerait à nos colonies des consommateurs pour leurs denrées et pour leurs produits manufacturés, et l'on enrichirait le sol des engrais qui peuvent être fournis par une population nombreuse.

Dans notre pensée, il devrait être établi des rapports d'étroite solidarité entre les différentes colonies, puis entre tous les ateliers placés sous la direction de l'État. Ces ateliers deviendraient naturellement clients les uns des autres, et régulariseraient entre eux les échanges de services. Chacun produirait de préférence ce qu'il excelle à produire, soit à raison de la nature même du sol ou de la situation géographique, soit à raison des aptitudes spéciales de la population. L'État, directeur suprême, combinerait et distribuerait les travaux, répartirait les commandes, maintiendrait l'équilibre de la production et de la consommation.

Voilà l'exposé sommaire de notre plan.

Il reste maintenant à expliquer à l'aide de quelles ressources l'État pourrait suffire à la fondation des colonies.

Ces ressources seraient fournies par le produit des assurances centralisées, par les bénéfices annuels des banques nationales.

---

# CHAPITRE III.

### INDUSTRIE.

## I

Sous le régime de la concurrence et du laisser-faire, les crises industrielles sont et doivent être nécessairement périodiques ; elles reparaissent régulièrement,

comme les comètes, à des époques déterminées, et on
en pourrait prédire le retour, sans crainte de se tromper. — Les crises de 1817, de 1827, de 1837, n'ont
point été causées par des révolutions ; la crise de
1847 qui a ravagé l'Angleterre et dont nous avons
ressenti le contre-coup terrible, a éclaté au milieu du
calme plat.

La crise que nous subissons existait déjà avant la
chute de la monarchie. Les événements de février,
en portant au crédit ébranlé le dernier coup, ont
précipité la catastrophe, l'ont rendue plus générale
et plus intense, ont converti subitement en feu de pe-
loton ce qui aurait été un feu de file irrégulier, mais
voilà tout.

Si l'industrie, le commerce et le crédit, au lieu
d'être en plein désarroi, avaient été en prospérité
croissante, comme on le disait chaque année, dans ce
mensonge officiel qu'on appelait le discours du trône,
la dynastie aurait pu tomber, la monarchie disparaître, sans que le travail se trouvât subitement paralysé
sur tous les points de la République.

Un temps viendra sans doute où ces crises périodiques, ces calamités instantanées seront des fléaux
inconnus. Quand la grande industrie sera combinée
avec l'agriculture, l'existence des ouvriers et la fortune des capitalistes ne seront plus à la merci d'un
événement politique. Quand le travail sera positivement et réellement organisé ; quand toutes les indus-

trics auront été rendues solidaires ; quand la production et la consommation seront équilibrées, la force et le hasard seront remplacés par la justice et par la prévoyance, et la loi brutale de l'offre et, de la demande n'exercera plus aucun empire. — Alors, les révolutions politiques seront sans influence sur l'industrie ; la vie et la sécurité des populations ne dépendront point d'un accident.

Mais, hélas ! nous n'en sommes pas là. Présentement le désordre est partout. La compétition des intérêts a été poussée jusqu'à la frénésie ; la concurrence a engendré une guerre générale, et la guerre a jonché de morts et de blessés le champ de bataille de l'industrie.

Les entrepreneurs sont ruinés, les salariés sont réduits à la détresse ; les uns sont hors d'état d'entretenir l'activité dans leurs ateliers, les autres vont manquer de pain et tomber à la charge de la République... que faire ?

Il n'y aurait qu'un moyen de détruire le mal à jamais : ce serait d'en faire disparaître les causes, de modifier radicalement notre système industriel. — Mais ce n'est point de cela qu'il s'agit ; ce n'est pas le moment de discuter des théories, dont on ne veut point d'ailleurs entendre parler. — Il s'agit, à défaut de remèdes, de trouver des palliatifs, de prévenir la fermeture des ateliers, de donner des salaires à la population industrieuse.

Le crédit privé n'existe plus ou est à bout de ressources ; les capitaux ont disparu ou sont anéantis ; les magasins sont encombrés de marchandises et l'on ne trouve plus de consommateurs.

Il n'y a que l'intervention de l'État qui puisse sauver l'industrie, et empêcher la suspension des travaux. Aux industriels qui sont dans la gêne et qui demandent secours, l'État, au moyen des banques organisées, peut offrir : 1° des avances sur consignation de marchandises dans les entrepôts publics, 2° un débouché facile par la création des bazars, 3° des capitaux à titre de prêt, jusqu'à concurrence du tiers ou de la moitié de la valeur des usines, moyennant hypothèque ou garanties réelles, 4° des avances sur dépôts de valeurs, etc. (1).

Mais en intervenant au profit des capitalistes, l'État comme condition obligatoire, stipulerait des avantages positifs en faveur des ouvriers ; il exigerait, par exemple, que désormais le travail fût admis à participer pour moitié dans les bénéfices, indépendamment des salaires qui continueraient à être payés aux ouvriers chaque semaine, au taux actuel, ou encore mieux à un taux supérieur.— Ce serait l'association du capital et du travail, association imparfaite sans doute, mais bien préférable néanmoins au régime du salariat.

_______

(1) Voir dans les chapitres ci-après nos projets d'entrepôts et de bazars, de banques nationales, de banques de prêt sur gage immobilier.

Les clauses de cette association pourraient être ainsi établies :

Les capitalistes ou entrepreneurs devraient fournir tous les capitaux mobiliers ou immobiliers ; les ouvriers fourniraient le travail.

Les capitalistes auraient droit à un intérêt fixe pour leurs capitaux, et à une moitié dans les bénéfices. L'intérêt ferait partie des frais généraux ; il serait réglé d'après le taux ordinaire du marché et d'après l'usage du pays.

Les travailleurs auraient droit : 1° à un salaire garanti dans tous les cas ; 2° à une moitié dans les bénéfices. Le salaire de chaque travailleur serait réglé d'après l'usage du pays, sans pouvoir toutefois descendre jamais au-dessous d'un minimum à fixer. Ce salaire pourrait varier en raison de l'âge, de la force et de l'habileté de l'ouvrier. Le montant des salaires serait prélevé sur le produit brut, avant l'intérêt du capital même ; au besoin, les salaires seraient payés aux dépens du capital qui doit supporter toutes les pertes ; car si le capital ne courait pas de chances, de quel droit prétendrait-il à autre chose qu'à un loyer déterminé ?

Ainsi, sur le produit brut on prélèverait d'abord les salaires du travail, 2° tous les frais quelconques d'exploitation, 3° l'intérêt du capital. Ce qui resterait après ces prélèvements formerait le produit net ou le bénéfice à diviser en deux parts égales : l'une pour le capital, l'autre pour le travail.

Des délégués nommés par les ouvriers seraient chargés d'inspecter les livres, de surveiller la comptabilité, de contrôler l'inventaire.

La moitié des bénéfices dévolue au travail serait répartie entre les ouvriers de la manière suivante :

Un tantième, un quart, si l'on veut, serait distrait pour former un fonds spécial de réserve en faveur de tous les ouvriers de France. Cette réserve, capital inaliénable, serait confiée à une administration publique et serait destinée 1° quant aux intérêts, à secourir les ouvriers malades ou sans emploi ; 2° quant au principal, à commanditer le travail directement et à préparer l'affranchissement des travailleurs. De la sorte, chaque ouvrier contribuerait à l'émancipation de ses frères.

2° Le surplus serait divisé entre tous les ouvriers : ou proportionnellement au nombre de journées de travail fournies dans l'année par chaque individu, toutes les journées étant considérées comme équivalentes ; ou proportionnellement au montant des salaires gagnés dans l'année par chaque travailleur.

Voilà ce qu'on pourrait faire, dès maintenant, pour les ouvriers de l'industrie manufacturière, de l'industrie privée. Certes, je reconnais que ce n'est pas assez pour réaliser la justice, mais c'est tout ce que les entrepreneurs consentiraient à accepter, c'est peut-être tout ce qu'il est possible d'obtenir aujourd'hui.

## II

S'il est beaucoup d'industriels qui sont dans la gêne, il en est d'autres que le crédit ne relèverait point, qui se trouvent en complète déconfiture, qui sont forcés de liquider, de vendre leurs usines et leur matériel.

Faut-il laisser dépérir tous les établissements qui ne trouveront pas d'acheteurs? faut-il laisser sans emploi de nombreux ouvriers ? Ne vaut-il pas mieux au contraire, dans l'intérêt des industriels eux-mêmes, dans l'intérêt de leurs créanciers, dans l'intérêt des travailleurs et dans l'intérêt général, que l'État achète à crédit et à des conditions avantageuses tous ces établissements qu'on lui offre à bas prix, qu'il les fasse provisoirement gérer par des hommes spéciaux et compétents, puis qu'il abandonne aux ouvriers-associés par ses soins tous les bénéfices nets de l'exploitation ?

Les ouvriers-associés seraient soumis aux mêmes conditions que celles imposées aux cultivateurs des colonies agricoles. 1° Ils payeraient chaque année à l'État l'intérêt à trois pour cent du capital dépensé ; 2° on retiendrait sur le produit brut tous les frais d'exploitation, les frais d'entretien et de réparation du mobilier et des machines ; 3° sur les bénéfices proprement dits, on pourrait prélever un tantième destiné à l'amortissement du capital, et tout le surplus serait divisé en quatre fractions, ainsi qu'il a été dit à propos des ateliers agricoles.

Ainsi nous proposons deux systèmes distincts :

Intervention de l'État en faveur des industriels que le crédit peut soutenir ou relever, mais à des conditions avantageuses aux travailleurs;

Et mise en régie des établissements qu'il importe, à tout prix, de maintenir en activité.

Les ateliers régis pour le compte de l'État pourraient être transformés en écoles pratiques d'industrie, en écoles normales de contre-maîtres. Dans ces ateliers on s'efforcerait de perfectionner et de simplifier tous les procédés de production, d'appliquer les machines nouvelles et les inventions de la science, d'expérimenter les différents systèmes d'organisation du travail. Ces ateliers pourraient devenir des ateliers-modèles et servir de régulateurs pour le taux des salaires.

Indépendamment de toutes les innovations qui pourraient être tentées dans l'intérêt des travailleurs, il va sans dire qu'on maintiendrait, qu'on encouragerait et qu'on développerait toutes les institutions de charité et de prévoyance qui existent aujourd'hui, telles que crèches, salles d'asile, écoles gratuites, caisses d'épargne et de retraite, sociétés de prévoyance, de secours mutuels, d'assurances sur la vie, etc.

## III

A côté de la grande industrie sédentaire des manufactures, il y a la petite industrie des villes, qui
opère sur un capital restreint, à l'aide de simples
outils et de machines peu coûteuses, qui a pour atelier le foyer domestique; il y a les métiers et les corporations; il y a les travaux d'aiguille et de couture,
d'où la plupart des femmes tirent leurs moyens d'existence.

L'État désormais doit être la Providence de tous
les travailleurs.

Il devrait, dans chaque corporation, favoriser les
associations d'ouvriers, s'efforcer de rendre inutiles
les entrepreneurs ou les intermédiaires, faciliter aux
travailleurs associés le moyen d'opérer pour leur propre compte.

Aux associations volontaires d'artisans, l'État devrait réserver par préférence toutes les fournitures
pour services publics, et faire au besoin des avances
de fonds.

Ces associations règleraient leurs statuts comme
elles l'entendraient, mais l'État ne donnerait de crédit et de commandes qu'à celles qui lui paraîtraient
basées sur le principe de la justice et de la fraternité.
Toute société fondée sur l'exploitation et le privilége,
n'obtiendrait de l'État ni appui ni concours.

Une administration spéciale serait chargée d'organiser, de protéger et de développer les associations d'ouvriers dans chaque ville ; d'établir la mutualité et la solidarité entre les associations différentes, de leur avancer des capitaux et d'en surveiller l'emploi.

Par la haute influence qu'il exercerait sur les associations, l'État pourrait préparer l'organisation du travail et l'affranchissement définitif du peuple, mettre fin aux rivalités du compagnonnage, et distribuer, selon les besoins, sur les différents points de la République, les ouvriers de chaque corps d'état.

L'État prendrait ainsi l'initiative du progrès et de toutes les réformes. Il se mettrait à la tête du mouvement pour le diriger ; il deviendrait le tuteur, le protecteur des classes pauvres ; il leur donnerait l'éducation générale, l'éducation professionnelle, puis ensuite, il mettrait chaque ouvrier en état d'exercer son métier, de tirer parti de ses connaissances spéciales, de vivre en travaillant, d'arriver au bien-être et à l'aisance, de conquérir la sécurité du présent et de l'avenir.

## IV

Les ouvriers ont certainement beaucoup à se plaindre de l'exploitation dont ils sont victimes ; mais les femmes ! mais les filles ! — Ici, il n'y a plus seulement injustice, il y a immoralité flagrante, il y a crime, car l'exploitation aboutit au déshonneur, à l'infamie! Eh bien, il y a dans Paris des ateliers où l'on paye 12 et 15 heures du travail d'une pauvre femme à raison de 60 à 75 centimes! Et à la porte de ces ateliers, les malheureuses femmes, tant la misère est grande, se précipitent en foule! En travaillant 15 heures par jour, pendant 360 jours de l'année, et en s'imposant des privations sans nombre, la femme ou la fille pauvre ne peut gagner que la moitié de ce qu'elle dépense! — la conclusion est horrible! — Mais en revanche, la façon des gilets, des pantalons, des chemises, est à bas prix! mais les entrepreneurs de confection font de brillantes affaires! mais les maîtresses couturières ont équipage et vont au Bois, pendant que les ouvrières qu'elles emploient vont.... à la préfecture de police! — Et l'on s'extasie sur les avantages du bon marché qui met les produits à la portée des classes pauvres! — Dérision.

La fortune, dit-on, s'acquiert par le travail. Oui, mais surtout par le travail d'autrui. Une façon de robe est payée 60 francs. — Une ouvrière fait toute la besogne et reçoit 15 francs, tandis que la tailleuse en renom, sans avoir mis la main à l'œuvre, touchera 45 francs. — Comment cela pourrait-il s'appeler? — Un entrepreneur se charge de faire confectionner pour l'armée 100 mille chemises, dont on lui fournit l'étoffe, et il traite à raison de 75 centimes ; puis ensuite il cède son marché en détail à de pauvres femmes, auxquelles il donne seulement 35 centimes! — Comment cela s'appelle-t-il? — Cela s'appelle aujourd'hui faire le commerce, entreprendre la confection, gagner de l'argent par son travail et par son industrie!!... — Et si vous vous avisez de dire que le ministre de la guerre, au lieu de traiter avec un spéculateur, devrait faire donner directement le travail et le prix des façons aux ouvrières, qu'il doit y avoir moyen d'arriver à cela... on répond que c'est impossible, que vous êtes un utopiste, que vous désorganisez le travail! — Eh bien, vous pouvez répliquer qu'on organise la *misère et la prostitution,* et que ce n'est pas là une utopie, malheureusement, mais que c'est une réalité flagrante!

Quand donc enfin, dans cette France qui fut autrefois le pays de la chevalerie, les femmes seront-elles comptées pour quelque chose? Quand donc saurons-nous rendre justice au malheur, donner protection à la vertu? Quand donc les femmes pourront-elles conquérir, chez nous, je ne dis pas les droits politiques, mais la liberté et l'honneur par le travail? Hélas! les femmes ne font pas de barricades, ne portent pas le fusil, n'inspirent aucun effroi... Elles souffrent en silence et meurent sans bruit... — Quelle société que la nôtre!

Chez les Turcs, la femme est tenue en servitude, mais l'esclave est nourrie, entourée d'égards, estimée du moins en raison du prix qu'elle coûte. — Chez nous, la femme est censée libre; mais la misère et la faim font que la femme libre peut être achetée au rabais, puis abandonnée sur la voie publique! Triste liberté, que la liberté des pauvres et des faibles!

C'est aux filles, c'est aux femmes surtout qu'il faut donner les moyens de gagner leur vie! c'est pour les femmes qu'il faut ouvrir des ateliers, des asiles contre la misère et contre les tentations de la faim! Maintenant que le Peuple règne, les filles et les sœurs du *Souverain* ne doivent pas être réduites à subir la honte et le déshonneur, à vivre du vice et de l'infamie, entendez-vous, Représentants et Ministres du peuple!

Établissez donc dans chaque arrondissement de Paris des ateliers pour les femmes. Donnez à ces ateliers toutes les commandes des administrations publiques, de l'armée, des prisons et des hospices, des bureaux de bienfaisance; proscrivez le marchandage et la spéculation, et vous pourrez faire exécuter là tous les travaux au même prix que vous payez aux fournisseurs. Ces ateliers couperont court à l'exploitation par les intermédiaires; ces ateliers absorberont une partie des bras sans emploi, feront baisser sur le marché l'offre de travail, feront par conséquent hausser le taux moyen des salaires. La misère engendre la misère: les affamés travaillent pour un morceau de pain et mettent constamment à la sous-enchère le prix de la main-d'œuvre. Quand on trouvera de l'ouvrage dans vos ateliers à un tarif déterminé, il y aura du moins une limite à la dépréciation du salaire et à la cupidité des spéculateurs.

En définitive, il s'agit d'abolir la dîme du marchandage, d'assurer à chaque ouvrière l'intégralité du prix de son travail.

Si c'est là une utopie, je dis que la société actuelle est impossible, parce que toute société basée sur l'injustice est condamnée à périr.

## V

Le système des adjudications publiques a donné lieu à des scandales et à des abus sans nombre. La corruption est descendue du premier au dernier degré de l'échelle, du ministre jusqu'au tâcheron et au simple goujat, pour remonter du goujat jusqu'au ministre.

Le rabais des adjudications est presque toujours illusoire ; la prétendue concurrence des entrepreneurs n'est point sérieuse, elle ne sert qu'à masquer la fraude, qu'à favoriser les excès de la spéculation la plus éhontée.

Voici comment les choses se passent d'ordinaire :

Les entrepreneurs, les grands faiseurs d'affaires ont un centre où ils se réunissent pour monter leurs coups. Là, on sait d'avance quels travaux seront adjugés dans l'année, et l'on s'arrange de façon à contenter tout le monde. Aussitôt qu'une adjudication est annoncée, on discute, on débat, puis on arrête les conditions du marché, et l'on convient que l'affaire sera abandonnée à celui des conjurés qui fera à ses compères les plus beaux avantages. Les petits entrepreneurs qui seraient hors d'état de fournir le cautionnement exigé, ne sont point considérés comme des concurrents sérieux, dès lors sont repoussés de la conspiration et ne participent point à la curée.

Le chiffre de la soumission une fois arrêté, l'enchère est ouverte pour les *pots de vin*, et l'entreprise adjugée à celui qui met le plus haut prix à la neutralité de ses concurrents. De la sorte, les bénéfices présumés de l'opération sont calculés d'avance et partagés par anticipation. Tant mieux pour l'adjudicataire, s'il est assez habile pour trouver moyen de tirer encore du suc de l'orange pressée ; tant pis pour lui s'il n'a que l'écorce, s'il a fait un mauvais marché !

Quand arrive le jour de l'adjudication publique, chacun des entrepreneurs désintéressés tient sa parole. On rédige en commun toutes les soumissions, en ayant soin de laisser toutes les chances à celui qui a promis la remise la plus forte, puis on va, pour la forme, déposer tous les billets cachetés entre les mains du fonctionnaire qui préside solennellement à cette comédie.

Enfin l'adjudication est prononcée, l'entrepreneur distribue à ses complices le pot de vin stipulé, la responsabilité des agents de l'État est couverte par les formalités légales, tout s'est passé selon les règles, etc., le tour est fait.

Voilà les garanties que présente le système des adjudications.

Cependant, dira-t-on, puisque la lice est ouverte à tous, pourquoi les entrepreneurs étrangers à la coalition ne se présenteraient-ils pas pour concourir ?

A cela je réponds : 1° Que pour les adjudications importantes, pour les adjudications où il y a gros à gagner, il est nécessaire de déposer un cautionnement considérable ; que dès lors les riches entrepreneurs pourraient seuls entrer en lutte : or, ils font partie de la coalition ; 2° qu'il faut disposer d'un fort capital pour se lancer dans une grande affaire avec chance de succès, sans quoi on s'exposerait à subir la loi des fournisseurs, au lieu de la leur dicter. — C'est déjà plus qu'il n'en faut pour écarter bon nombre de concurrents.

Je réponds encore, ce qui paraîtra peut-être étrange au premier aspect, que presque toujours l'adjudication est soumissionnée à de telles conditions que la concurrence des entrepreneurs honnêtes et consciencieux devient impossible, parce qu'il y aurait nécessairement perte pour eux là où un homme habile saura trouver un énorme profit. Il y a des gens dont l'industrie consiste à conclure des marchés désastreux, et qui néanmoins font des fortunes aussi scandaleuses que rapides ; mais ces fortunes proviennent de fraudes commises aux dépens de l'État, d'infractions aux cahiers des charges, de spéculations sur la misère et sur la faim.

Quand un riche entrepreneur s'est rendu adjudicataire de travaux importants, il voit venir à lui les entrepreneurs en sous-œuvre ou les marchandeurs, qui offrent de sous-traiter au rabais pour tout ce qui concerne leur état : ce sont les maîtres-maçons, charpentiers, menuisiers, couvreurs, etc., qui prennent à forfait la maçonnerie, la charpente, etc., en acceptant toutes les conditions du cahier des charges à leurs risques et périls, et en garantissant à l'adjudicataire principal un profit de tant pour cent.

Puis le maçon, le charpentier, le menuisier, à leur tour, sous-traitent à de pareilles conditions avec des marchandeurs de second ordre qui se chargent d'exploiter directement les ouvriers, etc., etc.

Ainsi l'adjudicataire principal désintéresse ses compétiteurs et fait payer au marchandeur en premier 1° tous les frais qu'il a subis, 2° un bénéfice net. Le marchandeur en premier se récupère à son tour, avec un profit en sus, sur le marchandeur en second, qui se rattrape sur les ouvriers et sur la mauvaise qualité de l'ouvrage exécuté.

En résumé, l'État, d'une part, le simple ouvrier, de l'autre, supportent les frais de ces spéculations illégitimes, le poids de toutes ces charges accumulées.

On fraude l'État, en éludant les clauses du cahier

des charges, en trompant sur la quantité et sur la qualité des matériaux employés, sur les façons et sur le fini de l'ouvrage.

On exploite l'ouvrier, en mettant le salaire au rabais, en donnant le travail à la tâche et à la sous-enchère, en spéculant sur sa nourriture, et même sur ses défauts et sur ses vices.

Les derniers marchandeurs ou tâcherons, quoi qu'ils fassent, ne peuvent cependant abaisser le prix de la main-d'œuvre au-dessous d'un certain taux. Quand ils ne peuvent plus spéculer sur le travail proprement dit, ils spéculent sur le travailleur. Voici comment. Ces tâcherons tiennent hôtel garni et cabaret ; ils sont logeurs, traiteurs, marchands de vins, ils exercent une foule d'industries. Ils n'emploient ou n'embauchent que les ouvriers qui consentent à loger chez eux, à y prendre leurs repas, à y dépenser leurs salaires. Ils recrutent donc exclusivement des célibataires, des ouvriers passants, des Limousins, et de préférence les mauvais sujets et les ivrognes, parce qu'ils les payent moins cher d'abord, parce qu'ils les payent en fournitures, en aliments et en liquides frelatés, en orgies, en débauches, en hardes et vieux vêtements, etc., en un mot, en objets qui fournissent matière à un trafic honteux, à des profits ignobles.

De là il résulte que les bons ouvriers, les ouvriers rangés qui n'aiment pas à fréquenter les cabarets et les tripots, les pères de famille qui ne logent, ne mangent ni ne boivent chez les tâcherons, sont repoussés des chantiers, et ne trouvant pas d'ouvrage, sont réduits à la misère; que les mauvais ouvriers et les mauvais sujets, les viveurs et les fricoteurs, qui dépensent tout ce qu'ils gagnent et plus qu'ils ne gagnent, obtiennent partout la préférence, trouvent toujours dans le tâcheron un embaucheur empressé et un usurier complaisant; de là résultent la dépréciation du travail et la démoralisation des travailleurs.

Quand un ouvrier est sous la griffe du tâcheron, il est comme la malheureuse fille de joie sous les griffes de la proxénète, comme le remplaçant dans les griffes du raccoleur, comme le fils de famille dans les griffes de l'usurier, comme l'alouette dans les serres de l'oiseau de proie.

Je ne parle pas de la dépendance des ouvriers vis-à-vis des entrepreneurs et des marchandeurs de haut et bas étage, maîtres de tous les travaux et de tous les chantiers; je ne parle pas de la servitude et de la bassesse obligée des uns, de la tyrannie insolente des autres; je ne parle pas de la corruption qu'on essaye ou qu'on exerce sur l'architecte, sur l'inspecteur, sur les fonctionnaires, sur l'entrepreneur, sur le marchandeur; je ne parle pas davantage des cadeaux imposés ou accueillis avec faveur, c'est devenu un usage; je ne dis rien des passe-droit, des injustices, de tous ces scandales qui provoquent à chaque instant des rixes dans les chantiers, des grèves turbulentes, des suspensions de travaux sur tous les points, des collisions et des émeutes, etc.

En définitive, le système des adjudications a produit des résultats diamétralement contraires à ceux qu'on attendait. L'État paye fort cher des travaux mal exécutés, et l'avidité des spéculateurs offre moins de garanties que la probité des fonctionnaires.

Les fortifications de Paris ont mis en saillie les inconvénients, les scandales des adjudications, et les avantages positifs de la mise en régie des travaux ou de l'exploitation directe.

On a vu des entrepreneurs ruinés pour avoir voulu pratiquer leurs manœuvres ordinaires, pour avoir cru qu'ils pourraient aisément éluder les clauses du cahier des charges, pour avoir rencontré dans les officiers et dans les soldats du génie une probité inflexible. On sait que l'État a été obligé d'annuler une partie des marchés, obligé de mettre la plupart des travaux en régie, et que la régie a produit d'excellents résultats, et sous le rapport des économies réalisées et sous le rapport de la parfaite exécution des travaux.

Il faut prohiber la spéculation et le marchandage, les pots de vin et la corruption, il faut mettre un terme à l'exploitation des ouvriers.

A l'avenir, il n'y aura plus d'adjudications publiques, du moins d'adjudications générales. Si l'on veut donner à des spéculateurs la fourniture des matériaux, qu'on réserve du moins le travail pour les ouvriers associés, qu'on leur donne les façons à la journée ou à forfait, mais que les entrepreneurs, les marchandeurs et les tâcherons soient écartés.

On pourrait mettre les travaux en régie, les faire exécuter sous la direction des ingénieurs ou des architectes choisis par le gouvernement, et sous la surveillance des conducteurs des ponts et chaussées.

Pourquoi ne pas former, pour les travaux civils de l'État, un corps spécial de contre-maîtres, comme il existe des gardes et des sous-officiers du génie militaire, des conducteurs et des piqueurs du génie civil?

A défaut d'un corps spécial, on trouverait, parmi les ouvriers, des contre-maîtres très-capables et habitués au commandement des hommes et à la direction des travaux.

Les ouvriers travailleraient directement pour le compte de l'État, seraient payés à la journée ou à la façon, et le prix des façons ou des journées serait fixé d'après l'usage, pour les apprentis, pour les compagnons et pour les contre-maîtres, par le ministre des travaux publics, sur le rapport des architectes et des ingénieurs.

Les ouvriers associés se chargeraient eux-mêmes, au besoin, de faire la police dans les chantiers, de stimuler le zèle des paresseux, de renvoyer les mauvais compagnons.

Encore ici le salaire payé dans les chantiers de l'État servirait de régulateur pour tous les ateliers de l'industrie privée.

Sous la direction des ingénieurs, on verrait bientôt les ouvriers associés réaliser l'organisation du travail; on verrait les chefs et les employés des ateliers diffé-rents se piquer d'honneur, rivaliser de zèle et d'acti-vité; et l'on verrait, *par la pratique,* que pour sur-exciter l'émulation, il n'est pas nécessaire de recou-rir à l'aiguillon de la faim, au stimulant du lucre, au fouet du commandeur.

# CHAPITRE IV.

### COMMERCE.

Projets d'entrepôts et de bazars, destinés à régulariser les échanges et à favoriser la circulation du papier-monnaie (1).

### Entrepôts.

C'est un préjugé assez généralement répandu que le commerce est la source vive des richesses. Le com-merce voiture les richesses ; il les déplace, mais il ne les crée pas. L'activité du commerce est un *signe,* un

(1) Ce projet, publié sous une autre forme dans la *Revue indépen-dante* en mai 1844, a été reproduit devant la commission du Luxem-bourg, et inséré dans le *Moniteur.*

*effet* de la prospérité générale : il n'en est point la *cause*. Il ne faut pas confondre le cours d'une rivière avec la source qui l'alimente. La source réelle de la richesse, c'est le travail.

Les commerçants remplissent dans la société un rôle utile, mais secondaire. Leur véritable fonction consiste à transporter, des lieux de production aux lieux de consommation, les denrées et les marchandises, à mettre le produit déjà créé à la portée du consommateur.

Comme distributeurs de produits, comme intermédiaires, les commerçants ont droit à une rétribution ; mais il ne faut pas se méprendre sur la valeur réelle de leurs services. Nous parlons ici du commerce qui a une véritable utilité. Quant au commerce de spéculation qui consiste à jouer sur les prix, c'est le jeu, c'est l'accaparement, c'est l'agiotage, c'est tout bonnement l'art de s'enrichir aux dépens d'autrui ; ce n'est pas le commerce proprement dit.

Le commerce a été livré jusqu'ici au laisser-faire, au désordre, à la plus incroyable anarchie. De là des scandales et des abus sans nombre : fraudes et falsifications, spéculations éhontées, tribut exorbitant prélevé sur le producteur et sur le consommateur, etc.

Le commerce doit être ramené à sa fonction normale. Il importe de supprimer des rouages inutiles, de réduire des frais dispendieux, de proscrire à jamais la fraude et le mensonge. Il faut introduire la vérité, la sincérité et l'économie dans les transactions, il faut régulariser les échanges.

Nous respectons ici ce qu'on appelle très-faussement liberté du commerce ; nous ne demandons point qu'on procède par interdiction, par monopole ; nous ne voulons point imposer aux marchands de nouvelles charges. Nous voudrions seulement, pour mettre fin aux abus, et pour venir efficacement en aide à toutes les industries, établir, sous la direction de l'État, des entrepôts où le producteur et le consommateur seraient mis en rapport direct, immédiat ; où l'un trouverait pour ses produits un écoulement certain et facile ; où l'autre pourrait s'approvisionner à bon marché de toute espèce de marchandises, sans craindre d'être jamais trompé ni sur le prix, ni sur le poids, ni sur la qualité des objets vendus. Nous réclamons enfin, en faveur de l'État et dans l'intérêt général, cette liberté du commerce tant préconisée. Nous voudrions mettre tous les producteurs, grands et petits, pauvres et riches, à même de vendre leurs produits, et d'emprunter aux conditions les plus avantageuses.

Ces entrepôts nous permettraient de créer immédiatement un crédit industriel jusqu'ici inconnu en France : le *crédit réel*, le prêt sur consignations ou sur dépôt de marchandises.

Dans ces entrepôts, les marchandises, les denrées seraient classées par catégories, de telle sorte que les objets de même nature se trouvassent réunis dans un même magasin. On afficherait le nom du producteur, le lieu de provenance, la qualité de chaque marchandise.

Ces entrepôts seraient gérés par l'État et administrés par des fonctionnaires responsables.

Tout producteur, tout manufacturier serait admis à y déposer ses marchandises ou ses denrées, et il lui serait délivré en retour un *récépissé* ou *warrant* détaché d'un registre à souche et indiquant la nature de l'objet déposé, la quantité, la qualité, la valeur expertisée.

Ce récépissé, transmissible par endossement, donnerait droit à la propriété du dépôt.

L'Etat répondrait des dépôts, s'obligerait à les représenter en nature au porteur du titre, ou à en payer la valeur.

Ces récépissés, comme les titres de rente, pourraient être donnés à la banque en garantie de sommes avancées; ils deviendraient eux-mêmes une valeur négociable, un excellent papier-monnaie, puisque le billet serait couvert par un gage positif, déterminé et expertisé, par un gage dont le prix courant serait facilement appréciable.

Ces récépissés joueraient exactement dans la circulation le rôle que jouent les *warrants* des docks en Angleterre.

Pour se couvrir de tous les frais, l'Etat percevrait

un droit d'entrepôt, lequel serait fixé par un tarif.
Les droits perçus pourraient devenir une source féconde de revenus pour le trésor.

### Bazars.

Nous proposons, en outre, qu'il soit établi dans les
différents quartiers de Paris, des bazars de toute espèce
de marchandises. Ces bazars seraient également placés sous la surveillance de l'Etat et tenus par des
fonctionnaires responsables. Ils seraient aussi divisés
en plusieurs salles par catégories de marchandises,
et ouverts à tous les acheteurs. Les bazars seraient
aux entrepôts ce qu'est la boutique du détaillant au
magasin du marchand en gros.

Toute denrée, toute marchandise pourrait être dé-
posée dans les bazars spéciaux pour être mise en
vente, et elle serait toujours vendue au prix fixé par
le producteur lui-même. Dans chaque bazar il y aurait un assortiment de marchandises provenant de
différentes fabriques, afin que l'acheteur pût comparer et choisir.

Les bazars seraient ouverts à tous les producteurs,
sans exceptions ni priviléges. La qualité des marchandises serait expertisée et garantie, de façon que
la fraude devînt absolument impossible ; le prix serait
marqué en chiffres, le nom du producteur imprimé
et affiché.

En sus du prix fixé par le fabricant, il serait perçu cinq pour cent, ou cinq centimes par franc, pour faire face à tous les frais de vente et de magasinage.

Tous les quinze jours, on arrêterait le compte de chaque déposant, et on lui remettrait le montant des marchandises vendues.

Dans le cas où une marchandise n'aurait pas trouvé d'acheteurs, elle pourrait toujours être retirée par le déposant, à la charge par lui d'acquitter les frais de dépôt fixés par le tarif.

Il pourrait également être délivré des récépissés ou warrants pour les marchandises déposées dans les bazars, du moins pour les objets d'orfévrerie, de bijouterie, qui ont une grande valeur sous un petit volume.

Les ventes seraient faites au comptant et à prix fixe. Néanmoins la vente pourrait être faite à crédit, mais du consentement formel du déposant, qui aurait alors à répondre des frais de vente et de magasinage.

Nous ne demandons point de monopole au profit de l'Etat; nous ne demandons point qu'on interdise aux particuliers la faculté d'élever des boutiques à côté de nos bazars.

Les acheteurs pourront aller, si bon leur semble, s'approvisionner dans les magasins et dans les boutiques de leur choix; les manufacturiers, à leur gré, pourront continuer à y envoyer leurs marchandises.

Mais, du moins, par ce système l'accaparement serait rendu impossible. Les industriels n'auraient plus à redouter la tyrannie des gros marchands ; ils seraient assurés, si leurs produits sont de bonne qualité et à bas prix, de trouver des acheteurs ; ils seraient assurés de pouvoir se procurer, en donnant leurs récépissés pour garanties, des capitaux au taux le plus bas ; ils seraient affranchis de la domination des commissionnaires. Ils pourraient désormais s'adresser directement aux consommateurs, coter leur produit au prix de revient, et élargir ainsi le cercle de leurs opérations.

Quant au public, il n'aurait plus à payer les profits cumulés du marchand en gros, du négociant en demi-gros, du détaillant ; il n'aurait à redouter ni la spéculation ni l'agiotage. Il pourrait toujours librement choisir au milieu de l'assortiment le plus varié, sans craindre d'être trompé ni sur la qualité ni sur le prix ; car chaque manufacturier aurait intérêt à maintenir sa réputation, sa renommée, et à vendre à bon marché pour être préféré à ses rivaux. Enfin chacun pourrait toujours, et en tout temps, connaître le prix courant de chaque marchandise, dès lors se tenir en garde contre l'avidité de ses fournisseurs, et savoir au juste combien on prétend gagner sur lui.

Les entrepôts et les bazars seraient des expositions permanentes des produits de l'industrie.

Les entrepôts et les bazars auraient cependant un

inconvénient que nous ne cherchons pas à dissimuler : celui de froisser quelques intérêts privés.

Mais il est bon de remarquer 1° que, déjà aujourd'hui, et par le seul effet de la concurrence, le commerce en grand opprime le petit commerce et tend à le faire disparaître ; 2° qu'il n'y a jamais eu d'améliorations générales qui n'aient été achetées au prix de quelque sacrifice particulier ; 3° que la nécessité de ce sacrifice est précisément un des effets naturels et directs de notre régime économique. Seulement, dans la société actuelle, le monopole profite à quelques gros capitalistes, tandis que, dans notre système, c'est le public qui serait appelé à profiter des avantages de nos entrepôts et de nos bazars.

On aura beau faire, tant qu'on n'aura pas modifié profondément nos institutions économiques, réalisé la solidarité des intérêts, organisé le travail et l'industrie, toujours une amélioration quelconque, alors même qu'elle serait profitable à l'immense majorité, déplacera des individus, froissera des intérêts particuliers. Il en faut prendre son parti. Mais il faut en même temps songer à utiliser les activités déplacées, à fournir du travail à tous les bras sans emploi, et il faut surtout s'occuper de diriger vers la production véritable tous ces jeunes gens qui se portent aujourd'hui vers les professions improductives.

L'éducation professionnelle ouvrira une carrière féconde aux nouvelles générations. Mais nos contemporains auront forcément à subir les tristes conséquences de ce système maudit du *laissez-faire,* de ce système qu'ils préconisent encore aujourd'hui, hélas! et qui est cependant la cause de toutes les difficultés présentes et à venir, de la crise industrielle que nous subissons, des crises qui nous menacent et auxquelles nous ne pouvons échapper.

C'est le laissez-faire qui a acculé notre société dans une impasse; c'est le laissez-faire qui a produit le chaos industriel et la misère; c'est le laissez-faire qui rend l'ordre impossible, et la réorganisation de la société absolument nécessaire.

Si ces entrepôts et ces bazars venaient à se généraliser, un immense débouché serait constamment ouvert à toutes les industries, et les frais du commerce se trouveraient singulièrement diminués, au plus grand avantage des producteurs et des consommateurs. Tout produit ne serait jamais grevé que de 5 p. 0/0 en sus du prix de revient, tandis qu'aujourd'hui le tribut levé par les intermédiaires de toutes sortes se monte à 15, 20, 50 et quelquefois à 100 p. 0/0 de la valeur.

Ce droit de vente de 5 p. 0/0 non-seulement suffirait pour couvrir toutes les dépenses, mais procurerait en outre un produit net considérable. En admettant que les frais absorbassent la moitié de la recette, il resterait encore 2 1/2 p. 0/0 de bénéfice.

Or, si l'on songe que chaque année les transactions sur les marchandises s'élèvent à plusieurs milliards dans la seule ville de Paris, on doit comprendre que les entrepôts et les bazars produiraient annuellement au trésor une somme de 100 millions en minimum. Que serait-ce donc si le système des entrepôts et des bazars était appliqué dans la France entière?

Eh bien, ces ressources nouvelles, nous voudrions qu'elles fussent consacrées à doter le budget du travail et à remplacer des impôts exécrés.

Mais ces établissements auraient encore un autre avantage, un avantage immense dans les circonstances actuelles : ce serait de donner cours au papier-monnaie destiné à remplacer le numéraire qui se cache.

Quand le papier-monnaie sera reçu en payement des impôts; quand ce papier, de plus, pourra acheter dans les entrepôts et dans les bazars toutes les denrées, toutes les marchandises, tous les objets quelconques de consommation; quand enfin on pourra, avec un billet, se procurer tout ce qu'on se procure avec des écus, le papier-monnaie fera l'office de monnaie métallique, sera facilement accepté, recherché même, remplacera l'argent.

Le crédit du papier-monnaie dépend de l'usage qu'on en pourra faire, et surtout des garanties données à l'émission.

Le papier-monnaie, il faut bien s'y attendre, va devenir prochainement une nécessité. Je dis mieux :

le papier-monnaie est destiné à rendre possible la régénération de la France. Il importe donc d'accréditer partout l'usage du papier. L'industrie a déjà demandé la création d'entrepôts ; l'industrie demandera avant longtemps la création de magasins de vente ou de bazars publics. D'un autre côté, on va être obligé sans doute d'émettre des billets de circulation de très-faible valeur, et pour faire accepter ces billets, on sera obligé d'établir des boutiques de toute espèce, où le papier sera reçu en payement de toutes les marchandises. — Cela est inévitable. Il ne s'agit déjà plus de savoir si les entrepôts et les bazars ont des inconvénients : on demande s'il y a moyen de s'en passer, et les plus clairvoyants répondent non. — Moi aussi je dis non, et j'ajoute tant mieux !

Oui, tant mieux ! car par ce seul fait la réforme commerciale se trouvera accomplie, et toutes les autres réformes suivront de près. Le commerce désordonné est la grande plaie des sociétés modernes, l'obstacle à toutes les améliorations. Le commerce prélève sur les producteurs et sur les consommateurs de France un budget bien autrement lourd que le budget de l'État. Pour abolir cet impôt payé aux commerçants, toute l'énergie du gouvernement le plus révolutionnaire, toute la puissance de Napoléon empereur n'auraient pu suffire. Et cependant cet impôt sera aboli, parce qu'il est *impossible que cela ne soit pas. Salus populi suprema lex esto !* C'est le salut du peuple qui forcera le gouvernement, malgré lui, et l'assemblée nationale, malgré elle, à entrer dans la voie des réformes commerciales. — Attendons !

### Commerce extérieur.

Je ne partage pas les illusions des théoriciens du libre échange. Je ne crois pas, dans l'intérêt des travailleurs, qu'il soit avantageux d'abolir complétement les douanes, d'ouvrir nos ports et nos frontières à tous les produits étrangers sans exception, aux produits manufacturés tout aussi bien qu'aux produits agricoles ; je ne crois pas qu'il faille encore exagérer les funestes effets de la concurrence, en la rendant universelle.

Je ne partage pas davantage l'opinion intéressée des protectionnistes, qui tout en combattant *pro aris et focis*, pour leurs profits, pour la cause du capital, croient défendre la cause des travailleurs.

Je ne suis ni pour la protection, ni pour ce qu'on appelle faussement liberté du commerce. Je veux *la régularisation des échanges*, ce qui est tout autre chose.

Mais comme la question du commerce extérieur ne saurait exercer, sur le sort du peuple, qu'une influence très-indirecte et à peu près insensible, je ne crois pas devoir m'en occuper ici.

Je proteste seulement d'avance, au nom des principes, contre la théorie du libre échange, et contre la théorie de la protection, telle que l'entendent nos producteurs privilégiés.

Je ne demande ni l'abolition générale, ni le maintien pur et simple, encore moins l'exhaussement des tarifs actuels : je demande la révision.

Je demande l'abaissement des droits sur le sucre, le café, le riz, le cacao, et sur toutes les denrées exotiques ; l'abaissement des droits sur le fer et l'acier, pourvu que la réduction n'aille pas jusqu'à rendre l'industrie métallurgique impossible en France ; l'abaissement et, si l'on veut, l'abolition des droits sur les matières premières de l'industrie que la France ne produit pas, telles que le coton, l'indigo, la cochenille, les bois de teinture, etc., ou que la France ne produit qu'en quantité insuffisante, comme la soie, la laine, etc. ; l'abolition des droits sur la houille, aliment de l'industrie, objet de première nécessité comme combustible ; l'abolition des droits sur les bestiaux, parce que les droits ne profitent qu'à quelques grands propriétaires et éleveurs ; enfin, je demande que lorsque le prix du blé, sur nos marchés, s'élèvera à 20 fr. l'hectolitre, les céréales étrangères soient admises moyennant un droit nominal de 25 centimes.

# CHAPITRE V.

## INSTITUTIONS DE CRÉDIT (1).

**Crédit commercial. — Crédit industriel.**

C'est au souverain à fournir le crédit, et non à le recevoir, écrivait Law au régent. Voilà une des idées les plus fécondes qui aient été jamais émises.

Le souverain, c'est l'Etat, c'est la société même. Le moment est venu de réaliser la pensée de Law. Le premier acte d'un gouvernement démocratique doit être de concentrer sous sa dépendance toutes les institutions de crédit.

Dans nos sociétés modernes, le crédit c'est la force vive, c'est le nerf de l'industrie, c'est l'élément du travail par excellence. Par le crédit, on peut accélérer ou ralentir, on peut diriger la production, la circulation et la consommation ; par le crédit on commande au travail, on donne l'essor à l'agriculture, à l'industrie, au commerce ; par la suspension du crédit, on peut, à un moment déterminé, faire fermer tous les ateliers, réduire à la misère des millions de

(1) Ce projet, pris en grande partie dans la brochure sur les caisses d'épargne, a été présenté à la commission du Luxembourg, et publié par le *Moniteur* dans l'exposé général des travaux de la commission.

travailleurs et des milliers d'industriels, bouleverser toutes les fortunes, jeter partout le désordre, mettre la société en interdit et tenir le gouvernement en échec, etc., etc. Quiconque est maître du crédit peut devenir maître de la France.

Faut-il laisser à une compagnie particulière la faculté d'user et d'abuser du crédit, selon son bon plaisir ? faut-il permettre à une compagnie de spéculateurs d'enrayer à volonté l'industrie, le commerce, le travail, de s'emparer de tous les canaux de la circulation, de lever tribut sur la société entière, de faire hausser à son gré l'intérêt des capitaux ?

On a parlé de féodalité, à propos des compagnies de chemins de fer ! La féodalité des financiers serait bien autrement redoutable, si elle parvenait une fois à s'imposer à la République.

Tous les producteurs, tous ceux qui vivent de leur travail ou de leur industrie, sont intéressés à trouver à bas prix des instruments de travail.

Ceux qui vivent sans travailler, de l'intérêt de leurs capitaux, sont intéressés, au contraire, à ne pas voir diminuer la source de leurs revenus.

Les institutions de crédit ne doivent donc pas être placées dans les mains des capitalistes.

Les compagnies particulières cherchent avant tout à réaliser des bénéfices, afin de distribuer à leurs actionnaires de gros dividendes. Mais l'État n'est point intéressé à lever tribut sur le travail ; il ne demande qu'à rendre des services. En prêtant même à titre purement gratuit, l'Etat trouverait encore dans la seule augmentation des impôts de toute espèce (résultat nécessaire de l'accroissement de la richesse publique) une ample récompense pour ses services désintéressés. La meilleure spéculation, pour lui, serait de susciter partout le travail productif, de mettre des instruments au service de quiconque veut, peut et sait en tirer parti. En semant ainsi, il serait sûr de récolter une abondante moisson, de rentrer largement dans ses avances.

L'Etat doit donc être désormais le grand distributeur du crédit : il y va de l'intérêt de tous ; car l'Etat peut seul représenter les intérêts généraux, les intérêts de la société.

Jusqu'ici le crédit n'a été qu'un moyen d'enrichir les riches : désormais il doit devenir un moyen d'enrichir les pauvres. Le crédit a surtout fonctionné dans le passé au profit des capitalistes : dans le présent et dans l'avenir, il doit fonctionner aussi au profit des travailleurs. Les bénéfices de l'émission du papier ont jusqu'ici profité à de puissantes compagnies : ils doivent profiter désormais à l'Etat, qui s'en servira pour doter le budget du travail.

Par le crédit de l'Etat sera définitivement consommé l'affranchissement du peuple !

La source vive des bénéfices d'une banque de circulation, c'est l'émission du papier. Or, à l'Etat seul appartient le droit de battre monnaie, à l'Etat doivent revenir les énormes profits de ce monnayage peu dispendieux. Pourquoi l'Etat aliénerait-il en faveur d'une compagnie ce droit autrefois régalien, ce droit dont les souverains n'ont jamais voulu se dessaisir? L'Etat marque de son coin les espèces métalliques ; l'Etat doit de même marquer de son sceau les billets de crédit, pour en contrôler, pour en garantir le titre et la valeur, pour en limiter le nombre, pour les transformer en monnaie nationale; car le papier sera bientôt la monnaie généralement adoptée. Si le sceau de l'Etat est utile pour la monnaie métallique, il est indispensable pour donner cours à la monnaie de papier.

Les métaux précieux sont les intermédiaires obligés des échanges, dans les sociétés basées sur *la méfiance* et sur l'antagonisme. Quand on ne croit pas à la parole d'un homme, on exige des garanties positives. La monnaie métallique a un double caractère : elle est à la fois *signe et gage, agent de circulation et marchandise;* elle répond ainsi d'elle-même.

Les métaux précieux représentent beaucoup de travail accumulé, beaucoup de frais de toute espèce ; la quantité en est limitée par la fécondité des mines et par les difficultés d'exploitation; on ne peut donc créer à volonté de l'or et de l'argent : première garantie. Les métaux ne servent pas seulement dans les échanges, ils sont encore employés dans les arts et dans l'industrie; dès lors, ils conservent toujours comme lingots un prix équivalent aux frais de production : deuxième garantie. Le métal a une valeur intrinsèque dont la fixité ne saurait être facilement altérée, le métal dispense de toute confiance, parce qu'il est plus que *signe*, parce qu'il est *réalité*.

Mais précisément parce qu'il a une valeur intrinsèque, parce qu'il est gage et marchandise, parce qu'il est la monnaie nécessaire des *sociétés anormales*, le métal est une monnaie *socialement* imparfaite, une monnaie trop coûteuse et trop limitée, une monnaie qui ne peut jamais être qu'à la disposition des riches, et qui, dès lors, confère à ceux qui en sont détenteurs d'énormes priviléges.

La monnaie des *sociétés normales*, la monnaie de l'association, la monnaie démocratique, c'est le papier. Le papier coûte peu de travail et peu de frais de fabrication; il peut être multiplié en raison des besoins, et mis à bas prix au service des travailleurs. Le papier n'ayant point de valeur intrinsèque, ne peut devenir gage lui-même; il tire du crédit toute sa valeur; ce n'est qu'un signe qui vaut en raison de la chose signifiée, en raison de la confiance qu'il inspire, en raison de la valeur *réelle* du gage dont il est la représentation *idéale*. Le papier est la véritable monnaie de crédit, la monnaie des sociétés basées sur la *confiance*.

Cependant, même dans nos sociétés désordonnées, le papier peut devenir l'intermédiaire des échanges, il peut mériter une confiance égale à celle qu'inspire le lingot ; mais, pour cela, il faut qu'il représente aussi *un travail accumulé*, une *valeur positive* ; il faut qu'il ne soit jamais émis que sur *nantissement* ; il faut en un mot, qu'il soit toujours la *valeur dégagée* d'un *produit existant*. Quand le billet représentera un travail accompli, sera couvert par un gage, il pourra remplacer l'argent ; car l'argent, en tant que monnaie, ne sert qu'à échanger l'un contre l'autre les divers produits du travail.

Un temps viendra sans doute où le gage sera considéré comme superflu, où les simples *promesses* vaudront au moins des *réalités*, où le papier sera la monnaie universelle. Ce sera l'époque du véritable crédit, du crédit *personnel et moral*, et non plus du crédit réel, du crédit qui a besoin d'être garanti par une *chose*. Alors on pourra escompter l'avenir, comme on escompte aujourd'hui le présent, prêter sur parole et sur un travail futur, comme on prête aujourd'hui sur gage et sur un produit réalisé. Mais nous n'en sommes point encore là. Présentement, nous devons nous borner au seul crédit possible, au crédit basé sur les *choses*, en attendant qu'on en vienne à accorder confiance *aux personnes*.

L'idée du crédit *personnel et moral* est philosophiquement bien supérieure à la conception du crédit *réel*. Malheureusement, dans l'état d'anarchie industrielle où nous vivons, le crédit *moral* n'offre ni ne peut offrir une sécurité suffisante. L'homme le plus probe, le plus intelligent, le plus laborieux, le plus économe, n'est pas assuré de trouver toujours de l'ouvrage, de rencontrer des consommateurs solvables, d'écouler ses produits, de pouvoir faire honneur à ses engagements. Il peut être ruiné instantanément, et malgré toutes ses prévisions, par une crise politique ou commerciale, par une faillite imprévue, par la déconfiture d'un débiteur, par la fermeture d'un débouché, par l'habileté ou la mauvaise foi d'un concurrent déloyal, etc.

Le crédit *personnel ou moral*, qui a pour but de fournir aux travailleurs les instruments nécessaires, les avances indispensables, n'est normalement possible que là où il y a organisation du travail, que là où tout produit est destiné à des besoins connus, que là où la production et la consommation sont constamment équilibrées : il est proscrit dans toute société basée sur la concurrence.

Au fond, la véritable organisation du crédit, ce serait..... l'association !

En dehors de l'association, il n'y a donc de possible que le crédit réel. Mais le crédit réel n'existe même pas aujourd'hui. Nos banques ne prêtent qu'aux négociants et aux capitalistes. Le petit fabricant qui a des produits à donner en gage, des valeurs à offrir en garantie, ne peut point trouver de capitaux ; la banque est fermée pour lui.

Il faut que la banque soit ouverte aux industriels de toutes les classes ; il faut que le crédit réel, du moins, soit fondé, en attendant que le crédit personnel devienne réalisable.

Pour cela deux choses sont nécessaires : 1° la création des entrepôts et des bazars dont nous avons parlé ; 2° la transformation de la banque de Paris en banque d'État.

Les récépissés ou *warrants* des entrepôts et des bazars feront participer aux bienfaits du crédit les petits producteurs qui n'ont pas accès à la banque ; la valeur constatée du gage couvrira l'insuffisance de la signature.

La banque d'État distribuera largement le crédit commercial et le crédit industriel. Elle escomptera les lettres de change, et elle fera des avances sur dépôt de récépissés.

Par le crédit, l'État peut multiplier prodigieusement les capitaux disponibles, *en donnant aux capitaux engagés une valeur de circulation.*

La banque d'État fonctionnera au profit des banquiers, au profit des marchands, au profit des industriels gros et petits ; et les bénéfices de l'escompte, au lieu d'aller grossir les revenus d'actionnaires opulents, fourniront à l'État les moyens de commanditer le travail, avec le prix des services rendus aux capitalistes, aux négociants, aux entrepreneurs d'industrie.

Ainsi, par les entrepôts et par les bazars, nous avons posé les *bases du crédit réel*; par la banque d'État, nous généralisons *le crédit réel et le crédit commercial*, et en même temps nous donnons à l'État des ressources pour mettre *le crédit moral au service des travailleurs associés*.

### Banque d'État.

Nous proposons de convertir la banque de Paris en véritable banque de France, en banque nationale, d'établir dans chaque département un comptoir qui relèvera de la banque centrale comme annexe ou comme satellite.

Ces banques ne se confondraient point avec la trésorerie nationale. Elles auraient une existence financière complétement indépendante. Elles ne feraient *point d'avances au trésor* pour l'acquit des dépenses publiques. Elles seraient exclusivement destinées à fournir du crédit au travail, à l'industrie, au commerce. Tout billet émis par elles devrait être donné contre une valeur, représenté par un gage; et quand nous disons valeur, nous entendons *valeur présente, valeur capitale*, et non pas une simple affectation sur des revenus futurs quoique certains.

On n'aurait pas de peine à trouver des administrateurs et d'excellents employés. Qu'on conserve le personnel au courant du service, pour les banques déjà établies; qu'on prenne parmi les principaux commis des banquiers les hommes les plus intelligents, et l'on pourra recruter dans chaque ville des fonctionnaires très-capables. Quant à des caissiers, on en trouverait comme on trouve des receveurs généraux, et un cautionnement répondrait de leur gestion.

Le conseil d'escompte pourrait être composé d'hommes élus par les chambres de commerce, par les chambres syndicales des différentes corporations, par les municipalités. Ce conseil n'aurait que voix consultative ; il serait chargé de donner des renseignements sur la solvabilité des emprunteurs.

Toute banque serait régie par un directeur assisté d'un conseil d'administration.

Enfin les banques seraient soumises à **un contrôle** sévère, à l'inspection des employés supérieurs des finances, à l'inspection d'un commissaire spécial du Gouvernement délégué près de chacune d'elles ; elles seraient placées sous la surveillance active et permanente d'une commission, nommée par la chambre des représentants pour la banque centrale, par le conseil municipal pour les comptoirs des chefs-lieux de département.

Les banques devraient, en outre, publier tous les huit jours un état de leurs opérations, et cet état serait signé et certifié par les membres de la commission de surveillance, sous leur responsabilité.

Les billets des banques nationales auraient naturellement cours légal dans toute l'étendue de la République.

On ne saurait prendre trop de garanties contre les abus possibles de l'émission des billets. Il ne faut pas que le papier de banque devienne de la fausse monnaie ; il faut, au contraire, que ce papier inspire une confiance générale, une sécurité universelle, qu'il soit même préféré à l'argent. Cette confiance et cette sécurité dépendront des garanties qui seront prises pour l'émission des billets.

Quand on sera bien convaincu que chaque billet représente une valeur réelle, une valeur supérieure à la valeur nominale du billet mis en circulation ; quand, de plus, le papier de banque sera reçu en payement des charges publiques, pourra acheter, dans les entrepots et dans les bazars nationaux, toute espèce de denrées et de marchandises, tous les objets quelconques de consommation, servira à échanger l'un contre l'autre les résultats divers du travail collectif ; le billet circulera aussi facilement que les espèces métalliques, deviendra l'intermédiaire de tous les échanges, la monnaie nationale. Le peuple renoncera bientôt à ce préjugé grossier, qui consiste à croire que sans or ou sans argent une société ne peut exister, et alors les banques seront considérées comme des institutions de haute utilité.

Ainsi donc, aujourd'hui déjà, le billet pourrait remplacer avec avantage, avec économie, les métaux précieux. Mais dans le régime futur de l'association complète, on se passera même de billets: tout se bornera à un balancement de comptes; les teneurs de livres remplaceront les garçons de recettes.

Déjà, même dans la société actuelle, on pourrait rendre en partie superflu l'usage de la monnaie, de la monnaie métallique ou de la monnaie de papier. Il n'y aurait qu'à généraliser ce qui se pratique déjà sur une échelle trop restreinte: il suffirait que chacun de nous chargeât un banquier d'opérer toutes ses recettes et de payer toutes ses dépenses, et que tous les banquiers, au moyen des comptes courants, s'entendissent pour fondre leurs caisses particulières dans la caisse centrale de la banque. La banque deviendrait alors le payeur et le receveur universels; elle solderait tous les comptes par *doit* et *avoir*.

Le jour où tout billet émis représenterait une valeur *réelle*, un gage *positif*, le jour où le billet pourrait acheter tout ce que la monnaie achète maintenant; ce jour-là le remboursement en espèces deviendrait inutile, 1° parce que le billet ne serait plus une *simple promesse*; 2° parce qu'il jouerait exactement le rôle que joue la monnaie métallique. Dès lors, la banque ne serait plus tenue de garder dans ses caves une réserve improductive; dès lors les ressources de la banque ne seraient plus limitées par la proportion à conserver entre la réserve et les billets. Les besoins de la circulation, la valeur réelle des produits ou des gages à donner en nantissement, seraient les véritables régulateurs de l'émission du papier.

La banque nationale, en représentant par des billets les valeurs existantes, en transformant en capitaux circulants ou disponibles les capitaux engagés, peut donc suffire à tous les besoins de la société, commanditer largement le travail, l'industrie, le commerce, sans recourir aux prêteurs d'argent, aux capitalistes. La banque peut mieux faire : elle peut à elle seule fournir presque tous les capitaux circulants, réduire les escompteurs à un rôle purement secondaire, au rôle d'assureurs de signatures commerciales.

Elle pourrait, en renonçant à tout bénéfice, faire baisser à son gré le taux de l'intérêt, le réduire à une simple prime d'assurance, au plus grand avantage de tous les producteurs, et par suite de tous les consommateurs.

A ce système on peut faire deux objections : la première, c'est que la banque de Paris est en possession d'un privilége ; la seconde, c'est que l'État pourrait abuser de la circulation du papier.

La crise que nous subissons a prouvé l'insuffisance de la banque de Paris. Cette banque n'a pu se conformer à ses statuts, rembourser ses billets à bureau ouvert : elle a, par cela même, encouru une déchéance. L'État est en droit de la forcer à liquider, à établir la balance entre l'actif et le passif ; il peut, sans scrupule, payer aux actionnaires la différence, puis prendre à son compte la suite des opérations. Il y a mieux : c'est son devoir, car c'est le seul moyen de maintenir l'activité dans la production, de sauver de la ruine le commerce et l'industrie, de prévenir de nouvelles catastrophes, d'assurer l'ordre nouveau.

La seconde objection a été réfutée par les garanties exigées pour l'émission des billets.

**Opérations de la banque d'État. — Émission de billets.**

1° Escompte.

L'escompte, c'est la conversion d'un titre particulier en titre social et supérieur, d'une simple lettre de change *en billet d'État*.

Avec un billet qui ne lui coûte rien, mais qui circule comme monnaie, la banque achète une lettre de change, sur laquelle elle retient 2, 3 ou 4 p. 0|0 d'escompte. De la sorte, tous les billets qu'elle émet portent intérêt à son profit, et cet intérêt, perçu en dedans, est incessamment capitalisé.

Voilà, pour la banque, une source féconde de revenus. Supposez seulement que les billets en circulation s'élèvent à la somme de 1 milliard, c'est au moins 20, 30 ou 40 millions de bénéfice annuel, selon que le taux est à 2, à 3 ou 4 p. 0|0. On peut compter que le produit de l'intérêt composé serait suffisant pour couvrir les pertes, pour faire face à tous les frais d'administration.

Encore 40 millions pour le budget des travailleurs !

Et si la banque établit un comptoir dans chaque département, la circulation peut être doublée et triplée, ce qui double et triple les bénéfices. Et alors nous obtenons pour le budget du travail 80 ou 120 millions.

La banque prête sur deux signatures aux personnes notoirement solvables, et à trois et quatre mois d'échéance. Les personnes dont la solvabilité n'est pas connue, vont trouver un banquier ou un intermédiaire qui, moyennant une prime, assure par l'endos les signatures insuffisantes, autrement dit escompte lui-même la lettre qu'il fera ensuite accepter par la banque.

Les banquiers ne sont que des assureurs qui empruntent eux-mêmes à la banque. Leurs bénéfices se composent des primes perçues, et la prime varie en raison des chances à courir. Mais le taux de l'intérêt en lui-même ne varie pas. Tel banquier qui escompte à 5 quand la banque prête à 4 pour 100, escomptera à 3 quand la banque prêtera à 2. L'essentiel pour lui, c'est le montant de la prime. Tout le monde profitera donc de la réduction de l'intérêt.

Dans une ville comme Paris, ces intermédiaires sont encore indispensables ; dans les provinces, où la solvabilité de chaque commerçant est plus facilement appréciable, la banque pourrait se passer d'intermédiaires. Néanmoins ces intermédiaires donnent aux opérations de la banque une plus grande sécurité et raffermissent son crédit. Il serait à désirer que chaque industrie eût son banquier spécial, lequel concentrerait ses opérations dans une sphère déterminée, et par cela même connaîtrait la solvabilité de tous ses clients. La banque serait le bailleur de fonds de tous ces intermédiaires, et commanditerait indirectement toutes les industries, sans s'exposer à subir des pertes considérables ; la banque deviendrait le distributeur et le régulateur du crédit.

2° Avances sur dépôt de valeurs.

La banque ne se contenterait pas d'escompter des effets de commerce ; elle prêterait à intérêt sur dépôt de valeurs et de titres de rentes.

Dans les temps de crise, de crise commerciale ou politique, les fonds publics, les actions industrielles subissent une dépréciation considérable, mais une dépréciation qui peut n'être que momentanée. Le besoin de réaliser à tout prix, pour faire face à des engagements, pousse en foule les vendeurs au marché, et la baisse est accélérée par la concurrence même de tous ceux qui offrent leurs titres à la fois. On voit alors, en une même semaine, les cours fléchir de 50 pour 100. Aliéner des titres sans retour, dans de telles circonstances, c'est perdre moitié. Si l'on pouvait obtenir à la banque, sur dépôts de titres, un prêt de moitié ou du quart sur l'ensemble des valeurs données en gage, à six mois ou à un an de terme, il est probable que la hausse viendrait avant l'expiration du délai, qu'on retirerait son gage, qu'on payerait l'intérêt des sommes avancées, qu'on sauverait ainsi une partie du capital dont la perte aurait été consommée par l'aliénation définitive.

Le prêt sur dépôt de titres préviendrait la dépréciation des cours ; car c'est surtout l'affluence des vendeurs qui fait baisser les actions ou les rentes, et les vendeurs ne s'en dessaisissent que pour se procurer des ressources immédiates, que pour avoir de l'argent à tout prix.

La banque nationale ferait avec les porteurs d'actions ou de titres de rentes un pacte à réméré. Elle leur dirait, par exemple : « Je prends vos rentes ou vos actions à tel taux déterminé (en laissant à la baisse possible une latitude convenable); je vous en donne le montant, et je vous accorde six mois pour vous libérer envers moi ou pour résilier le marché. Si, dans six mois, vous êtes en état de me rendre en principal et intérêts les sommes avancées, je vous restituerai vos titres ; sinon, ils deviendront ma propriété définitive. » Qu'arriverait-il? Ou bien la faculté de réméré serait exercée, et alors la banque, rentrerait dans ses avances ; ou bien les titres lui seraient définitivement acquis, et alors la banque, c'est-à-dire l'État, rachèterait ainsi à bas prix une partie de la dette, deviendrait à bon marché propriétaire des actions industrielles. Dans l'un et l'autre cas, la banque aurait pour se couvrir des valeurs suffisantes, des valeurs portant intérêt ; dans l'un et l'autre cas, elle ferait une excellente spéculation en même temps qu'elle rendrait des services précieux.

3° Prêts sur dépôts de récépissés.

La banque prêterait de même, pour un temps déterminé, sur warrants ou récépissés des entrepôts, jusqu'à concurrence des deux tiers de la valeur courante des marchandises déposées. Si, le terme expiré, l'emprunteur n'était pas en mesure de se libérer, la banque deviendrait propriétaire des marchandises, ou bien les ferait vendre, retiendrait sur le prix ce qui lui serait dû en principal et intérêts, puis tiendrait compte du surplus à son débiteur.

En transformant la banque de France en banque nationale, en usant des ressources du crédit, l'État pourrait parer facilement aux difficultés de l'avenir, secourir à propos les principales maisons de commerce, dont les capitaux alimentent l'industrie, entretenir l'activité des ateliers, ranimer la confiance, suppléer au besoin à l'absence calculée du numéraire. Cette banque rendrait de grands services et réaliserait des bénéfices considérables.

4° La banque, dans les temps de crise, émettrait des obligations pour emprunter momentanément du numéraire.

Théoriquement, il est incontestable que le papier-monnaie peut être substitué aux métaux précieux comme agent universel des échanges. Mais alors il faut descendre aux plus faibles coupures, émettre des billets de 20 fr., de 10 fr., de 5 fr., et même de 1 fr. Notre société n'est peut-être pas assez avancée pour entrer brusquement dans cette voie, et l'expérience serait dangereuse à tenter. Il importe donc de maintenir provisoirement encore l'usage de la monnaie métallique, de rappeler dans la circulation le numéraire qui se cache, le numéraire dont on ne peut aujourd'hui se passer.

L'établissement des banques nationales fera considérablement baisser le taux de l'intérêt, cela est certain. Quand la banque prêtera à 2 ou 3 p. 0/0 à toutes les personnes solvables, il deviendra très-difficile, pour les particuliers, de trouver à placer solidement leurs capitaux. Si la banque voulait alors emprunter à intérêt, il est probable que les écus afflueraient dans ses coffres. Autorisons donc, dans les temps de crise, les banques nationales à emprunter à intérêt les espèces disponibles ; autorisons-les à donner, en échange des sommes versées, des obligations à échéances fixes, et déclarons que ces obligations seront remboursables soit en billets, soit en écus, au choix du porteur.

Par l'emprunt, les banques aspireraient ainsi les espèces métalliques, pour les respirer dans la circulation, selon les besoins. Ce numéraire serait mis à la disposition des industriels qui ont des salaires à payer chaque semaine, et qui ne peuvent se servir de billets sans en fractionner la valeur. ( Nous raisonnons ici dans l'hypothèse que la banque n'émet point de billets au-dessous de 50 fr. Dans ce cas, il est bon qu'elle ait toujours du numéraire pour les besoins de l'industrie.)

Il est infiniment probable que les possesseurs d'écus viendraient apporter à la banque les sommes qu'ils enfouissent stérilement dans leurs tiroirs, surtout s'ils étaient assurés de pouvoir toujours obtenir, à un moment donné, à l'échéance par eux stipulée, des écus en échange de leurs obligations.

Nous proposons cette combinaison des emprunts pour répondre aux scrupules des esprits timides et soupçonneux : néanmoins elle nous parait parfaitement inutile. Il est bien évident que les caisses de la banque devront se remplir successivement, à mesure que les lettres de change escomptées arriveront à échéances, car les échéances amènent forcément des écus ou la rentrée des billets. Il est bien évident encore que ces emprunts seraient facultatifs, car il y aurait déraison à imposer à la banque l'obligation d'emprunter, quand sa caisse regorgerait de numéraire.

5° A la rigueur la banque pourrait émettre des billets au-dessous de 50 francs.

Cependant, si les écus s'obstinaient à rester dans les cachettes, il faudrait bien s'en passer, et pourvoir aux besoins de la circulation. Il faudrait recourir à l'émission de billets de faible valeur, découper les billets de 50 fr. en fractions de 10, de 5, et même de 1 fr. Et alors aussi, pour donner à ce papier un cours universel, il faudrait réaliser notre projet d'entrepôts et de bazars, il faudrait même peut-être créer des boulangeries et des boucheries nationales, des boutiques où le papier-monnaie serait reçu en payement de toute espèce de denrées et de marchandises. Il faudrait, d'une façon ou d'une autre, accoutumer le peuple à se passer d'écus et de gros sous ; car, enfin, une société ne peut périr, parce qu'il plaît à quelques capitalistes peureux de nouer les cordons de leur bourse !

Il serait superflu de signaler les avantages qu'un système complet de banques nationales offrirait à l'agriculture, à l'industrie, au commerce, au travail, etc. On comprend aisément les profits que l'État en retirerait, puisque tout billet émis ne coûte rien et porte intérêt, sans qu'il soit nécessaire de conserver une réserve pour parer au remboursement. On comprend, à un autre point de vue, que les banques deviendraient, pour l'État, un puissant moyen d'affranchir les travailleurs de tout tribut payé aux spéculateurs et aux entrepreneurs d'industrie, de réduire immédiatement le taux de l'intérêt, et de faire disparaître en peu de temps les derniers vestiges de l'exploitation et du marchandage.

— Quand bien même la création de banques nationales ne devrait avoir d'autre résultat que de faire
baisser le prix du loyer des capitaux, de ramener le
taux de l'intérêt à deux ou trois pour cent, ce serait
déjà là un avantage immense.

Le taux de l'intérêt à trois pour cent, dans toute
la République ! Sait-on bien ce que cela signifie, et
ce qui en pourrait résulter ? Quel stimulant pour le
travail productif ! quelle révolution pacifique et féconde ! quelle atteinte portée au privilége d'oisiveté !
Mais c'est tout un ordre nouveau qui va surgir comme
par miracle ! Le travail a conquis ses droits ; la misère
et l'exploitation disparaissent ; tout homme de bonne
volonté va pouvoir travailler pour lui-même et jouir
du fruit de ses œuvres ; les paresseux deviendront ac-
tifs et entreprenants ; les voleurs changeront de métier et se feront industrieux ; les vagabonds pourront
avoir une famille et un asile ; les mendiants pourront
devenir propriétaires !

L'organisation du crédit rend possible l'organisation du travail et de l'industrie ; l'organisation du
crédit distribue les capitaux et le numéraire sur tous
les points de la République ; facilite les déplacements
de valeurs ; économise les frais de change et de trans-
port ; ramène à l'unité de type tous les billets de banque, et en répand partout l'usage ; l'organisation du
crédit fait circuler du centre à la circonférence, ramène des extrémités vers le cœur, le sang, la chaleur,

la vie, porte la fécondité sur tous les points à la fois ; l'organisation du crédit prépare l'affranchissement du peuple et transforme le salariat.

6° La banque fournit des capitaux aux associations d'ouvriers.

Depuis soixante ans toutes les anciennes conditions du travail ont été changées ; une révolution complète s'est opérée dans les procédés agricoles et dans les procédés industriels. Dans nos sociétés modernes, la production ne s'accomplit plus que dans de vastes exploitations rurales ou dans de grandes usines, à l'aide d'instruments perfectionnés, de machines puissantes et dispendieuses. La grande culture a remplacé ou remplacera forcément le métayage ; la grande industrie a remplacé les petits ateliers d'autrefois ; les artisans sont devenus des salariés.

Pour cultiver le sol avec avantage, il faut être propriétaire, ou bien il faut disposer d'avances considérables afin de pouvoir prendre à bail un grand domaine. En un mot, il faut, avant tout, être capitaliste.

Dans l'industrie, l'ouvrier qui ne possède point d'instruments de travail, est réduit à travailler pour le compte et au profit d'autrui comme salarié. Or, les instruments dont on se sert aujourd'hui coûtent des sommes immenses, si bien que pour disposer des outils indispensables, il faut préalablement être capitaliste. Partout le capital domine la production, dicte la loi d'une manière à peu près absolue.

Il est bien évident que les travailleurs ne seront définitivement affranchis que le jour où ils auront la libre disposition des instruments qu'ils mettent en œuvre, des outils sans lesquels ils ne peuvent travailler. Il est évident, d'un autre côté, que quiconque naît sans fortune, quiconque est obligé de louer ses bras au rabais, ne pourra jamais économiser sur un salaire insuffisant de quoi acheter une usine, de quoi amasser les millions indispensables pour la fondation d'un atelier ; sera par conséquent condamné à travailler toute sa vie pour enrichir un maître, avec la perspective de mourir à l'hôpital, et de léguer à ses enfants une destinée pareille à la sienne, une destinée de labeur incessant, de privations, de misère, de douleurs sans fin.

Ainsi le travail, que l'on proclame comme le droit de tous, tend à devenir un privilége pour le riche, un moyen d'exploitation contre le pauvre. Le temps approche même où les capitalistes pourront se passer des bras du simple travailleur, où, selon l'expression d'un manufacturier anglais, *la mécanique aura complétement affranchi le capital des exigences du travail !* En d'autres termes, le moment approche où les salariés seront inutiles, et ne trouveront plus à gagner leur vie ! — Mais alors qu'arrivera-t-il ?

Par le crédit, l'État qui doit être le banquier des pauvres, peut mettre au service des ouvriers associés ces instruments dispendieux du travail moderne ; il peut prêter à l'association ces capitaux que les pauvres ouvriers n'amasseraient jamais ; il peut émanciper les travailleurs, les débarrasser des exploiteurs et des intermédiaires, les élever du rang de salariés à la dignité de propriétaires-coassociés ; il peut leur assurer la liberté réelle du travail, l'indépendance, la sécurité du présent et de l'avenir, la libre disposition des fruits de leur peine, les moyens d'arriver au bien-être, à la richesse même, au développement de toutes leurs facultés ; enfin à la dignité d'êtres vraiment libres, à la dignité d'hommes.

Donc, que les heureux du jour se rassurent, qu'ils cessent de trembler pour leurs écus et pour leurs propriétés, qu'ils jouissent en paix de leur fortune ! Il ne s'agit point de les dépouiller pour enrichir les pauvres ! Que sont, hélas ! toutes les richesses accumulées, en comparaison des richesses que peut créer le travail organisé, le travail disposant du levier du crédit ! Qu'on cesse donc de calomnier le peuple et ceux qui défendent sa cause. Le peuple ne demande pas à prendre le bien des riches : il demande seulement *que les riches ne lui prennent pas sa part légitime dans les produits de son travail.* Il demande à ne plus payer aux entrepreneurs le tribut des profits excessifs, la dîme du marchandage. Il demande à travailler pour son propre compte, il demande à conquérir, à la sueur de son front, la liberté positive, l'aisance et le droit à la retraite, le pain du jour et le pain du lendemain, le droit à l'existence et aux joies de l'existence, pour lui, pour son vieux père, pour sa femme, pour ses enfants. Il demande que ses frères en travail et en douleur puissent aussi s'émanciper comme lui ; que désormais les hommes de cœur ne soient plus réduits à tendre la main, dans les rues, aux passants insensibles, à tremper de leurs larmes le pain amer de la charité, à subir l'humiliation de l'aumône, à implorer en vain du travail, à souffrir la faim et le froid. Il demande que Caïn ne maudisse plus Abel, que les fils du même père s'aiment et s'entr'aident, au lieu de se haïr et de s'exploiter ; que la misère ne pousse plus l'homme au crime et la femme à la prostitution. Il demande enfin, puisqu'il y a place pour tous ici-bas, que chacun puisse jouir d'un rayon de soleil et d'un rayon de liberté !

Est-ce trop demander, le lendemain d'une victoire ? Leur répondra-t-on comme Malthus et son école : Vous êtes venus trop tard, les places sont occupées ; tant pis pour vous ! — Non, certainement non. Eh bien, faisons donc place au peuple ; donnons-lui les moyens de s'enrichir par le travail, de grandir en intelligence, en moralité et en dignité, et que l'État vienne à son aide ! Que l'État soit le banquier du peuple, puisque le peuple, par son travail, crée toute richesse, crée les capitaux et les revenus des riches, crée les valeurs qui alimentent le trésor, les valeurs qui font vivre la société, les valeurs que l'on consomme et les valeurs que l'on accumule !

# CHAPITRE VI.

## INSTITUTIONS DE CRÉDIT (SUITE).

### Crédit foncier (1).

### I

Le crédit foncier est le *crédit réel* par excellence.

La terre est un *gage* à nul autre pareil, un gage qui ne peut être anéanti ni déprécié, un gage qui, loin de se détériorer par l'action du temps, tend chaque jour à augmenter de valeur, de valeur absolue et de valeur relative.

La terre gagne constamment en valeur absolue, parce que la production des denrées est limitée par l'étendue et par la fécondité possible du sol cultivable, tandis que la population augmente sans cesse, tandis que les besoins de subsistances vont toujours croissant.

La terre gagne en valeur relative, parce que la richesse générale se développe; parce que les produits

(1) Ce projet, ainsi que ceux développés dans les chapitres 7, 8, 9 et 10 ci-après, était destiné à faire partie de l'exposé général des travaux de la commission de gouvernement pour les travailleurs. Il aurait été probablement publié dans le *Moniteur*, si la commission ne s'était pas dissoute.

industriels, qui s'échangent contre des denrées, peuvent être indéfiniment multipliés ; parce que la somme de tous les capitaux mobiliers et immobiliers, autres que le sol, peut s'accroître toujours ; parce que, à mesure que ces capitaux mobiliers et immobiliers et ces produits industriels deviennent plus abondants, ils perdent de leur valeur relative par rapport à la terre, qui est bornée, et par rapport aux fruits de la terre.

Ainsi, les progrès de la civilisation, des sciences, des arts, de l'industrie, le temps lui-même, tout concourt à faire augmenter constamment la valeur absolue et la valeur relative de la terre et des denrées agricoles, tandis que tout, au contraire, tend à faire baisser de valeur les autres capitaux, les autres résultats de l'activité humaine.

Comment se fait-il donc que le crédit commercial et le crédit industriel existent (à l'état plus ou moins imparfait), tandis que le crédit foncier est inconnu ? Comment se fait-il que le manufacturier et le commerçant, sans même donner des gages, trouvent à emprunter à bas prix des capitaux, tandis que le propriétaire et le cultivateur sont contraints de passer sous les fourches de l'usure ?

Cela tient aux vices de notre régime hypothécaire, aux formalités dispendieuses de l'expropriation, à notre procédure barbare et compliquée ; cela tient à l'absence de toute institution de crédit foncier.

C'est un fait reconnu que les garanties destinées à

protéger la propriété territoriale favorisent la propriété aristocratique au point de la rendre inexpugnable en quelque sorte, mais ruinent les petits propriétaires, les livrent à la merci des usuriers et des oiseaux de proie de la chicane.

C'est un fait reconnu que la procédure expéditive du Code de commerce est avantageuse au commerce et à tous les commerçants, facilite le crédit et réduit le taux de l'intérêt.

En réalité, le propriétaire que la loi a voulu protéger, succombe sous le poids de formalités ruineuses, de garanties illusoires, tandis que le commerçant, qui n'a pas paru digne d'intérêt à nos législateurs de vieille souche, se trouve favorisé par l'absence même de toute protection. Étrange anomalie.

La terre, avons-nous dit, est un gage incomparable. La terre offre au crédit une double garantie : la garantie du *sol*, la garantie des *récoltes*. De là deux sortes de crédit à fonder :

1° Le crédit *foncier ou immobilier* pour le propriétaire, moyennant hypothèque sur le sol même ;

2° Le crédit *mobilier* pour le cultivateur, moyennant affectation spéciale sur la valeur des récoltes et du mobilier agricole.

## II

Puisque le régime hypothécaire, d'une part, la procédure compliquée en matière d'expropriation, de l'autre, rendent le crédit foncier onéreux, sinon absolument impossible, il faut modifier et le Code des hypothèques et le Code de procédure ; il faut les réformer, en dépit des juges, des avocats, des avoués, des notaires, des huissiers, des greffiers, recors et praticiens.

On parlera de l'intérêt des mineurs, de l'intérêt des femmes ! — Est-ce que les banquiers, les commerçants, les industriels dont la fortune se compose presque exclusivement de valeurs mobilières, n'ont pas aussi des femmes et des enfants ? Est-ce que la loi commerciale, en facilitant aux pères et aux maris les moyens de s'enrichir, n'a pas fait, pour les femmes et pour les mineurs, plus que ne fera jamais le Code civil avec son régime hypothécaire qui paralyse les capitaux et qui les rend inféconds ?

Voici d'abord, quant aux hypothèques, ce que nous proposons :

1. A l'avenir, l'inscription sera obligatoire, sous peine de déchéance, pour tous les priviléges quelconques, pour toute espèce d'hypothèques, pour les hypothèques légales tout aussi bien que pour les hypothèques conventionnelles ou judiciaires.

2. Les hypothèques générales sont prohibées. On n'admet plus que des hypothèques spéciales sur des immeubles déterminés. En conséquence, dans un délai de trois mois ou de six mois, toutes les hypothèques générales devront être spécialisées et réduites à la valeur précise de la créance.

3. Il est accordé à tous les ayants droit ou à ceux qui les représentent, un délai de trois mois ou de six mois pour convertir les hypothèques légales et tacites en inscriptions spéciales et soumises à la publicité, le tout sous peine de déchéance.

4. Les notaires et autres officiers ministériels sont invités à donner à leurs clients connaissance de la présente loi ; les conservateurs des hypothèques à requérir inscription d'office, en faveur de toute personne dont les titres leur sont connus ; les maris à prendre inscription au nom de leurs femmes ; les tuteurs en faveur de leurs pupilles ; le ministre des finances ou ses agents, au nom de l'État, contre les comptables de deniers publics. Les commissaires près les tribunaux de la République tiendront la main à l'exécution de la présente loi, veilleront aux intérêts des mineurs, des femmes mariées, des interdits, de toutes les personnes frappées d'incapacité légale.

5. Les femmes mariées et les mineurs, sans avoir besoin d'autorisation, peuvent prendre inscription en leur nom personnel, en justifiant de leurs droits, et peuvent, à cet effet, contraindre les maris et les tuteurs à produire les titres nécessaires. Ces inscriptions seront prises d'office et gratuitement par les conservateurs sur la simple inspection des titres.

6. Le père, le frère, l'oncle, un parent quelconque, peuvent prendre inscription au nom de la femme mariée ou des mineurs.

7. Les juges de paix pourront contraindre les maris et les tuteurs à produire les contrats et les pièces authentiques ; ils pourront, au nom de la loi, requérir l'inscription d'office, au profit des femmes mariées et des mineurs, par une simple invitation adressée par écrit **au conservateur**, et sans production de titres.

— Qu'une loi pareille soit promulguée, et dans trois mois ou dans six mois, toutes les charges qui grèvent la propriété peuvent être connues ; les propriétaires peuvent établir leur actif et leur passif, dresser leur bilan. — Dès lors, le crédit foncier devient possible.

### III

Cependant, il faudrait encore procéder à une autre réforme, dont l'utilité et la possibilité ont été parfaitement démontrées, avec luxe de preuves, par un homme spécial très-compétent, par M. Loreau, directeur des domaines.

Il faudrait décréter une autre loi ainsi conçue :

1. Désormais les bureaux du cadastre, de l'enregistrement et des hypothèques, seront réunis dans un même local et régis par un directeur responsable.

2. Il y aura un bureau du cadastre, de l'enregistrement et des hypothèques, par canton.

3. Le directeur de chaque bureau devra faire dres-

ser, d'après les archives des hypothèques de l'arrondissement, d'après les matrices du cadastre et de la contribution foncière, un registre où toutes les propriétés seront classées dans un ordre donné, avec mention : 1º des noms, prénoms, professions et domiciles des propriétaires; nom du mari pour les biens de communauté; noms du mari et de la femme pour les biens propres à la femme, et avec mention de dotalité pour les biens dotaux, etc.; 2º de la désignation et de la contenance de l'immeuble, du numéro qu'il porte au cadastre, de la classe à laquelle il appartient, du montant des contributions dont il est frappé, du revenu présumé, de la valeur approximative calculée d'après le prix d'achat, d'après le prix des terres voisines de même qualité, d'après le chiffre des contributions, etc., etc.; 3º enfin de toutes les charges dont il est grevé, hypothèques, servitudes, redevances, etc., etc.

A l'aide de ces registres et d'un répertoire alphabétique, on pourrait connaître, en un instant, la situation de chaque propriétaire, la valeur réelle de chaque immeuble, les garanties que chaque gage peut présenter.

Un simple extrait de ce registre, délivré et certifié par le conservateur, deviendrait, pour la banque agricole, ce qu'est le *récépissé* ou le *warrant* des entrepôts pour la banque commerciale.

Le bureau des hypothèques de chaque canton

pourrait même être transformé en comptoir de la banque agricole du département.

## IV

Avant de décrire le **mécanisme** et les opérations des banques agricoles, il est peut-être nécessaire d'expliquer sommairement ce que doit être le crédit foncier, et à quelles conditions il peut être avantageux aux propriétaires et aux cultivateurs.

Le crédit en général, pour celui auquel il est fourni, n'est autre chose qu'un emprunt; et l'emprunt est une cause de ruine ou de prospérité, selon l'emploi qu'on donne aux valeurs qui en proviennent.

Celui qui emprunte pour dépenser stérilement, transforme son capital en revenus, sacrifie l'avenir au présent, et se ruine, cela n'est pas douteux.

Celui qui emprunte, au contraire, pour dépenser productivement, s'enrichit, s'il retire des sommes empruntées un profit supérieur à l'intérêt qu'il est tenu de servir.

Enfin, celui qui emprunte à 3 pour 100, pour éteindre une dette dont il payait les arrérages à 5 pour 100, fait une conversion avantageuse.

De là, nous pourrions conclure qu'il faut refuser le crédit aux prodigues et aux incapables, qu'il faut le donner aux hommes laborieux et rangés, qu'il faut surveiller l'emploi qui sera fait des sommes prêtées.

Mais cette surveillance que nous réclamerions dans l'intérêt des emprunteurs eux-mêmes, paraîtra à tous ceux qui demandent à tort et à travers la liberté de tout faire, le bien comme le mal, une atteinte portée à un droit sacré. On veut que chacun soit libre de se ruiner, au risque de ruiner les autres et de frauder ses créanciers. C'est une étrange liberté, mais enfin on l'invoque à tout prix ! Prêtons donc sans condition, prêtons même aux prodigues, si on le veut absolument; mais exigeons des garanties positives, de façon que la banque, en aucun cas, ne soit exposée à perdre.

Le crédit foncier a été exactement défini : le *dégagement d'un capital engagé;* mais cette définition abstraite a besoin d'un commentaire.

Si l'on veut distinguer de la *possession* la *propriété,* de la *chose* la *valeur,* et si l'on représente par un signe ou par un titre cette *valeur* ou ce droit à la *propriété abstraite,* on comprendra que la chose ou la terre puisse rester comme instrument entre les mains du possesseur, tandis que le titre ou le droit à la propriété pourra être transmis ou donné en garantie des sommes empruntées.

Le capital foncier jouera ainsi un double rôle : en tant que *terre,* il est instrument de production et donne des récoltes; en tant que *titre* ou *valeur dégagée,* il agit comme capital circulant, sert à faire des avances, à payer des salaires, à acquitter des dettes, etc.

De là résulte un double service de ce capital, de là aussi peut résulter un double profit.

Le crédit foncier doit être soumis à d'autres conditions que le crédit commercial; le mode de libération, pour l'emprunteur, doit être tout à fait différent.

La fortune du commerçant se composant principalement de valeurs mobilières, est convertie en un capital circulant qui se renouvelle sans cesse, en totalité ou en partie, par la vente des marchandises. Le négociant, pour faire face à ses engagements, dispose de tout son avoir, qu'il peut réaliser à la rigueur, en consentant à perdre ; le négociant n'engage son capital que pour un temps limité, pour une opération spéciale; et quand cette opération est accomplie, il rentre dans l'intégralité de ce capital, qu'il retrouve augmenté d'un bénéfice ou d'un profit.

Le commerçant peut donc prendre des engagements à trois ou quatre mois de terme, avec la certitude de se libérer à échéance.

Il en est autrement pour le propriétaire et pour le cultivateur. Tout capital consacré à des améliorations agricoles, est un capital immobilisé à tout jamais, un capital qui est représenté par l'augmentation de la valeur réelle du sol, mais qui ne pourra jamais rentrer que par fractions et sous forme de récoltes. En un mot, le capital du propriétaire s'échange contre le droit à une rente, dont le taux est d'autant plus élevé que l'opération a été plus habilement combinée.

Le propriétaire ne peut donc emprunter à courte échéance, sans s'exposer à être exproprié, à être forcé de vendre sa terre pour se libérer, avant même d'avoir recueilli les résultats de son entreprise. Mais le propriétaire peut prendre, chaque année, sur son revenu, de quoi amortir peu à peu ses dettes; il peut s'engager à rembourser l'emprunt par annuités successives. En d'autres termes, si l'opération commerciale s'accomplit en six mois, l'opération agricole s'accomplit en vingt ans. Le cultivateur ne peut donc se libérer qu'à long terme, sur le revenu du capital dépensé, sur le prix de vingt récoltes, et par fractions chaque année.

Si un capital emprunté à 3 ou 4 pour 100, donne 5 ou 6 pour 100 de revenu, quand il est consacré à des améliorations agricoles, il est évident qu'il y a profit pour le cultivateur à emprunter; et il est évident aussi que ce capital pourra être remboursé, à la longue, avec le montant des bénéfices épargnés et accumulés. Mais encore faut-il attendre que ces bénéfices aient pu être capitalisés assez longtemps pour arriver à égaler la somme primitivement empruntée; sinon, on ruine le propriétaire en le forçant à rembourser à bref délai; on l'exproprie avant qu'il ait pu tirer tous les profits de son opération; on lui fait perdre le fruit de son travail, le fruit de toutes les améliorations réalisées; on le réduit à la misère, par le crédit, au lieu de l'enrichir; on lui tend un piége, au lieu de lui rendre un service.

L'amortissement est une duperie pour les États qui empruntent sans cesse et qui dépensent stérilement les sommes empruntées, pour les États qui empruntent toujours plus qu'ils n'amortissent. Mais pour les particuliers qui dépensent productivement le capital emprunté, qui ne peuvent contracter un second emprunt sans s'être libérés du premier, l'amortissement est un excellent mode d'éteindre et de racheter une dette ; c'est même le seul mode que puissent adopter les propriétaires. Sans l'amortissement par annuités, le crédit foncier est un leurre pour les cultivateurs.

L'amortissement le plus lent est, sous tous les rapports, le moins onéreux et le plus assuré.

En ajoutant à l'intérêt annuel du capital emprunté 2 pour 100 d'amortissement et en profitant du bénéfice de l'intérêt composé, on éteint une dette en vingt-huit ans. Si l'on a emprunté à 4 pour 100, il suffit de payer 6 pour 100 pendant vingt-huit ans pour être complétement libéré, en principal et intérêts. C'est donc deux fois 28 ou 56 francs qui suffisent, en sus de l'intérêt annuel, pour racheter une dette de 100 francs.

En payant 1 franc 78 centimes en sus de l'intérêt, on amortit en trente ans, et l'on rachète une dette de 100 francs moyennant 53 francs 40.

En payant 1 pour 100, on amortit en quarante et un ans, moyennant 41 francs.

En payant 1/2 pour 100, on amortit en cinquante-six ans, moyennant 28 francs.

Quel est le propriétaire qui ne s'estimerait heureux de trouver 100 francs ou 100,000 francs, à la seule condition de s'engager à payer pendant cinquante-six ans 3 ou 4 pour 100 d'intérêt, plus 1/2 pour 100 destiné à l'amortissement de sa dette?

Ah! le jour où tout cultivateur de France pourra acheter une propriété sans posséder d'avance un capital, mais en s'engageant simplement à payer 3 pour 100 ou 4 pour 100 d'intérêt, plus 1/2 pour 100 d'amortissement pendant cinquante-six années, ce jour-là les travailleurs des champs seront réellement émancipés et deviendront tous propriétaires!

Mais n'anticipons pas. Il est temps de décrire le mécanisme et les opérations de nos banques agricoles.

# V

Il serait établi par département une banque agricole ayant son siége au chef-lieu, et des succursales ou des comptoirs dans chaque canton.

Ces banques prêteraient sur première hypothèque, jusqu'à concurrence des 2/3 de la valeur de l'immeuble engagé.

Les opérations des banques peuvent être diversement combinées : on peut procéder par le mode le plus simple et le plus élémentaire; on peut s'élever, au contraire, jusqu'au mode le plus parfait.

Prenons d'abord l'opération la plus simple, et pour être mieux compris, laissons de côté le langage rigoureux et scientifique, les formules abstraites, et faisons agir et mouvoir cette banque. Nous pourrons eusuite codifier tout à notre aise, avec la certitude d'être entendu par tous ceux qui nous lisent.

Thomas possède un immeuble valant 100,000 fr., et il justifie par titres authentiques qu'il est bien réellement propriétaire. Le directeur de l'enregistrement et des hypothèques qui a examiné ces titres, certifie que la propriété de Thomas vaut 100,000 fr., qu'elle est libre de toutes charges. Muni de ce certificat, Thomas va à la banque agricole, demande à emprunter 60,000 francs, s'engage à payer pendant vingt-huit ans et par douzièmes, une annuité de 6 pour 100, soit de 3,600 francs, dont 4 pour 100, ou 2,400 francs d'intérêt, et 2 pour 100, ou 1,200 fr. d'amortissement, en tout 3,600 francs.

La banque accepte la proposition; mais, comme sanction de l'engagement, elle stipule :

1° Qu'il sera pris contre Thomas, sur ledit immeuble, une inscription privilégiée de 60,000 francs, au profit de la banque, laquelle inscription sera successivement réduite, en proportion des sommes que le débiteur remboursera ;

2° Que les 6 pour 100 d'annuité seront perçus par

douzième chaque mois, en même temps que l'impôt, de la même manière et par les mêmes voies de contrainte, au besoin ;

3° Que Thomas, en cas de non-payement des arrérages d'une année, et après un simple avertissement, sera exproprié sans frais par la banque, qui prendra possession de l'immeuble et le fera gérer, qui pourra le vendre par voie administrative et aux enchères, sans frais et sur simples publications, percevoir sur le prix ce qui lui sera dû en principal et intérêts, puis tenir compte à Thomas de la différence (1) ;

4° Que la banque, si mieux elle aime, pourra acquérir directement ledit immeuble au prix d'estimation porté sur le registre du directeur du cadastre, c'est-à-dire au prix de 100,000 francs, mais à la charge de payer à Thomas la différence entre la somme dont il reste débiteur et ce prix de 100,000 francs, à la charge de payer en outre, à dire d'experts, la valeur des améliorations réelles, s'il y a eu depuis le contrat améliorations réalisées ;

5° Que pour ne pas frustrer l'État des droits d'enregistrement que cet emprunt aurait rapportés, s'il avait été souscrit au profit d'un tiers, dans les formes ordinaires, il sera retenu par la banque 1 pour 100, plus le décime, sur le capital prêté, soit 660 francs.

---

(1) Sur le prix de vente, il pourrait être perçu, au profit de l'État, le droit de mutation.

Toutes ces conditions seraient obligatoires et formeraient autant d'articles de la loi à décréter.

Ainsi, nous modifions radicalement la procédure, en fait d'expropriations. La loi qui décrétera l'institution des banques territoriales, devra autoriser les propriétaires-emprunteurs à consentir d'avance, sans formalités judiciaires, l'aliénation de l'immeuble hypothéqué, et cela dans l'intérêt de l'emprunteur lui-même. — C'est *la voie parée* ramenée à sa plus simple expression. En définitive, le contrat entre la banque et l'emprunteur devient une aliénation conditionnelle, une vente à réméré. — Que diront les notaires, les avoués, les huissiers et les avocats? plus d'actes, hélas ! plus de procès ! — La loi rencontrera de la part de ces corporations puissantes et tracassières, une opposition formidable ; mais je compte sur le bon sens intéressé des propriétaires obérés, qui forment la grande majorité des propriétaires de France (1).

Ces conditions, acceptées de part et d'autre, sont transcrites sur un registre spécial, et signées par Thomas et par le directeur de la banque. Ce registre a l'authenticité d'une minute notariée et fait titre. Sur ce même registre on mentionne, chaque année, dans une colonne spéciale, le payement des annuités, et on décharge d'autant le débiteur.

(1) On peut juger des avantages de ce nouveau système par le ta-

# VI

**La banque n'a point de capitaux, point d'écus, point de numéraire ; mais elle jouit de la confiance universelle, mais les titres qu'elle émet valent argent comptant, se négocient aussi facilement que les rentes sur l'État, sans jamais descendre au-dessous du pair,**

bleau des frais que coûte, sous le régime actuel, un emprunt de 60,000 fr.

| | |
|---|---:|
| 1° Enregistrement 1 pour 100, plus le décime... | 660 fr. |
| 2° Honoraires du notaire...................... | 600 |
| 3° Papier timbré, droit de grosse, etc.......... | 49 |
| 4° Bordereau et certificat.................... | 10 |
| 5° Droit du conservateur.................... | 75 |
| 6° Si on emprunte sur maison, signification à la compagnie d'assurances.................... | 6 |
| | 1,400 |

Et maintenant, pour se libérer, il faut payer la quittance et la mainlevée.

| | | |
|---|---:|---:|
| Enregistrement........................... | 330 | |
| Honoraires............................... | 300 | |
| Droit d'extrait et d'expédition............ | 12 | |
| Radiation............................... | 1 | 35 |
| | 643 | 35 |
| TOTAL GÉNÉRAL.................... | 2,043 | 35 c. |

Et si à échéance on ne peut payer, il faut contracter un nouvel emprunt.

Ainsi non-seulement Thomas gagne sur l'intérêt annuel 1 pour 100, mais encore il gagne la première année sur les premiers frais seulement, même en payant 660 fr. pour tenir compte du droit d'enregistrement, 740 fr. Je ne parle pas des frais de quittance, des frais d'un emprunt nouveau, des frais d'une expropriation inévitable, etc., etc.

se vendent même à prime. — Nous dirons pourquoi tout à l'heure. — La banque remet donc à Thomas 60 obligations de 1000 francs souscrites par elle (ou 30 obligations de 1000 francs et 300 obligations de 100 francs au choix de l'emprunteur), avec lesquelles Thomas payera ses dettes et trouvera de l'argent sans peine, comme on en trouve, en temps ordinaire, quand on a des titres de rente sur l'État à céder en échange.

En résumé, de même que la banque de France escompte une lettre de change avec un billet qui ne porte pas intérêt, qui n'est pas remboursable, mais qui circule comme monnaie; de même la banque agricole, avec des obligations portant intérêt, escompte les engagements de Thomas, après avoir pris des garanties positives, c'est-à-dire, convertit un titre particulier et insuffisant en un titre social et supérieur qui sera partout accepté.

Les obligations des banques sont des titres de rente territoriale, émis par l'État au profit des propriétaires, et dont les intérêts sont servis, dont le capital doit être remboursé par les emprunteurs eux-mêmes.

Il sera toujours facile, du reste, à l'aide de ces obligations, de se procurer des capitaux, papier-monnaie ou numéraire. Nous avons dit qu'on établirait dans chaque département un comptoir de la banque d'État, de la banque nationale de circulation; nous avons dit que cette banque et ses comptoirs feraient des avances sur dépôt de titres ou de valeurs. Or, les obligations territoriales sont des valeurs excellentes qui, en aucun cas, ne peuvent être dépréciées, sur lesquelles on peut prêter en toute confiance, qu'on peut même accepter au pair et payer comptant en billets.

La banque d'escompte et la banque territoriale pourraient aisément s'entendre. Les obligations pourraient être escomptées aussitôt émises, et alors la banque territoriale aurait à donner à ses emprunteurs des capitaux disponibles.

Les obligations entreraient dans le portefeuille de la banque de circulation, y resteraient jusqu'à l'époque de l'amortissement ou du rachat, et la banque d'État profiterait ainsi de l'intérêt servi par les emprunteurs.

La double surveillance exercée sur la banque agricole, d'une part, et, de l'autre, sur la banque de circulation qui doit toujours avoir dans son portefeuille des valeurs représentant les billets émis, offrirait toutes garanties aux porteurs de billets de circulation et empêcherait la dépréciation de la monnaie de papier.

Certainement, on en arrivera là un jour, et alors l'État, à qui reviennent ou doivent revenir tous les bénéfices des banques de circulation, trouvera dans l'intérêt des obligations foncières une source féconde de revenus.

Si l'on songe que la propriété est grevée, en France,

de 13 milliards de dette inscrite, sans compter toutes les dettes chirographaires, toutes les dettes présentement inconnues, qu'on peut, sans exagération, évaluer à une somme égale; si l'on reconnaît, ce qui est évident, que tous les propriétaires obérés ont intérêt et profit à se débarrasser de leurs créanciers actuels en devenant débiteurs de l'État, 1° pour ne plus payer que 4 pour 100 d'intérêt, au lieu de 5, chaque année; 2° pour n'être plus sous le coup d'un remboursement intégral et pour obtenir la facilité de se libérer par annuités; 3° pour être dispensés de tous frais de renouvellement à échéance, de tous frais de transports, de subrogations; 4° pour éviter les droits et les frais de quittances et de mainlevées successives, de certificats et radiations, d'honoraires, de papier timbré et de courtage; 5° pour échapper enfin au gouffre de l'expropriation par voie de justice, etc., etc., on doit comprendre que les obligations foncières s'élèveraient bientôt à la somme de 25 ou 30 milliards, autrement dit, au montant de toutes les dettes actuellement existantes, inscrites et non inscrites.

Or, en admettant que la moitié seulement de ces obligations soit escomptée par les banques, c'est donc un intérêt de 4 pour 100 sur 15 milliards, ou un revenu de 600 millions que l'État percevrait chaque année par l'intermédiaire des banques.

Voilà encore de quoi alimenter le budget des travailleurs !

Si la banque agricole délivrait des billets de circulation aux emprunteurs, l'État pourrait renoncer aux droits d'enregistrement, et cette renonciation serait peut-être un excellent moyen de faire accepter les billets.

D'un autre côté, si l'on offrait aux créanciers un remboursement immédiat en valeurs ayant cours, ils consentiraient volontiers à payer d'avance, et pour tout le temps à courir jusqu'à l'échéance de la dette primitive, l'impôt de 1 pour 100, auquel ils ont été récemment soumis. Ce serait alors un impôt *vraiment désiré*, un impôt qu'on acquitterait avec joie par anticipation, et qui produirait immédiatement des revenus considérables.

Quant aux propriétaires débiteurs, qui servent aujourd'hui à leurs créanciers les intérêts de ces 15 et de ces 30 milliards, à raison de 6 pour 100 au minimum, en moyenne, ils s'estimeraient très-heureux de ne plus avoir à payer que 4 au lieu de 6 pour 100, d'autant mieux que cette somme de 600 millions pourrait venir en déduction des impôts de toute espèce qu'ils sont tenus d'acquitter chaque année, soit comme propriétaires, soit comme consommateurs.

Mais gardons-nous d'éblouir le lecteur par des résultats qui sont trop séduisants pour ne pas paraître chimériques, alors même qu'ils découlent des rigueurs du calcul.

Revenons à nos obligations primitives, laissons de

côté les **revenus futurs du trésor, les revenus** possibles; laissons de côté l'escompte des valeurs par la banque **commerciale.**

## VII

La **banque agricole**, dans l'opération que nous avons décrite, pousse le désintéressement à un point extrême. Elle ne fait que se porter caution de la solvabilité de Thomas. Elle atteste que l'immeuble hypothéqué est suffisant pour répondre de la somme prêtée ; elle s'engage à rembourser elle-même la dette dans le délai stipulé, et, jusque-là, à servir au porteur de l'obligation un intérêt convenu. La banque rend service **aux prêteurs**, elle leur épargne des frais énormes, elle fait baisser à leur profit le taux de l'intérêt, elle les débarrasse de mille formalités ruineuses, sans rien demander pour elle-même, sans exiger le moindre salaire.

Les obligations des banques territoriales sont détachées d'un registre à souche. Elles sont nominatives ou au porteur. Les obligations nominatives se transmettent par endossement.

Ces obligations portent intérêt à raison de 3 francs 65 pour 100 ou de 1 centime par 100 francs par jour. L'intérêt est payable tous les six mois, au comptoir d'émission et à la banque centrale de chaque département. Le payement des intérêts est constaté au dos de l'obligation. On pourrait, en émettant l'obligation, délivrer d'avance les coupons d'intérêts en précisant l'époque des échéances et le montant des arrérages.

Les 35 centimes de différence entre l'intérêt à 4 pour 100 servi par l'emprunteur, et l'intérêt à 3 fr. 65 payé par la banque, de même que les bénéfices d'intérêt sur les sommes encaissées chaque mois pour être distribuées seulement à la fin du semestre, sont destinés à couvrir les pertes éventuelles, les frais d'administration, et subsidiairement à créer un revenu au profit de l'État ou de la banque.

Toute obligation est toujours remboursable au pair, et cette faculté est formellement réservée par la loi en faveur de la banque. De la sorte, la banque peut constamment profiter de la baisse du taux de l'intérêt ou du développement du crédit, pour opérer des conversions successives. — Mais tout porteur d'une obligation soumise au remboursement doit être prévenu trois mois d'avance.

La banque agricole, dès qu'elle a des capitaux disponibles, est tenue, aux termes de la loi, de rembourser des obligations pour avoir moins d'intérêts à servir. Elle rembourse chaque mois, s'il y a lieu, avec le produit du fonds d'amortissement, avec les 2 pour 100, le 1 pour 100 ou le 1/2 pour 100 que lui payent à cet effet tous ses débiteurs. Le remboursement est, pour la banque, le moyen le plus simple et le plus sûr de tirer constamment parti de tous ses capitaux, de profiter du bénéfice de l'intérêt composé.

On commencerait toujours par amortir les obligations hypothéquées sur les immeubles dont les propriétaires se seraient complétement libérés envers la banque ; puis ensuite celles en partie libérées, etc. Quand il n'y aurait aucun motif légitime de préférence, pas même l'ancienneté, on procéderait par la voie du sort.

Les porteurs d'obligations à racheter seraient prévenus d'avoir à se présenter au remboursement dans trois mois, passé lequel délai les intérêts de l'obligation rachetable cesseraient de courir.

En aucun cas, le porteur d'un titre ne peut demander le remboursement avant l'expiration du délai choisi par l'emprunteur lui-même, soit dans l'espèce dont s'agit, avant le délai de 28 ans.

Mais le débiteur peut toujours se libérer, même par payements partiels et anticipés.

## VIII

Nous avons dit que les obligations seraient acceptées comme argent comptant, se négocieraient même avec prime. Voici pourquoi :

Ces obligations sont garanties, quant au principal, par une hypothèque spéciale et privilégiée sur le sol ; elles sont, en outre, garanties par l'amortissement affecté au remboursement, et, de plus, par la banque territoriale qui se porte caution. Ici donc la sécurité est complète, absolue.

Ces obligations portent intérêt à 3 fr. 65 c., plus que ne rendent aux propriétaires non-cultivateurs les meilleures terres. Cet intérêt est assuré par le service des arrérages fournis par l'emprunteur; il est, en outre, garanti par la banque qui, tous les six mois, à échéance fixe, paye à bureau ouvert, par la banque qui ferait au besoin les avances, sauf à se rembourser ensuite sur le propriétaire débiteur. Cet intérêt est payable dans toute la France, dans chaque chef-lieu de département, au siége de la banque agricole.

Ces obligations sont transmissibles par endossement, sans frais d'aucune espèce, sans droit d'enregistrement, d'hypothèque, de papier timbré, de commission, de courtage, d'honoraires d'agents de change, de notaires, d'avoués, d'avocats, d'huissiers, etc., etc.

Le porteur de ces obligations a tous les bénéfices du droit de propriété territoriale, sans en avoir les inconvénients et les charges. Il ne craint ni la grêle, ni la gelée, ni les non-valeurs. Il n'a plus à s'inquiéter de percevoir ses fermages, de veiller à ce qu'on ne détériore pas ses bâtiments, à ce qu'on n'épuise pas le sol, etc., etc. Il a de même tous les avantages d'un rentier de l'État, plus une sécurité complète; car il ne craint ni les emprunts à venir, ni les éventualités politiques, ni les émissions successives, ni les révolutions. Il est privilégié, il a hypothèque de premier rang sur le sol, et il sait qu'on ne peut amoindrir son gage, ni l'aliéner, ni l'affecter à des obligations nouvelles, etc., etc.

Évidemment, ce titre est supérieur, sous tous les rapports, à tous les titres connus. C'est un placement qui donne un revenu égal au revenu des rentes, en temps ordinaire, et c'est en même temps un capital toujours disponible, un capital qu'on peut échanger à volonté, sans rien perdre, contre toute espèce de valeurs ; c'est en quelque sorte une monnaie portant intérêt. Comment donc ces obligations ne seraient-elles pas acceptées comme argent comptant? Comment ne seraient-elles pas recherchées par les capitalistes, par tous les rentiers qui ont des fonds à placer? Si l'on songe, d'un autre côté, que *les banques d'État, les banques commerciales* feront généralement baisser le taux de l'intérêt, fourniront pour les besoins de la circulation, des capitaux abondants, rendront en partie le numéraire superflu ; on doit comprendre que les obligations foncières trouveront sans peine des acheteurs, qu'elles se négocieront même avec un agio, comme *les lettres de gage* de Prusse, qui ne rapportent que 3 1/2 pour 100.

Les obligations foncières seront recherchées principalement par les caisses d'épargne, par les institutions tontinières, par les établissements d'assurances sur la vie, par les sociétés de secours mutuels, etc.,

etc. On pourrait même imposer à ces établissements l'obligation de placer leurs fonds en rentes territoriales.

Les obligations en tant qu'elles resteront dans les mains des particuliers, n'auront aucune action sur la circulation monétaire. Comme elles portent intérêt, elles trouveront naturellement place dans les portefeuilles à titre de capitaux provisoirement employés; elles ne s'offriront point sur le marché comme simple monnaie, en concurrence avec les billets des banques commerciales. Elles remplaceront, pour les rentiers, les billets à ordre, les lettres de change et les contrats d'obligation.

## IX

Tel serait le crédit foncier à l'état rudimentaire. On peut aisément pressentir que ce système incomplet contient déjà des germes féconds qui prendront nécessairement essor dans l'avenir. Mais, si la France est le pays des théories spéculatives, c'est, en fait de pratique, le pays de la défiance et de la routine. De toutes les nations, la France, en fait de crédit, est la plus arriérée. Ce serait déjà beaucoup si nous pouvions, dès aujourd'hui, faire adopter chez nous ce qui se pratique en Prusse, en Pologne, depuis tantôt un siècle. Nous y parviendrons, je l'espère, parce que la nécessité l'exige impérieusement, parce que nos propriétaires ne peuvent se passer d'un système quelconque de crédit foncier. Ils prendront le plus imparfait, c'est probable ; mais ce sera déjà un pas immense, et c'est surtout le premier pas qui coûte. Si la nécessité fait faire le premier, elle forcera bien à faire le second, puis le troisième, ainsi de suite.

Résumons-nous. Il serait établi une banque agricole dans chaque département, avec un comptoir dans chaque canton.

Ces banques seraient placées sous la protection de l'État, qui nommerait les directeurs ; elles seraient surveillées par un comité et par des commissaires désignés, par le conseil du département pour la banque centrale, par le conseil cantonal pour les comptoirs.

Les banques et les comptoirs seraient, en outre, soumis à l'inspection des employés supérieurs de l'enregistrement et des finances.

Les annuités dues à la banque seraient perçues sans frais, tous les mois, par le receveur de chaque commune, et le montant serait immédiatement versé dans la caisse des comptoirs.

Les directeurs de l'enregistrement et des hypothèques pourraient être directeurs des comptoirs, et alors ils émettraient directement les obligations comme ils recevraient les engagements des propriétaires. Ils rédigeraient les contrats, prendraient et radieraient les inscriptions, le tout sans frais. Ils toucheraient le montant des annuités, payeraient les intérêts à échéance et rachèteraient les obligations dès qu'ils auraient des capitaux disponibles.

Le rachat est obligatoire et imposé par la loi, de sorte que, dans un temps donné, toute dette se trouverait nécessairement éteinte, toute obligation anéantie.

Toutes les banques territoriales de la République étant placées sous la surveillance et sous la protection de l'État, une mutualité, une solidarité générale se trouverait ainsi naturellement réalisée, et toute perte partielle pourrait être largement couverte par les bénéfices de l'ensemble de toutes les banques unies. Les 35 c. perçus par l'État serviraient de prime pour cette assurance mutuelle.

Ainsi, la sécurité serait élevée à la plus haute puissance.

Il n'y aurait point à craindre que les gages fussent insuffisants pour couvrir les obligations : car on ne prêterait jamais au delà des 2/3 de la valeur des immeubles ; car les conservateurs des hypothèques répondraient des déclarations qu'ils auraient signées ; car l'État se porterait garant, envers les tiers, de la moralité des agents qu'il emploie, et payerait, en cas d'insolvabilité des propriétaires emprunteurs, sauf son recours contre qui de droit, sauf à poursuivre les fonctionnaires négligents ou coupables.

Du reste, chaque porteur d'obligation aurait le droit de demander gratuitement communication du registre des hypothèques, et de s'assurer que sa bonne foi n'a point été surprise.

Je n'entrerai point dans de plus amples détails. L'organisation des banques territoriales une fois décrétée, un arrêté ministériel réglera toutes les opérations, expliquera comment la loi devra être exécutée. C'est l'affaire du ministre des finances qui a sous ses ordres les employés de l'enregistrement, des hypothèques et du cadastre. Le livre de M. Loreau, dont nous avons parlé, a prévu toutes les difficultés d'exécution, en ce qui concerne la centralisation du cadastre, des hypothèques et de l'enregistrement.

Notre projet de crédit foncier s'applique exclusivement aux biens ruraux, et nous avons voulu concentrer toute notre sollicitude sur l'agriculture, parce que l'agriculture est source de production; parce que de la prospérité de l'agriculture dépendent la prospérité du pays, la richesse générale, le bonheur physique de la population.

Quant aux biens de ville, aux maisons et aux propriétés bâties, nous n'avons point voulu nous en occuper présentement. Ce serait certes une excellente chose de venir au secours des propriétaires urbains, mais ce n'est pas là le plus pressé. Plus tard on pourra créer dans les villes des banques immobilières à l'usage exclusif des propriétaires endettés; mais nous ne voudrions pas que ces établissements spéciaux fussent confondus avec les banques agricoles. La nation a un intérêt immense à favoriser l'agriculture et la production agricole, un intérêt direct et immédiat ; la nation n'a qu'un intérêt très-secondaire à venir en aide aux propriétaires urbains. Si l'on diminuait aujourd'hui les charges qui grèvent les propriétaires de maisons, les revenus de ces propriétaires augmenteraient, mais le prix des loyers ne baisserait pas pour cela. Il y a une autre considération décisive : les obligations émises sur propriétés bâties pourraient faire concurrence aux obligations foncières ; or il importe de faire autant que possible refluer vers l'agriculture tous les capitaux disponibles.

Il serait parfaitement inutile de faire ressortir ici les avantages que les banques agricoles, alors même qu'elles ne seraient autre chose que les banques de Prusse, offriraient aux propriétaires et aux cultivateurs. Mais il est une considération d'économie sociale que nous tenons à présenter parce qu'elle est d'une importance extrême.

Nos Codes admettent l'égalité de partage entre frères, principe que nous approuvons de grand cœur, mais dont l'application donne lieu à de graves inconvénients et à de nombreux abus, au morcellement extrême du sol et des exploitations.

Partager également l'héritage ou la fortune, c'est très-bien ; mais partager en nature, mais fractionner chaque parcelle, c'est rendre impossible toute culture rationnelle, c'est condamner l'agriculture française à rester stationnaire, c'est éterniser l'ignorance et la routine, grever les denrées de frais énormes de production, appauvrir le sol, proscrire l'élève des bestiaux, provoquer des disettes périodiques, repousser l'emploi des machines perfectionnées et économiques, encourager l'exubérance de population, etc., etc.

Il faut donc diviser *les titres* de propriété, sans morceler *le sol,* sans le découper en lanières.

Par le crédit foncier et à l'aide des obligations, l'un des enfants peut prendre pour son compte l'héritage paternel, désintéresser ses cohéritiers, faire à chacun sa part, sans qu'il soit nécessaire de recourir à un fractionnement des parcelles ou à une licitation onéreuse. Les banques agricoles favoriseraient la reconstitution des grandes exploitations rurales, que les économistes et les agronomes préconisent avec raison, mais qu'ils invoqueront en vain, tant que le crédit foncier ne sera pas organisé en France.

Pour faire accepter les obligations, on ne saurait les entourer de trop de garanties. Le modèle ci-joint me paraît répondre aux plus rigoureuses exigences. L'essentiel est d'accréditer d'abord ce nouveau papier. Dès qu'il sera connu, tous les propriétaires non-cultivateurs demanderont à échanger leurs propriétés contre des titres de rente, en même temps que les travailleurs des champs demanderont à passer de l'état de fermiers ou de salariés à l'état de propriétaires.

(Voir le modèle d'obligation à la page suivante.)

Nᵒ du registre à souche

Nᵒ de l'obligation

Nom, prénom et domicile du propriétaire de l'immeuble engagé.

Désignation de l'immeuble

Pièce de terre

Contenant

Située commune de

Lieu dit

Portant le nᵒ du cadastre

Valeur présumée de l'immeuble

Terre de      classe

D'un revenu présumé de

Payant de contribution

Montant des engagements contractés
par le propriétaire sur ledit immeuble

Nᵒ de l'inscription spéciale et privilégiée affectée à la garantie de ladite
obligation

Date de l'inscription

Volume

Certifié conforme par le conservateur
des hypothèques, directeur de l'enre-
istrement et du cadastre.

*Signé*

---

## République française.

## BANQUE TERRITORIALE.

BANQUE du département de

COMPTOIR du canton de

---

# TITRE DE RENTE FONCIÈRE.

---

*Obligation privilégiée de      francs.*

Cette obligation donne droit, au profit du titulaire ou du porteur, à un intérêt annuel de 3 fr. 65 c. p. 0/0, soit de 1 centime
par 100 francs et par jour.

L'intérêt est payable tous les six mois à terme échu, dans les
quinze premiers jours de mars et de septembre,

Au comptoir d'émission,

Ou à la banque centrale de chaque département.

Le payement des intérêts est constaté chaque semestre au dos
de l'obligation.

LE DIRECTEUR DU COMPTOIR,          LE CAISSIER,

*Signé*                    *Signé*

---

Les obligations territoriales sont nominatives ou au porteur.

Les obligations nominatives se transmettent par voie d'endossement et sans
frais.

Les obligations sont remboursables
au pair. Le porteur doit être prévenu
trois mois d'avance.

Le porteur ne peut exiger le remboursement.

L'emprunteur rachète sa dette par
amortissement, ou est exproprié sans
frais.

On ne prête jamais au delà des 2/3
de l'immeuble engagé, et toujours sur
première hypothèque privilégiée et
spéciale.

Le principal de l'obligation est garanti par la valeur de l'immeuble.

Le service des intérêts est garanti
par la banque territoriale, et par l'É-
tat, qui se rembourse sur le débiteur.

L'État garantit l'exactitude du certificat délivré par le conservateur des
hypothèques.

# CHAPITRE VII.

### INSTITUTIONS DE CRÉDIT (SUITE).

**Crédit mobilier agricole.**

Avant de déduire toutes les conséquences du crédit foncier proprement dit; avant d'expliquer comment, du mode simple et élémentaire, on pourrait l'élever à un mode supérieur et plus complet, nous avons hâte de parler du crédit mobilier agricole, du crédit à fournir au cultivateur non-propriétaire.

Le crédit mobilier est aussi un *crédit réel*, un crédit qui a pour gage les denrées ou les récoltes..

Pour organiser ce crédit spécial, il suffirait de fonder, dans chaque chef-lieu de canton, des entrepôts pour les denrées, comme nous avons proposé d'établir dans les villes des entrepôts pour les marchandises.

Dans ces entrepôts on admettrait tous les produits qui peuvent être conservés sans beaucoup de frais, comme le blé et les céréales, le vin, etc., et on délivrerait au déposant un récépissé constatant la nature du dépôt, la quantité et la qualité des denrées. Il serait perçu, d'après un tarif, un droit de manutention et de magasinage.

Ces récépissés, transmissibles par endossement,

donneraient droit à la propriété du dépôt et pourraient être consignés à la banque, en garantie de sommes prêtées.

A côté de l'entrepôt, et, au besoin, dans le même local, on fonderait un magasin, un bazar où les produits déposés pourraient être vendus, du consentement des propriétaires et au prix fixé par eux d'avance.

Ces entrepôts et ces bazars pourraient être établis et gérés par l'administration du comptoir de la banque agricole, et alors la banque ou le comptoir ferait directement aux cultivateurs les avances de fonds.

On prêterait pour un temps convenu et à raison de 4 pour 100, jusqu'à concurrence des 2/3 de la valeur courante des produits consignés. Si l'emprunteur, à l'époque de l'échéance, était hors d'état de payer le principal et les intérêts de la somme prêtée, plus le droit de dépôt, la banque pourrait vendre ou faire vendre les denrées au cours du marché, garder sur le prix tout ce qui lui serait dû, et tenir compte de la différence.

Le comptoir prêterait du numéraire ou des billets spéciaux désignés sous le nom de *billets des bazars ou des comptoirs agricoles*. Ces billets pourraient être fractionnés en coupures de 10 francs et de 5 francs. Ils seraient reçus, pour leur valeur nominale, dans tous les bazars agricoles en payement de denrées, dans tous les bazars commerciaux en payement de marchandises, dans tous les comptoirs des banques territoriales en payement des arrérages et des annuités des obligations foncières. Cela suffirait pour leur donner cours dans le canton et dans le département, pour les faire accepter par les paysans eux-mêmes. Je n'ai pas besoin de dire que ces billets seraient toujours reçus comme monnaie par le comptoir qui les aurait émis.

Par les entrepôts et par les bazars on tuerait l'usure à la petite semaine, et la spéculation sur les récoltes.

Les usuriers des campagnes spéculent sur la misère et sur la faim. Quand sa provision est épuisée, le paysan va chez les usuriers qui lui prètent, au mois de mai ou au mois de juin, 1 hectolitre de blé, à la condition qu'il leur sera rendu 1 hectolitre 1/4 à la moisson prochaine. D'autres avancent des écus à 1/2 et même à 1 pour 100 par mois, et toujours avec la condition qu'ils seront remboursés à la première récolte, etc.

Le mois qui suit la moisson est l'époque générale des échéances dans les campagnes. Aussi voit-on tous les paysans apporter leurs denrées au marché en même temps, et cette concurrence des vendeurs avilir les prix. Les spéculateurs achètent alors à bon marché ces produits qu'ils revendront à haut prix plus tard, dans six mois, à ceux-là même qui ont été forcés de s'en dessaisir pour acquitter leurs dettes.

Ainsi les paysans, pressés par le besoin, ne peuvent jamais attendre le moment opportun de la vente. Ils livrent quand les prix sont au plus bas, pour racheter à l'époque du maximum, tandis que les spéculateurs achètent au moment de la dépréciation pour revendre à l'époque de l'extrême cherté.

Si le paysan pouvait se dispenser de vendre dans la saison défavorable; s'il pouvait, en consignant ses produits, emprunter à bas prix de quoi désintéresser ses créanciers, il aurait la faculté de profiter de la hausse, et ne serait plus rongé par les marchands et par les usuriers; il ne verrait pas se creuser de plus en plus, sous ses pas, le gouffre de la misère.

Il faut donc, sans délai, établir des entrepôts et des bazars de denrées agricoles dans chaque chef-lieu de canton ; il faut organiser le *crédit réel* d'abord, en attendant que le *crédit moral* soit devenu possible; il faut prêter sur gage et sur produits réalisés, en attendant qu'on puisse faire des avances sur parole et sur produits futurs.

Les droits de magasinage et les droits de vente seront calculés de façon à couvrir les frais d'administration des entrepôts et des bazars agricoles. L'intérêt des sommes prêtées, si les billets de circulation sont admis, donnera à la banque, c'est-à-dire à l'État, des bénéfices considérables.

Encore de nouvelles ressources pour le budget des travailleurs !

Combien produirait au trésor, chaque année, la création d'entrepôts et de bazars dans chaque chef-lieu de canton de France? Je l'ignore.

Combien gagneraient tous nos cultivateurs à cette réduction à 4 pour 100 du taux de l'intérêt, à la suppression du budget de l'usure? C'est incalculable.

Je craindrais de me répéter inutilement, si j'entrais dans de plus longs détails. Entre les entrepôts et bazars agricoles, et les entrepôts et bazars commerciaux, l'analogie est si frappante que toute explication serait superflue.

Ces établissements pourraient être fondés sans grandes dépenses. On trouverait sans peine des bâtiments propres à être transformés en entrepôts; on pourrait simplifier les frais d'administration au point de rendre à peu près insignifiants les droits de magasinage et de vente.

Quant au papier émis par les bazars, il circulerait avec d'autant plus de facilité que les porteurs des billets auraient toujours la faculté d'échanger, à tout moment donné, leurs titres contre des denrées, en raison de la valeur nominale du billet et du prix courant de la marchandise.

Ces billets, du reste, vrais bons de consommation, porteraient le nom du comptoir qui les aurait émis, la qualité et la quantité de la marchandise qui leur a servi de gage, un numéro d'ordre et un numéro de dépôt, afin qu'on pût toujours remonter à l'origine et constater que l'émission n'a pas été frauduleuse. L'administration répondrait de la valeur des billets et les accepterait comme argent comptant.

Au lieu de recourir à l'émission d'un papier nouveau, il serait plus simple d'adopter une unité de type pour toutes les banques territoriales, et de faire prêter par la banque même les fonds dont les entrepôts et les bazars pourraient avoir besoin. Dans ce cas, les entrepôts et les bazars ne seraient qu'une annexe du comptoir de la banque territoriale et départementale.

Mais, dans les premiers temps, il sera prudent peut-être de procéder avec une réserve extrême, de délivrer dans les entrepôts de simples récépissés ou *warrants*, et de faire, dans les bazars, toutes les opérations et toutes les avances à l'aide de numéraire, de monnaie métallique. Quand le public connaîtra bien le mécanisme et les avantages des entrepôts et des bazars agricoles, alors on pourra développer le crédit et introduire l'usage de la monnaie de papier.

D'ici là, du reste, il faut l'espérer, l'éducation générale aura fait assez de progrès pour que les idées simples et justes ne rencontrent plus d'obstacles invincibles dans l'ignorance et dans les préjugés. Au surplus, en fait d'éducation, la nécessité opère des miracles !

Les entrepôts et les bazars agricoles pourraient être fondés, dès aujourd'hui, par des associations particulières, même sans intervention de l'État. Les entrepôts et bazars agricoles seraient des espèces de monts-de-piété de l'agriculture. Ils pourraient être établis aux frais de toutes les communes du canton. Mais l'administration supérieure devrait veiller à ce que le taux de l'intérêt n'excédât pas 4 pour 100, les frais non compris.

# CHAPITRE VIII.

## INSTITUTIONS DE CRÉDIT (SUITE).

**Rachat des dettes hypothécaires.**

L'une des premières applications du crédit foncier aura pour objet le rachat des dettes hypothécaires, ou la conversion de toutes les dettes actuellement inscrites en obligations territoriales.

A cela débiteurs et créanciers trouveront des avantages réciproques.

Les avantages, pour le débiteur, sont manifestes.

Il est présentement grevé d'une dette exigible en totalité à époque fixe ; d'une dette qu'il ne pourra rembourser qu'en contractant un nouvel emprunt (emprunt dont les seuls frais seraient énormes !) ou en vendant ses propriétés de gré ou de force, et toujours à grands frais. Peut-être même sera-t-il obligé de vendre dans un moment où les capitaux disponibles seront très-rares, où les immeubles seront considérablement dépréciés.

Le système nouveau, au contraire, proroge à volonté la fatale échéance, donne la facilité de se libérer sans frais, à long terme, et par annuités successives.

Ce système débarrasse le débiteur de créanciers exigeants, qu'il remplace par **un créancier unique**, par un créancier patient et débonnaire : *la banque territoriale;* par un créancier qui se contente de 4 pour 100 d'intérêt et de 1/2 d'amortissement, et qui ne demande plus rien au bout de cinquante-six années ! — C'est plus qu'il ne faut assurément pour séduire le propriétaire, et il est probable que ce n'est pas de lui que viendra la résistance. Le propriétaire consentirait même à payer 5 pour 100 d'intérêt, jusqu'au jour où, la confiance étant pleinement rétablie, il pourrait emprunter à 4 à la banque, c'est-à-dire faire une conversion nouvelle.

Les avantages offerts au créancier sont peut-être moins évidents.

Le créancier recevait autrefois 5 pour 100 d'intérêt. Par un décret du Gouvernement provisoire, ces 5 pour 100 se trouvent réduits à 4, cela est vrai; mais enfin c'est toujours 4 pour 100, tandis que dans le nouveau système on ne lui offre plus que 3 fr. 65 c. Reste à savoir si le titre nouveau, qui rapporte seulement 3 fr. 65 c., n'est pas encore préférable à l'ancien qui rapportait 4 pour 100.

Le nouveau titre est incontestablement supérieur à l'ancien, 1° comme garantie du service exact des intérêts; 2° comme sécurité; 3° comme facilité de négociation. Désormais, il n'y a plus à redouter les priviléges et les hypothèques légales, les droits des femmes et des mineurs, la fraude et la mauvaise foi. Il n'y a plus à redouter l'insuffisance du gage, l'insolvabilité du débiteur, les chances d'un procès et les frais d'une expropriation judiciaire. Les obligations sont transmissibles sans frais, elles se négocient couramment à la bourse, s'échangent contre des capitaux disponibles à tout moment donné, si bien qu'il est facile de rentrer immédiatement dans ses avances et de les placer dans une autre opération. L'avenir est incertain...

> Un tiens vaut, ce dit-on, mieux que deux tu l'auras :
> L'un est sûr, l'autre ne l'est pas.

Il y a grandement à parier que les créanciers, en ce moment, accepteraient la conversion ; il est positif qu'ils l'accepteraient immédiatement, si l'on voulait leur donner des obligations rapportant 4 pour 100 ; il est certain enfin qu'ils accepteraient le remboursement intégral avec la plus vive reconnaissance, si l'État, pour se subroger à tous leurs droits, leur offrait un papier-monnaie ayant cours légal dans toute la République. A ces dernières conditions, ils consentiraient même à payer d'avance, et pour tout le temps que leurs contrats ont encore à courir, l'impôt de 1 pour 100 dont les revenus hypothécaires ont été récemment frappés.

On peut donc proposer divers systèmes pour le rachat des dettes hypothécaires actuellement existantes.

## Premier système.

Supposons que l'organisation du **crédit foncier** se trouve réalisée telle que nous l'avons décrite dans le chapitre VI. Il s'agit de convertir une créance en obligations territoriales portant intérêt à 3 fr. 65 c.

Le créancier, le débiteur et le directeur de la banque font un traité ainsi conçu :

1. Le créancier donne mainlevée de toutes les inscriptions prises en sa faveur, et consent à recevoir, en payement de ce qui lui est dû, des obligations foncières de la banque à l'intérêt de 3 fr. 65 c.

2. Le débiteur s'oblige envers la banque à payer 4 pour 100 d'intérêt, plus une prime d'amortissement, jusqu'à libération parfaite, et il donne hypothèque sur sa propriété.

3. Le directeur de la banque accepte l'une et l'autre proposition, prend hypothèque sur le débiteur, et rembourse le créancier en obligations foncières ; le tout, encore une fois, sans frais d'aucune espèce.

Ainsi, le marché est conclu; le traité est transcrit sur le registre authentique, signé par les trois parties, et la conversion est opérée.

Mais il se peut que le créancier demande à recevoir 4 pour 100 au lieu de 3 fr. 65 c., jusqu'à l'époque de l'expiration du contrat primitif; il se peut même qu'il demande à recevoir 5, dans le cas où l'impôt de 1 pour 100 récemment frappé, serait aboli. Alors, le débiteur devrait s'engager de son côté, devrait nécessairement s'engager à payer 4 fr. 35 c. ou 5 f. 35 c. d'intérêt, jusqu'à la même époque, sans compter la prime d'amortissement. Dans tous les cas, l'obligation ne porterait jamais que 3 fr. 65 c. d'intérêt, mais les 35 cent. ou les 1 fr. 35 cent. de différence seraient directement payés au créancier primitif, quel que puisse être par la suite le porteur de l'obligation.

Quant à la banque, elle ne percevrait jamais qu'une commission de 35 cent. d'intérêt annuel.

On couperait court à toutes les difficultés, en décrétant par une loi que tous les créanciers hypothécaires pourront être remboursés en obligations territoriales portant intérêt à 3 fr. 65 c.

Deuxième système.

L'État, au moyen des banques territoriales, se substitue à tous les créanciers hypothécaires, et les désintéresse en leur donnant des obligations foncières privilégiées à l'intérêt de 4 pour 100. Ces obligations sont conçues dans la même forme que les précédentes, elles sont de même remboursables à volonté, en un mot, il n'y a de changé que le taux de l'intérêt.

L'État offre aux débiteurs les avantages du remboursement par annuités; il les débarrasse de tous les frais d'emprunts nouveaux, de tous les frais de libération, mais il maintient le taux de l'intérêt à 5 pour 100, la prime d'amortissement en dehors.

Dans cette combinaison, l'État percevant 5 et payant 4 pour 100, ne fait que retrouver sous une autre forme l'impôt actuel de 1 pour 100. Toutefois, il y a cette différence essentielle que les obligations étant toujours remboursables, l'État pourra profiter de la baisse possible de l'intérêt ou du développement futur du crédit, pour opérer des conversions successives ou un rachat définitif, en même temps qu'il continuerait, jusqu'à extinction totale de la dette, à recevoir 5 pour 100 d'intérêt du propriétaire débiteur. — Ici, il y a pour l'État perspective d'un bénéfice futur.

Ce second système, au fond, ne changeant rien aux conditions actuelles, mais améliorant à la fois et la position des créanciers et la position des débiteurs, pourrait être immédiatement décrété et rendu obligatoire pour toutes les parties intéressées.

### Troisième système.

Enfin, il y aurait un troisième système, plus rationnel que les deux autres, théoriquement supérieur, infiniment plus avantageux pour l'État, mais dont la mise en pratique immédiate rencontrerait peut-être des inconvénients sérieux, en raison des préjugés qui règnent encore, en raison de la défiance générale que pourrait inspirer une abondante émission de papier-monnaie.

Il ne suffit pas que le papier vaille bien en fait ce qu'il est censé valoir, il ne suffit pas qu'il soit garanti par le meilleur de tous les gages ; il faut encore qu'il puisse être partout accepté du public pour sa valeur nominale qui est en réalité sa véritable valeur. Sans cela, il y a désordre et perturbation dans les transactions et dans les échanges ; il y a des revirements subits, des déplacements de richesse ; il y a trouble, instabilité, défiance, confusion et suspension dans toutes les affaires, mobilité extrême dans la valeur vénale de chaque chose, etc., etc.

Un billet de banque est certainement la meilleure lettre de change qui puisse exister, puisqu'il est garanti par tout l'actif de la banque, par son capital de fondation, par l'ensemble de son portefeuille, par la totalité de ses bénéfices, par le principal et par les intérêts de toutes les valeurs escomptées ou reçues en dépôt, etc., etc. Cependant, s'il y avait aujourd'hui en circulation une masse de billets représentant la valeur de toutes les lettres de change souscrites par les commerçants solvables de la République, il est probable que ces billets perdraient de leur crédit. — Les lettres de change mises en circulation chaque année représentent des milliards, et l'on ne s'en inquiète pas. Si la banque escomptait toutes ces lettres de change, que nous supposons excellentes, et émettait pour pareille valeur des billets avec lesquels toutes ces lettres de change pourraient être remboursées à échéance, on verrait le public prendre l'alarme !

Chose bizarre : plus une banque émet de billets, en tant qu'elle ne les donne jamais que contre de très-bonnes valeurs, plus elle gagne, plus elle perçoit d'intérêts, plus par conséquent son crédit devrait hausser... Et néanmoins si la banque, tout en ne faisant que des opérations sûres, voulait décupler l'émission de ses billets pour décupler ses escomptes et ses bénéfices, il arriverait que son papier serait déprécié dans l'opinion publique, perdrait d'autant plus peut-être qu'il vaudrait davantage en réalité ! Combien de gens encore qui ne croient qu'aux écus, qui pensent qu'il est rationnellement impossible de se passer de monnaie métallique !

Ah ! il ne suffit pas en ce monde d'avoir raison et cent fois raison, il faut encore tenir compte des erreurs et des préjugés ; car l'ignorance ne raisonne point. C'est l'ignorance, ce sont les erreurs et les préjugés qui gouvernent encore les masses, qui soulèvent les tempêtes et provoquent les catastrophes. Il faut donc ménager la vérité aux esprits faibles comme la lumière aux yeux délicats. Dans un cerveau complétement obstrué par des idées fausses, il reste peu de place pour les idées justes : il faut que les unes sortent ou soient chassées pour que les autres puissent entrer. La science se compose d'un petit nombre de vérités ; l'ignorance, d'une multitude d'erreurs. Si l'humanité pouvait perdre subitement la mémoire de toutes les idées fausses, son éducation serait bientôt faite. Ce sont les erreurs généralement répandues qui rendent surtout le progrès difficile.

Ce troisième système, que je présente comme rationnellement vrai, plutôt que comme immédiatement praticable, consisterait à faire escompter par les banques de circulation toutes les obligations foncières, et à en faire payer la valeur en billets non remboursables à présentation, mais ayant cours légal, mais admis au taux nominal dans toutes les caisses publiques, mais acceptés comme argent comptant par toutes les banques de la République et par tous les entrepôts et bazars, en payement de toutes dettes et obligations, de toutes denrées et marchandises. — Cela suppose évidemment la centralisation entre les mains de l'État de tous les établissements de crédit.

On peut rendre la chose plus simple encore. Il s'agirait d'autoriser les banques agricoles à émettre, non plus seulement des obligations portant intérêt, mais encore du papier-monnaie ; à rembourser avec ce papier toutes les dettes, à se substituer par conséquent à tous les créanciers. Les propriétaires, jusqu'à libération complète, payeraient à la banque ou à l'État, ce qui est au fond la même chose, et à raison de 2, 3, 4 ou 5 pour 100, l'intérêt des sommes dont ils resteraient débiteurs, plus un amortissement convenu.

Dans ce système, la banque touchant la totalité des intérêts sans être tenue de servir des arrérages, le prêt pourrait avoir lieu à un taux très-modéré, à 2 ou 3 pour 100 au maximum. — Les propriétaires gagneraient ainsi une forte réduction d'intérêts ; l'État y trouverait des bénéfices considérables.

Ces billets, toujours couverts par des valeurs réelles, par des engagements positifs, par des gages, porteraient en tête, comme les obligations, le nom du comptoir qui les aurait émis, un numéro d'ordre correspondant au numéro du registre à souche. Ils jouiraient des mêmes priviléges que les billets des banques commerciales, seraient admis dans toutes les caisses publiques, dans toutes les banques, sans exception, pour leur valeur nominale, s'échangeraient dans les entrepôts et dans les bazars, contre les denrées et les marchandises, etc. Ces billets serviraient au remboursement de toutes les obligations foncières, au payement des annuités et des arrérages, etc. — Si donc ils venaient à être momentanément dépréciés, les propriétaires-débiteurs s'empresseraient de les acheter pour se libérer à peu de frais envers les banques, et il est infiniment probable que ces billets ne tarderaient pas, étant beaucoup demandés, à reprendre faveur, à remonter au pair.

A ce système, on ne peut faire qu'une objection, c'est celle-ci : Le papier des banques, excellent en soi, ne serait pas accepté pour sa valeur réelle, et de là résulteraient mille inconvénients. — Reste à savoir si l'on ne pourrait pas triompher des préjugés, les circonstances aidant, et faire admettre ce papier dans la circulation ?

Ne perdons pas de vue que ces billets ne sont jamais émis à titre gratuit, qu'ils sont toujours donnés contre des engagements ou contre des valeurs, qu'ils pourront toujours être rendus à la banque pour le retrait des gages, pour la libération des engagements. La banque les reprenant toujours au taux d'émission, ne bénéficie que de l'intérêt. Il est évident que les propriétaires-débiteurs se libéreront envers la banque, en donnant des billets ou en donnant des écus. Dans le premier cas, le billet rentrant à la banque, se trouve retiré de la circulation ; dans le second, les écus répondent de la valeur du papier.

Il est encore un point sur lequel nous ne saurions trop insister. Les banques, bien que placées sous la protection de l'État, ont une existence financière complétement indépendante. Elles ne font point d'avances au trésor pour l'acquit des dépenses publiques ; elles font des affaires, et ne versent jamais dans les caisses de l'État que les bénéfices nets de chaque année. Il n'y a point à redouter qu'elles émettent des billets de complaisance, car alors il faudrait supposer une connivence coupable entre tous les administrateurs et tous les membres du comité ; et comme tout porteur de billets a le droit de vérifier sur les livres de la banque si le titre qu'il possède a véritablement le numéro et l'origine indiqués, la fraude pourrait être facilement découverte, le crime de faux deviendrait patent. Or, dans les États républicains, la peine la plus dure du Code criminel est infligée aux faussaires, surtout aux faussaires revêtus d'un caractère public.

Si toutes ces garanties ne paraissaient pas encore suffisantes pour maintenir le crédit des billets, on pourrait obliger les banques territoriales à racheter leur papier dans un délai déterminé. Ce délai pourrait être calculé sur la durée de l'engagement souscrit par l'emprunteur, en faveur duquel le billet aurait été émis, de telle sorte que tous les billets fussent anéantis le jour où la dette serait complétement remboursée. Et alors, chaque mois, en présence du juge de paix, du maire du canton, de tout le conseil de surveillance, il serait brûlé une masse de billets égale en valeur à la totalité des dettes amorties dans le courant du mois. — Mais toutes ces précautions me paraissent parfaitement inutiles. La véritable garantie, je l'ai dit, est dans les conditions exigées pour l'émission des billets et dans le choix des citoyens qui doivent être chargés de contrôler et de surveiller les opérations des banques. A vrai dire, tout est là ; tout dépend de l'organisation des banques.

Enfin, on pourrait encore trouver un moyen facile d'accréditer les billets des banques, et peut-être serait-il bon de mettre pendant quelque temps ce moyen en usage. Le voici :

Tout billet porterait la date de l'émission; tout billet serait remboursable de droit à une époque déterminée d'avance (l'époque du remboursement serait combinée avec les échéances des obligations); et tout billet, en outre, porterait intérêt à raison de 1 pour 100 par an; mais la totalité des intérêts serait payée en même temps que le principal, au jour du remboursement obligatoire.

L'intérêt serait ainsi une prime destinée à maintenir le cours et la valeur des billets. Un billet de mille francs, par exemple, émis le 1er janvier 1850 et rachetable au plus tard le 1er janvier 1860, devrait être payé par la banque 1,100 fr. — Les billets, comme les obligations, seraient toujours soumis au remboursement facultatif; mais, dans ce cas, la banque tiendrait compte, à raison de 1 pour 100, des intérêts courus depuis le jour de l'émission jusqu'au jour du rachat. Par cette combinaison les billets vaudraient d'autant plus qu'ils seraient de date plus ancienne.

Voici le modèle de ces billets :

## BANQUE TERRITORIALE.

---

| Nº d'ordre du registre à souche. | Banque du département de | Nº du billet de |
|---|---|---|
| | Comptoir du canton de | circulation. |

*Billet de        francs.*

Émis le.......... 1849, remboursable de rigueur le..........
portant intérêt à 1 pour 100 par an. Les intérêts échus seront payés
en même temps que le principal.

Ce billet peut être remboursé avant l'échéance, et alors la banque ne paye que
les intérêts courus depuis le jour d'émission.
Le porteur ne peut demander le remboursement avant le délai convenu.

---

Cependant je déclare que toutes les combinaisons
qui ont pour but ou pour effet d'attacher un intérêt à
la monnaie, me paraissent plutôt arriérées ou rétro-
grades que progressives; que dès lors je ne saurais
les approuver en principe. Je ne les accepterais tem-
porairement, qu'autant qu'il me serait bien démontré qu'il est impossible, sans cela, d'introduire l'usage
de la monnaie de papier. Or, ma conviction est que
la nécessité ou la force des choses, si mieux on aime,
fera disparaître tous les obstacles.

Le véritable progrès, disons-le franchement, ne
consiste point à *capitaliser* la monnaie pour lui faire
porter intérêt, mais plutôt à MONÉTISER tous les capitaux et toutes les valeurs pour réduire le taux de

l'intérèt à zéro, pour abolir définitivement le privilége d'oisiveté, le droit de vivre du travail d'autrui. Dans cette voie du progrès les sociétés modernes sont entraînées par une force irrésistible. Ce qui doit arriver arrivera.

Entre les trois systèmes que je viens d'exposer on peut choisir ; on peut même, sans beaucoup de peine, imaginer plusieurs autres procédés pour arriver à la conversion graduelle ou immédiate, puis à l'extinction de toutes les dettes hypothécaires.

## CHAPITRE IX.

### INSTITUTIONS DE CRÉDIT (SUITE).

**La terre aux travailleurs.**

Constituer le crédit en faveur des propriétaires actuels, en faveur de tous ceux qui ont des gages à donner ; réduire les frais de production en abaissant le taux de l'intérèt, extirper l'usure, fournir aux débiteurs les moyens de racheter leurs dettes, etc., etc., — c'est bien, sans doute ; mais il y a mieux à faire encore.

Il faut élever les travailleurs des champs, salariés, métayers, fermiers et colons à la dignité de propriétaires ; il faut abolir progressivement le salariat, le métayage, le fermage et le colonat, l'exploitation sous

toutes les formes ; il faut autant que possible amoindrir, jusqu'à l'annuler, la *rente de la terre* entre les
mains de quiconque *ne cultive pas par lui-même.*

Nos paysans empruntent tous les jours à 6, 7 et 8
pour 100 pour acheter le sol ; ils le payent à un prix
exorbitant, parce qu'ils comprennent bien que c'est
pour eux le véritable droit au travail et aux fruits du
travail, la garantie de l'indépendance et de la sécurité, et que de pareils avantages ne sauraient jamais
être payés trop cher ; ils ont à subir des frais excessifs
de contrats et de courtages, et néanmoins, à force de
fatigues, de sueurs et de privations, ils arrivent encore quelquefois à se libérer, avec le temps !

Que serait-ce donc, s'ils pouvaient emprunter à 4,
se libérer par annuités en payant seulement 4 1/2
pour 100 pendant 56 années ? Ah ! le jour où l'on
fournira aux cultivateurs le moyen d'acheter le sol à
la seule condition de servir 4 1/2 pour 100 d'intérêt
pendant 56 ans ; le jour où l'on pourra devenir propriétaire sans posséder d'avance un capital, ce jour-
là, la *rente de la terre* sera fortement compromise, le
privilége d'oisiveté sera frappé au cœur ; les instruments de travail passeront entre les mains des travailleurs, la terre sera possédée par ceux qui la fécon-
dent, le travail aura enfin conquis ses droits !

Il est évident qu'il est facile d'appliquer à l'achat
du sol le système des obligations foncières que nous
avons appliqué à l'extinction des dettes ; il est évident

que la banque peut désintéresser le vendeur, se substituer à son privilége, comme elle désintéresse le
créancier; il est évident que l'acheteur devenu propriétaire peut donner son immeuble en gage, s'obliger à payer chaque année 4 pour 100 d'intérèt et
une prime d'amortissement, etc., etc. — Seulement,
comme la banque ne prète que jusqu'à concurrence
des deux tiers de la valeur des biens engagés, il faut
que le cultivateur possède d'avance ou se procure
d'une façon quelconque le tiers du prix d'achat. —
Si le crédit *personnel ou moral,* dont nous parlerons
tout à l'heure, était constitué, cette dernière difficulté
se trouverait résolue. — Mais en attendant, nous devons supposer que le cultivateur possède ce tiers indispensable, cette première mise de fonds qui le fera
participer aux bienfaits du crédit.

La vente et l'emprunt pourraient s'opérer sans
frais, par l'intermédiaire de la banque. Le vendeur,
l'acheteur et le prèteur feraient un contrat qui serait
transcrit sur un registre authentique et signé par les
trois parties. Le directeur de la banque transmettrait
au vendeur les obligations foncières, lui ferait donner quittance du prix et mainlevée, recevrait l'engagement de l'acquéreur et prendrait inscription privilégiée, enfin percevrait au profit de l'État, sur le
prix de l'immeuble, le droit de mutation.

Ainsi, point d'autres frais à la charge de l'acquéreur que le droit de mutation ou le droit actuel d'en-

registrement. Les frais ordinaires de contrat, de papier timbré, de purge d'hypothèques, tout cela est supprimé.

Cependant, je ne voudrais pas qu'on se méprît sur le but que je poursuis en proposant de rendre les paysans propriétaires.

Je ne suis partisan ni de la division du sol ni de la petite culture. Une société, dans laquelle chaque citoyen ou chaque famille aurait son coin de terre et sa cabane, ne correspond nullement pour moi à l'idéal de la civilisation. Au *chacun pour soi* je préfère le *chacun pour tous*, et j'estime que l'humanité ne sera complétement heureuse que lorsque le sol sera exploité par la grande culture, que lorsque tous les hommes habiteront des palais. La première révolution s'est accomplie dans nos campagnes au cri sauvage de *guerre aux châteaux ! paix aux chaumières !* — J'espère bien qu'un jour cette devise sera retournée, et qu'on dira *paix aux châteaux ! guerre aux chaumières !* guerre aux cabanes, aux échoppes, aux masures ! J'espère bien qu'on détruira les huttes, qu'on se logera dans des châteaux, qu'on bâtira de splendides habitations.

Nous tendons irrésistiblement vers l'association et vers la grande culture. La société d'aujourd'hui ne peut se contenter du système d'exploitation adopté au moyen âge et perpétué par l'ignorance, par la routine, par la misère. La jachère et le métayage sont des nécessités dans les pays et dans les temps d'ignorance et de pauvreté, quand il s'agit moins de produire le plus possible et le mieux possible, que de produire à tout prix, tant bien que mal, avec la plus grande économie d'avances et de capitaux, avec les instruments les moins coûteux et les plus grossiers. — La petite culture ne peut suffire aux besoins de la civilisation moderne, et le temps est proche où elle disparaîtra, au plus grand avantage des cultivateurs et des propriétaires, de ceux qui produisent et de tous ceux qui consomment. — C'est la science qui doit régner désormais et non plus la routine.

Si je demande qu'on facilite aux cultivateurs les moyens d'acheter la terre, ce n'est certes pas pour pousser au morcellement de la propriété, pour exagérer encore les inconvénients de la petite culture et les obstacles à toute exploitation rationnelle. C'est parce que je suis convaincu que la division du sol amènera nécessairement la *socialisation* du sol, comme la division des capitaux mobiliers a amené la *socialisation des capitaux*, les grandes compagnies industrielles fondées sur un *capital collectif*.

La France a passé lentement de la propriété féodale à la propriété démocratique, et cette première évolution n'est même pas encore définitivement accomplie. Le principe de la division des *titres de propriété*, je le répète, est excellent, en ce sens qu'il répartit entre le plus grand nombre les fruits de la terre ; mais il a eu jusqu'ici l'inconvénient d'entraîner le fractionnement des exploitations. Il se peut que la division du sol ait été utile pour saper par la base l'aristocratie terrienne et pour amener l'émancipation du tiers-état ; mais il est temps de concilier les avantages de la petite propriété avec les avantages de la grande culture, et de proscrire les inconvénients de l'un et de l'autre système ; en d'autres termes, il est temps de reconstituer, avec les parcelles divisées, de grandes exploitations appartenant non plus à un seul homme, mais à des centaines, à des milliers de propriétaires. Or, il est bien évident que le jour où chacun pourra apporter à l'association sa quote-part de capital, sa fraction de propriété, il est évident que ce jour-là l'association pourra être établie, et basée sur le principe de la justice et de la fraternité.

Il arrivera pour l'agriculture ce qui est arrivé pour l'industrie. Au siècle dernier, les artisans demandaient l'abolition des maîtrises, afin que tout compagnon pût devenir maître. *Chacun pour soi*, disait-on alors comme aujourd'hui. Mais les progrès des arts et de la mécanique ; les nécessités de l'industrie, ont amené les grandes usines, ont détrôné les petits métiers ; et les pauvres artisans, ouvriers et compagnons, qui croyaient avoir conquis la liberté positive, qui avaient espéré devenir maîtres, ont été asservis par les riches capitalistes, ont été réduits au salariat. Maintenant ils invoquent l'association, ils disent qu'il n'y a pas de liberté pour celui qui travaille au compte et selon les caprices d'un maître ; ils comprennent que l'organisation de l'industrie peut seule leur garantir cette liberté réelle qu'ils avaient cru conquérir, et qui n'est, sous le régime de la concurrence et du salariat, qu'une liberté purement nominale, un mensonge, un esclavage déguisé, et le plus dur de tous les esclavages, car c'est la servitude, moins la sécurité de l'existence.....

Il en sera de même pour l'agriculture. *Chacun pour soi*, crient les paysans, à chacun son champ limité et sa cabane ! Quand les progrès de l'agriculture auront démontré l'incontestable supériorité des grandes exploitations ; quand les petits propriétaires verront que, malgré le travail le plus opiniâtre, ils ne peuvent échapper aux étreintes de la misère, ils invoqueront aussi l'association et l'organisation du travail ; ils demanderont l'exploitation unitaire, la réunion en un vaste domaine des propriétés divisées, l'union des capitaux et l'union des forces, afin d'obtenir à peu de frais d'abondantes récoltes, afin de réaliser de grandes économies de dépenses, afin de jouir de tous les avantages de la vie collective.

Si la France était, comme l'Angleterre, un pays de propriété aristocratique, nous irions droit au but, sans prendre un chemin de traverse ; nous ne demanderions point la division préalable pour arriver ensuite à l'association. Mais, eu égard à nos traditions, à nos préjugés, eu égard aux obstacles qu'il faut absolument tourner puisqu'on ne peut les détruire, nous devons prendre la ligne courbe, parce que c'est encore celle qui nous permettra d'arriver au but plus sûrement et plus promptement.

Présentement donc, nous demandons l'accession du paysan à la propriété, parce que c'est aujourd'hui le seul moyen de préparer l'émancipation des travailleurs et d'amoindrir *la rente* de la terre. Mais pour nous, ce n'est point le but définitif, ce n'est qu'une étape. La plus extrême division de la propriété n'est point le terme de nos espérances, bien que ce soit peut-être la transition nécessaire du présent à l'avenir. Nous rêvons un tout autre monde, un monde diamétralement opposé. Notre conviction est que les hommes n'ont pas été placés sur la terre pour s'isoler, pour se retrancher derrière leurs haies, leurs fossés, leurs clôtures, pour vivre à l'état de défiance perpétuelle et de guerre déclarée, pour gratter le sol avec leurs ongles, pour croupir, comme les Irlandais, dans des huttes infectes et malsaines, côte à côte avec un pourceau, pour mener une existence de misère et d'abrutissement.

L'éducation générale développera les intelligences et dissipera les préjugés ; la force des choses, d'un autre côté, démontrera l'insuffisance de la petite culture et poussera les hommes à l'association. Mais je reconnais qu'aujourd'hui il n'y a rien à attendre de la génération présente de nos paysans. Race ignorante, égoïste, âpre au gain et impitoyable au malheur, obstinée dans ses préjugés, rebelle à toutes les innovations, même à celles qui ont pour objet l'amélioration de son sort, elle n'a d'affection que pour son champ et pour ses écus ; elle tient à son bétail plus qu'à sa famille ; elle porte plus sincèrement et plus longtemps, au fond du cœur, le deuil d'un bœuf mort que le deuil de son vieux père, et elle trouve que le bonheur de l'humanité serait payé trop cher, s'il devait momentanément lui coûter quelques centimes additionnels.

Ceux qui se font les plats courtisans du peuple des campagnes, qui en exaltent les fausses vertus, ne connaissent pas le paysan, le paysan de la France centrale, le paysan qui ne sait ni lire ni écrire, mais qui sait compter, qui n'est jamais sorti de son hameau, qui n'a point été décrassé par le service militaire, qui n'a de la créature humaine que la forme extérieure et le langage. — C'est généralement un être stupide et grossier, auquel on ne peut s'intéresser que par amour de l'humanité ; qui fera la résistance la plus opiniâtre, la plus féroce même, à toute idée généreuse, s'il n'entrevoit pas pour lui un profit immédiat ; qui tuerait au besoin ceux qui veulent l'affranchir, comme les prétoriens tuent ceux qui veulent les délivrer du joug du despotisme. Le plus grand ennemi du peuple ignorant, c'est lui-même.

Cependant ces hommes ont été créés comme nous,

à l'image de Dieu; ils ont une âme et des entrailles! — Oui, sans doute, mais c'est l'ignorance qui les a faits ce qu'ils sont; c'est le souvenir traditionnel de la servitude qu'ils ont subie depuis des générations, qui les rend défiants et farouches jusqu'à la cruauté. Nous ne pouvons leur faire un crime de cette ignorance, mais nous devons nous hâter de les instruire, de les civiliser; et, comme ils ne sont accessibles qu'à l'intérêt, c'est par l'appât de la propriété qu'il faut les séduire, pour les attirer de là, toujours par l'intérêt et l'éducation aidant, vers le nouveau monde de l'association et de la fraternité.

Quand les paysans pourront voir et toucher les résultats positifs, les avantages de l'exploitation unitaire; quand l'expérience leur aura prouvé qu'ils sont dupes de leur propre égoïsme, alors ils seront disposés à se laisser convertir; mais jusque-là la raison ne pourra exercer sur eux aucun empire.

Faisons donc de chaque paysan un propriétaire, en attendant que nous puissions en faire un associé; et en même temps efforçons-nous d'en faire un homme par l'éducation, de le rendre capable et digne de comprendre et de pratiquer la Liberté, l'Égalité, la Fraternité.

# CHAPITRE X.

### INSTITUTIONS DE CRÉDIT (SUITE).

**Du crédit moral agricole. — Associations. — Remembrements territoriaux. — Irrigations.**

Le crédit *réel*, avons-nous dit, est basé sur la valeur des *choses* ; le crédit moral, sur la valeur des *personnes*. Il est facile d'apprécier un gage, mais il est difficile d'apprécier exactement les individus.

Le crédit moral n'ayant d'autre garantie que la capacité, la probité et la moralité de l'emprunteur, doit être fourni avec beaucoup de discernement, avec une prudence extrême. S'il y avait dans chaque canton un ingénieur agricole ou un agronome chargé de donner des conseils gratuits aux cultivateurs, de surveiller l'emploi des fonds qui pourraient être avancés par les banques, de transmettre des renseignements sur les personnes qui demanderaient à emprunter, on pourrait donner de l'extension au crédit moral; mais dans l'état actuel des choses, il n'y a guère de possible que le crédit réel.

Cependant les associations dirigées par des hommes capables et spéciaux, présentent des garanties suffisantes. L'association fait la force et la moralité : il est bon d'encourager les associations par le crédit. Que ceux donc qui veulent que l'État intervienne en leur faveur, s'associent. Quant aux égoïstes et aux exploiteurs, qu'ils tâchent de se suffire à eux-mêmes, mais qu'ils ne demandent à la banque ni appui ni concours, s'ils n'ont pas de gages immobiliers à donner.

L'État, toujours placé au point de vue des intérêts généraux, doit se servir du crédit pour accomplir de grandes choses.

Il doit favoriser les associations volontaires, en tant qu'elles lui paraissent basées sur la justice, et leur venir largement en aide.

Il doit provoquer des remembrements territoriaux, faciliter les échanges de parcelles entre propriétaires, supprimer à cet effet les frais et les droits de mutation; il doit remédier au fractionnement infinitésimal du sol; donner à chaque propriétaire, en un seul tenant, la valeur ou l'équivalent de ce qu'il possède dans toute la commune en pièces divisées et subdivisées; supprimer ainsi grand nombre de haies, de fossés, de clôtures, de servitudes; faire disparaitre les causes de procès, de querelles incessantes, etc.

L'État pourrait même encourager les associations entre propriétaires, pour l'exploitation unitaire de plusieurs héritages contigus. En offrant aux paysans les avantages du crédit à bas prix, il ne serait pas impossible de leur faire accepter des propositions comme les suivantes :

Vous êtes sept ou huit familles, dans le village, qui

ne possédez pas assez de terre, chacune, pour occuper un attelage pendant trente jours de l'année; et néanmoins vous avez tous votre charrue, vos charrettes et vos instruments imparfaits à entretenir, vos maigres bestiaux à nourrir et à soigner, du premier janvier au trente-un décembre, vos bestiaux qui travaillent utilement un jour sur trente, tout au plus, et qui ne vous rendent point en engrais ce qu'ils consomment en fourrages. Pourquoi ne vous entendriez-vous pas entre tous pour n'avoir qu'une seule charrue et un seul attelage? C'est plus qu'il n'en faut pour toutes vos propriétés réunies; votre bétail travaillera tous les jours, et il vous suffira d'un seul bouvier et d'une seule étable. Vous pourrez faire argent des sept huitièmes de votre foin, de votre paille, et acheter avec une partie du prix plus de fumier que vous n'en feriez dans toutes vos écuries; vous pourrez, si bon vous semble, élever des bêtes de produit au lieu de nourrir inutilement des bêtes de labour, et vous y trouverez un double profit : bénéfice positif, d'une part; notable économie, de l'autre.

Vous pouvez mieux faire encore. Vous savez les uns et les autres ce que valent vos terres : associez-vous, convenez que sur les produits vous réserverez un tantième ou une somme fixe, à volonté, pour la part du capital, et que cette part sera divisée entre vous proportionnellement à l'apport de chacun ; convenez que vous partagerez le surplus en raison du travail que vous aurez fourni les uns ou les autres à la société; et vous arriverez à ce résultat que deux familles et un seul attelage suffiront pour faire tout l'ouvrage autrefois réparti entre huit attelages et huit familles. Ceux qui ne seront pas employés par l'association, pourront tirer ailleurs parti de leur travail, affermer des terres, cultiver pour le compte d'autrui, aller à la journée, et augmenter ainsi leurs ressources. De la sorte, tous vous pourrez mettre à profit tout votre temps, toutes vos forces; vous pourrez à votre revenu comme propriétaires, ajouter votre profit comme fermiers, votre salaire comme travailleurs, etc.

Les plus intelligents comprendraient les premiers, et on les déciderait en mettant à leur disposition du crédit pour entreprendre d'autres travaux, ou pour aller s'établir sur un autre point de la commune ou du canton. D'autres suivraient bientôt cet exemple, si l'expérience venait à réussir, et l'on n'aurait pas de peine ensuite à expliquer et à faire accepter que l'association est d'autant plus économique et d'autant plus féconde qu'elle s'étend davantage, etc. Quand le mouvement aurait été imprimé une fois, quand une première tentative aurait été couronnée de succès et surtout de bénéfices, la répugnance du paysan serait vaincue, et alors le progrès deviendrait possible en agriculture.

Il est probable que l'initiative serait donnée par quelques propriétaires éclairés. Si les comices agrico-

les étaient organisés sur tous les points de la République, reliés entre eux dans chaque département et mis
en communication permanente avec l'administration
supérieure, le ministre de l'agriculture et ses agents
pourraient, en peu d'années, généraliser dans toute
la France ce qui aurait été tenté une première fois
dans une commune quelconque.

Mais je m'écarte de mon programme. Je n'ai point
à m'occuper de tout ce qu'on pourrait faire avec le
temps, mais uniquement de ce qu'il faudrait entreprendre sans délai. D'ailleurs, cette question des remembrements territoriaux, parfaitement développée
par François de Neufchâteau et par Mathieu de Dom-
basle, est trop importante pour être traitée accessoi-
rement. J'espère bien qu'il se trouvera, parmi les représentants du peuple, un homme pour proposer à
cet effet une loi spéciale, pour demander que la France
républicaine de 1848 reprenne cette grande idée que
M. de la Galaisière, intendant de la province de Lor-
raine, avait déjà mise à exécution, au siècle dernier,
sous la vieille monarchie; cette idée qui, d'après le
rapport de M. François de Neufchâteau, ministre
sous l'empire, devait avoir pour résultat d'augmenter
d'un neuvième la surface du sol cultivable, et dans
une proportion beaucoup plus forte la production annuelle et la richesse territoriale de la France.

Les agronomes se plaignent avec raison de la funeste influence que nos lois de succession exercent

sur notre agriculture. Si l'on persiste à laisser les exploitations se fractionner; si l'on abandonne la question des subsistances, l'approvisionnement de la République, à l'incurie de nos paysans, pauvres, ignorants, têtus, routiniers; si l'on proclame enfin qu'il faut encore et toujours laisser faire, l'agriculture est perdue, la production reste stationnaire pendant que la population augmente, le sol va s'appauvrissant, nous sommes menacés de disettes et de famines périodiques, il n'y a plus moyen d'équilibrer la population et les subsistances.

On parle depuis longtemps de créer en France un système général d'irrigations. Si nous avions des ingénieurs agricoles et des institutions de crédit, il serait facile d'entreprendre immédiatement ces grands travaux productifs, de procurer de l'ouvrage à tous les bras sans emploi, de doubler et de tripler la valeur foncière de la plus grande partie de notre territoire. L'État, propriétaire des eaux, vendrait aux cultivateurs la fécondité, comme les compagnies de gaz nous vendent la lumière, et rentrerait dans ses avances par le prix des abonnements et par une augmentation d'impôts sur des terres devenues plus fertiles, sur des sables transformés en prairies. La France, d'un autre côté, pourrait avoir à discrétion du pain et de la viande à bon marché; elle pourrait doubler sa récolte en céréales, tout en réduisant l'étendue des terres à blé, refaire des forêts, et planter assez de vignes pour désaltérer tous les habitants du globe.

---

# CHAPITRE XI.

### RACHAT POSSIBLE DU SOL PAR L'ÉTAT.— RACHAT DE LA DETTE PUBLIQUE.
#### — RACHAT DES CHEMINS DE FER, DES MINES ET DES CANAUX.

---

## I

### Rachat possible du sol.

Toute richesse procède originairement de la terre et du travail, c'est-à-dire du travail seul ou de l'intelligence et de l'activité de l'homme, la terre étant donnée.

Pour travailler, il faut un champ d'activité ou un chantier; il faut, en outre, des subsistances, des matières premières, des outils, en un mot, des capitaux.

Ainsi, sans capitaux ou instruments, point de travail possible; et sans travail, point de capital productif, car le capital est stérile par lui-même, a besoin absolument d'être fécondé.

En économie sociale, on comprend sous le nom générique de *capital*, 1° tous les instruments de travail quelconques, la terre, les bâtiments, les usines, les outils, les animaux et les bêtes de somme, *tous les capitaux fixes et engagés*  2° les avances indispensables, provisions, matières premières, fonds de roulement, autrement dit *tous les capitaux circulants;* l'économie, en somme, désigne par le mot *capital* toutes les valeurs consacrées à la production.

Par le seul mot *travail,* les économistes entendent l'activité pure et simple à l'état le plus grossier; et l'activité intelligente à l'état de talent ou de capacité spéciale. Tout travail humain réclame de l'intelligence, suppose un certain degré de talent ou d'habileté; toute œuvre d'intelligence, toute manifestation utile de l'esprit est un produit du travail. C'est dire qu'il y a entre les travailleurs des degrés sans nombre, depuis le manœuvre ignorant qui ne sait que remuer les bras et faire usage de sa force brute, jusqu'à l'homme de génie qui trouve les plus admirables combinaisons, qui enfante des merveilles, qui pèse les mondes.

Si le travail est le principe de toute richesse, si le travail est pour chacun de nous la condition même de l'existence, il est évident que chacun de nous a le droit de travailler au même titre qu'il a le droit de vivre; il est évident que le droit au travail suppose les moyens de travailler, ou le droit à l'instrument de travail, le droit à l'usage, sinon à la propriété de l'instrument. Or, aujourd'hui, tous les instruments, sans exception, sont appropriés, et de là résulte en faveur des propriétaires un énorme privilége.

Les détenteurs des capitaux peuvent se dispenser

de travailler, peuvent vivre dans l'oisiveté en faisant travailler à leur place et à leur profit les non-propriétaires ; ils peuvent garder pour eux tout le produit net de l'agriculture et de l'industrie, et n'accorder aux travailleurs véritables qu'un maigre salaire, un salaire d'autant plus exigu que les travailleurs sont plus affamés et plus nombreux.

Le travail a créé les capitaux, et les capitaux ont affranchi l'humanité de la misère et des soucis de l'existence, en lui donnant la garantie du présent, la sécurité du lendemain ; mais l'appropriation des instruments de travail, mais l'appropriation du sol, a perpétué l'esclavage sur la terre.

On peut suivre l'esclavage dans ses phases diverses, dans ses modifications successives, et l'on verra que, s'il a été primitivement créé par la force, il a été maintenu à travers les siècles par le capital, malgré les prescriptions de la loi et les excommunications de l'Église.

Le fort a terrassé le faible dans un combat, l'a enchaîné, lui a fait grâce de la vie en disant : Ta personne, ta famille et tout ce que tu possèdes sont désormais ma propriété. Tu cultiveras mon champ, tu produiras pour moi ; tout ce que tu pourras faire croître de moissons m'appartiendra ; tes descendants même appartiendront à mes descendants à perpétuité ; mais je te nourrirai de mes restes, comme je nourris mon bétail, et j'aurai soin d'entretenir tes forces : je suis maître, tu es esclave.

L'héritier du fort ou son successeur a dit aux descendants de l'esclave : En vertu de mon bon plaisir, je modifie votre condition. Moi, votre seigneur et maître, je vous élève à la dignité du servage. Je renonce à mon droit absolu de propriété sur votre personne, à mon droit de vie et de mort. Je vous annexe à mes domaines comme bétail d'exploitation. Vous cultiverez mes terres, et sur la récolte je vous abandonnerai ce qu'il me plaira.

Le fils du seigneur féodal a dit à ses manants : Au nom de Dieu et de la très-sainte Trinité, j'affranchis mes serfs et j'en fais des vilains. Vous exploiterez mes propriétés, et vous me donnerez, à titre de redevance, le plus net de votre travail, sans préjudice de tous les droits que ma noblesse me confère sur votre roture.

Enfin, dans les temps modernes, les noms et les choses ont été changés, surtout dans la forme extérieure; un nouveau progrès s'est accompli. La distinction entre les terres nobles et les terres non nobles a disparu, et les droits ont été déclarés égaux pour tous les propriétaires. Propriétaires ou capitalistes, ainsi s'appellent les représentants des forts, des maîtres, des seigneurs et des nobles; quant aux descendants des esclaves, des serfs et des vilains, on les nomme salariés. — C'est la dernière transformation de l'esclavage, sa dernière métamorphose; et c'est toujours au moyen du capital, de l'appropriation des

instruments, que les travailleurs modernes, *nomina-*
*lement* affranchis, sont exploités *en fait*.

Que faudrait-il donc encore pour effacer jusqu'aux
derniers vestiges de l'esclavage, pour faire disparaître
définitivement l'exploitation de l'homme par l'homme,
du frère par le frère ?

Il faudrait que les uns travaillassent pour les autres,
chacun selon ses forces, sa vocation, ses aptitudes ; il
faudrait réaliser entre producteurs différents l'échange
équitable des services, de manière que chacun pût recevoir autant qu'il donne, et donner autant qu'il reçoit ; il faudrait que nul ne pût vivre dans l'oisiveté
du travail d'autrui, que chacun pût travailler pour
son propre compte et disposer pour son usage des instruments qui lui sont nécessaires ; pût faire siens les
fruits de son travail, les consommer, les échanger, les
économiser, mais non les *capitaliser* ou les convertir
en instruments d'exploitation contre ses frères ; il
faudrait, en un mot, modifier profondément les institutions économiques.

Les disciples de Saint-Simon voulaient socialiser
tous les instruments de travail sans exception. Ils
voulaient réserver le droit exclusif à la propriété des
capitaux, pour la société qui en aurait confié la possession temporaire ou l'usage aux ouvriers les plus
dignes et les plus capables ; ils voulaient transformer
en fonctionnaire chaque citoyen ; lui fournir les instruments nécessaires à son emploi, comme le gouver-

nement fournit aujourd'hui des canons aux artilleurs ;
donner à chacun une fonction correspondant à sa capacité, une rétribution proportionnelle à ses œuvres ;
assurer à tout travailleur une honorable retraite après
un certain temps de service ; faire, en un mot, ce que
fait l'État pour tous ses serviteurs. Et pour arriver là,
pour rendre la société propriétaire de tous les instruments de travail ou de tous les capitaux, ils demandaient qu'on abolît progressivement l'héritage, en
ligne collatérale d'abord, puis ensuite en ligne directe. — Les saint-simoniens voulaient aller trop
vite.

Moi aussi, je crois que tôt ou tard tous les instruments de travail seront socialisés ; je crois que les
capitaux deviendront la propriété collective de la société tout entière, et que les individus ne pourront
être pleinement propriétaires que des fruits du travail, de toutes les valeurs qui ne peuvent pas être
considérées comme instruments de production. Je
crois que la propriété collective ira toujours s'élargis-
sant, la propriété individuelle s'amoindrissant, à mesure que la civilisation progressera davantage ; et j'a-
joute que ce sera pour les sociétés à venir, non-seulement une condition de développement, mais une
condition d'existence. On commencera par socialiser
les capitaux quant à l'usage, ainsi que cela se pratique
déjà pour les chemins de fer ; puis quant à la propriété même, ainsi qu'il arrivera quand les actions de

chemins de fer auront été rachetées ou quand le délai de jouissance sera expiré. — Mais tout cela arrivera forcément, sans qu'il soit même nécessaire de proscrire l'héritage.

Il est des capitaux qu'on peut multiplier à volonté par le travail. Quant à ceux-là, ils seront socialisés par l'organisation du crédit et par l'organisation de l'industrie; et nous avons indiqué déjà comment les capitaux industriels pourraient être accumulés ou pourraient être rachetés par l'État et par les travailleurs.

Mais la terre n'est pas un capital comme un autre. La terre n'est point un produit du travail humain : c'est le champ d'activité donné en patrimoine à l'espèce entière, aux générations passées, aux générations présentes, aux générations futures. La terre ne peut être augmentée ni agrandie ; la terre confère à ceux qui la possèdent le privilége et le pouvoir de commander au travail, de faire tourner à leur avantage, ainsi qu'Adam Smith l'a parfaitement démontré, tous les progrès des sciences, de l'industrie, de la civilisation, tous les résultats de l'activité universelle.

La terre va toujours augmentant de valeur vénale; et si rien ne devait faire obstacle à ce renchérissement continu, on ne sait à quel taux s'élèveraient un jour les frais de production, à quel prix les non-cultivateurs seraient forcés de payer les subsistances. Les propriétaires du sol, détenteurs de toutes les denrées, pourraient prendre le reste de la population par la famine, vendre le pain aussi cher qu'il leur plairait, et par le fait tenir la société sous leur dépendance absolue.

Un jour viendra nécessairement où la terre qui avait été donnée à tous les hommes, sera rendue à sa destination première, non par voie de spoliation, mais par voie de rachat pour cause d'utilité publique. La société rachètera le sol, cela me paraît inévitable, et elle le rachètera dans l'intérêt des propriétaires eux-mêmes, dans l'intérêt général, pour mettre fin pacifiquement à cette injustice qui s'appelle, en économie, *la rente de la terre*.

Si la République veut tenir ce qu'elle a promis, donner du travail à tous les bras sans emploi, si l'on veut faire des colonies agricoles, il faudra bien racheter une partie du sol, élargir la brèche que la loi sur l'expropriation a ouverte contre le droit individuel de propriété foncière. Cette loi d'expropriation sera souvent invoquée dans l'avenir.

— Comment la société pourrait-elle jamais racheter et payer le sol? c'est impossible! diront les calculateurs. — Non, ce n'est pas impossible.

Nous avons vu que les propriétaires, dans le système du crédit foncier, rachetaient leurs dettes ou leurs obligations par annuités, en payant à la banque territoriale, pendant un certain nombre d'années, un intérêt fixe, plus une prime d'amortissement. — Eh bien, l'État se libérera de la même manière, en servant aux propriétaires dépossédés l'intérêt de la somme capitale à un taux déterminé, plus un amortissement convenu, puis il laissera aux propriétaires le soin de capitaliser ces arrérages, de profiter des bénéfices de l'intérêt composé, comme ils l'entendront.

Ainsi, par exemple, l'État achète aujourd'hui un immeuble valant 100,000 fr., et s'engage envers le vendeur à payer : 1o l'intérêt de ladite somme à raison de 4 ou de 5 pour 100 ; 2o plus 2 pour 100 d'amortissement.—Quand l'État aura pendant vingt-huit ans servi six ou sept mille francs d'arrérages, il sera complétement libéré. Si le taux de l'intérêt était de 3 pour 100, et si l'État préférait ne donner qu'une prime de 1/2 pour 100, il aurait à payer 3,500 fr. pendant cinquante-six années ; et ces 3,500 fr. pourraient lui être fournis chaque année par le cultivateur auquel il aurait affermé l'immeuble. A cela, il n'y a rien d'impossible.

Oui, je le répète, un temps viendra où la propriété du sol appartiendra à la société, qui concédera aux travailleurs la possession ou l'usage moyennant un loyer ; un temps viendra où l'intérêt des capitaux mobiliers, le produit des banques, et le loyer du sol et des capitaux immobiliers suffiront pour alimenter le budget de la République.

Alors, les instruments de travail seront mis à la disposition de quiconque voudra travailler ; les conditions seront égales pour tous, et la dernière forme de l'exploitation aura disparu. Tous les hommes seront *libres, égaux et frères.*

C'est pourquoi nous pouvons, aujourd'hui, sans trop nous préoccuper de l'avenir, rendre les paysans propriétaires, seconder même à la rigueur ce mouvement de décomposition parcellaire, qui correspond à l'idéal des économistes libéraux et aux préjugés de nos contemporains. Quand l'abus du morcellement sera devenu excessif, la nécessité du remède sera mieux comprise, et le remède, nous l'avons dit, consiste soit dans les associations volontaires, soit dans les remembrements territoriaux, soit dans le rachat du sol par la société.

Ces idées, je le sais, ne seront point favorablement accueillies ; elles paraîtront utopiques, dangereuses, subversives de tout ordre social, surtout à ces grands esprits pour lesquels l'ordre consiste dans la tranquillité de la rue et dans le maintien des abus existants. Essayez donc, si vous pouvez, de leur faire comprendre que la rente de la terre est une des causes les plus énergiques du paupérisme ! Et, cependant, c'est là une vérité depuis longtemps démontrée en économie...

On dira ce qu'on voudra, et je me soucie peu de l'opinion des esprits forts ; mais je suis convaincu que nous en arriverons là tôt ou tard, parce qu'autrement la société serait rationnellement impossible. Maintenant, sera-ce dans vingt ans, dans cinquante ans, dans un siècle? Je l'ignore. Je souhaite sincèrement que ce soit le plus tôt possible, car nous ne saurions trop nous hâter d'entrer dans la voie de l'ordre et de la justice, de clore l'ère douloureuse de la misère et du chaos, l'ère de la guerre civile et des révolutions incessantes. A l'initiation par les coups de fusil, il serait temps de faire succéder l'initiation par la raison et par les idées ; il serait temps que la sagesse et la prévoyance se chargeassent d'accomplir les réformes nécessaires, et de prévenir ces explosions subites, ces violentes catastrophes qui ébranlent tout, qui posent brutalement les problèmes, mais qui ne les résolvent pas.

## II

### Rachat de la dette publique.

Si l'on rembourse une dette quelconque en ajoutant à l'intérêt annuel 1/2 pour 100 d'amortissement pendant cinquante-six ans, l'État peut se libérer envers tous ses créanciers en augmentant de 1/2 pour 100 pendant cinquante-six années, l'intérêt de la dette publique.

Voilà un procédé d'amortissement infaillible, original, simple, peu coûteux, que je livre à la critique passionnée des économistes libéraux et aux malédictions de tous les rentiers.

L'État a évidemment le droit de payer ses dettes. Pourquoi donc ne pourrait-il pas se libérer de la même façon que les propriétaires fonciers se libèrent envers la banque territoriale? de la même façon que ses débiteurs se libèrent envers lui-même?

Que les rentiers accumulent les annuités pour reconstituer un capital nouveau, qu'ils placent leurs fonds à intérêts composés: c'est leur affaire. L'État n'est point chargé de la gestion de leur fortune. L'État paye ce qu'il doit, sans s'inquiéter aucunement de l'emploi des fonds.

On pourrait peut-être faire exception en faveur des rentes frappées de dotalité ou des rentes appartenant à des mineurs ; car ici le remploi est obligatoire ; — mais c'est tout. Au surplus, la loi pourrait autoriser l'État à se libérer valablement par annuités, même pour ces rentes spéciales ; elle pourrait, au contraire, l'obliger à maintenir l'état de choses actuel, tant que durerait la minorité ou la dotalité, mais en déclarant expressément que ces rentes seraient, comme toutes les autres, soumises au droit commun, dans un temps donné, et remboursables par amortissement.

Le capital de la dette de la France se monte aujourd'hui :

| | |
|---|---:|
| Pour le 5 pour 0/0 à........................... | 2,934,991,820 fr. |
| —      4 1/2 pour 0/0 à....................... | 22,813,333 |
| —      4 pour  0/0 à.......................... | 662,684,375 |
| —      3 pour  0/0 à.......................... | 2,217,513,300 |
| Capital total de la dette consolidée, en y comprenant les rentes qui appartiennent à la caisse d'amortissement.......................... | 5,838,002,828 |
| La dette flottante s'élève à................... | 613,036,900 |
| Total général........................... | 6,451,039,728 |

L'intérêt annuel est de :

Pour la rente 5 pour 0/0.............................. 146,749,591
—        4 1/2 pour 0/0..................... 1,026,600
—        4 pour 0/0........................ 26,507,375
—        3 pour 0/0........................ 66,525,399

Pour la dette flottante, à raison de 4 pour 0/0 seulement, bien que l'intérêt soit de 5 pour 0/0 pour partie du capital (environ)...................... 24,521,476

TOTAL approximatif des intérêts à servir.... 265,330,441

Mais du capital ci-dessus, il faut retrancher les rentes appartenant à la caisse d'amortissement qu'on peut regarder comme dûment remboursées, car elles nous ont coûté assez cher, et qui se montent à...................................... 1,961,223,446

Reste donc en capital une dette de........... 4,489,816,282

Faut-il, comme le voudraient les rentiers, déclarer la dette perpétuelle, et servir à tout jamais les intérêts au taux d'aujourd'hui?

Mais pourquoi donc l'État resterait-il éternellement débiteur, quand il peut se libérer? Pourquoi s'engagerait-il à payer 5 ou 4 pour 100, tandis que le taux de tous les autres capitaux peut descendre à 3 ou à 2 pour 100? — Cela n'est pas soutenable.

L'État, dit-on, a le droit d'opérer des conversions ou des réductions d'intérêts successives. — Sans doute; mais ce droit, les rentiers le contestent; ils prétendent qu'on leur a garanti un intérêt fixe, que toute réduction est une banqueroute partielle et déguisée...

Déclarer la dette perpétuelle en se réservant la faculté de convertir à volonté, ce serait très-bien, si l'on ne pouvait mieux faire. Laisser à l'avenir les charges du passé et du présent, ce serait encore très-bien, si tous les emprunts avaient été utilement dépensés. — Mais qu'arriverait-il, si nos héritiers n'acceptaient notre succession que sous bénéfice d'inventaire et re-fusaient de payer nos folies? On liquiderait donc par une banqueroute!

C'est ainsi, à coup sûr, que procédera forcément l'Angleterre; mais ce n'est pas ainsi que doit procéder la France.

Attendra-t-on, pour amortir la dette, ainsi que le conseillent les sages, que les recettes excèdent les dé-penses, et ne consacrera-t-on au rachat des titres que les excédants ou les économies? — Alors, il est pro-bable qu'on ne s'acquittera jamais ou qu'on rachètera quand les rentes vaudront 200 fr., quand il faudra payer les titres au double du pair, au triple du prix d'émission.

Faut-il, enfin, compter sur l'efficacité de l'amortis-sement tel qu'il est aujourd'hui constitué? — Mais c'est une duperie. L'amortissement n'amortit rien; il creuse au contraire le gouffre du déficit; il ne sert qu'à soutenir artificiellement et à grands frais le cours des rentes. La machine de l'amortissement est usée; elle est théoriquement et pratiquement mauvaise : il faut la réformer. Dans l'avenir, l'État prêtera, mais n'em-pruntera plus: nous n'avons donc pas besoin de nous ruiner sous prétexte de maintenir notre crédit.

A mon avis, l'État doit racheter sa dette. La théorie

de Price, la théorie de l'intérêt composé est mathématiquement incontestable ; mais il s'agit de l'appliquer d'une façon toute nouvelle, de façon à lui faire produire un effet certain.

Ne nous préoccupons donc plus de la valeur nominale des titres de rentes. Que l'État continue à payer régulièrement à tous les rentiers l'intérêt de la dette, au taux actuel, pendant cinquante-six ans, plus un amortissement de 1/2 pour 100, et en 1904 il sera complétement libéré, il ne devra plus rien. — Voilà mon système.

Nous donnons chaque année, en pure perte, 48,886,565 francs de dotation à cette caisse d'amortissement qui ne fait que nous appauvrir. Pour nous libérer, dans mon système, il suffirait d'ajouter 1/2 pour 100 aux intérêts annuellement payés, soit pour l'intégralité de la dette consolidée et de la dette flottante (mais déduction faite des rentes appartenant à la caisse d'amortissement), 22,449,081 francs.

C'est juste 26,436,484 francs de moins que le montant de la dotation annuelle (1) !

_______

(1) En rayant du grand livre les rentes rachetées, on pourrait rayer du budget les 70 millions que la caisse d'amortissement touche pour l'intérêt de ces rentes, en dehors de la dotation annuelle. Et alors mon système produirait une économie de dépense de 100 millions chaque année. Mais il est juste de remarquer que les réserves de l'amortissement sont affectées aux travaux publics, pour un temps indéterminé. Ne vaudrait-il pas mieux donner directement

Et si nous laissons en dehors la dette flottante, si nous voulons seulement racheter par annuités la dette consolidée, la prime d'amortissement ne s'élève plus qu'à 19,383,896 fr. 90 centimes, ce qui procure sur la dotation actuelle une économie de 29,502,669 fr. chaque année !

Ainsi, mon système éteint en cinquante-six ans la dette nationale, et en même temps soulage dès aujourd'hui le budget annuel de près de trente millions.

D'après le système en vigueur, au contraire, nous continuerons pendant un siècle à payer à la caisse d'amortissement une dotation de près de 49 millions chaque année, sans que la dette soit jamais amortie ; nous emprunterons à 70, à 80, pour fournir à la caisse le moyen de racheter à 20 pour 100 de perte, j'entends à 20 pour 100 au-dessus du prix d'émission, et ainsi de suite, jusqu'à ce que nous nous trouvions réduits à faire banqueroute avouée et à dire aux créanciers : L'État se ruinait à payer ses dettes, et il en a tant payé qu'il ne lui reste plus même de quoi servir les arrérages à ceux qui n'ont pas été remboursés. A compter de ce jour, il suspend définitivement ses payements ; vos titres sont désormais sans valeur !

— Entre les deux systèmes on peut choisir.

Maintenant qu'on organise une caisse spéciale qui

aux travaux publics ces 70 millions que l'on est censé donner à la caisse ?

se chargera de capitaliser, au profit des rentiers, le demi pour cent d'intérêts qui leur est donné à titre de prime de rachat, rien de mieux. Les rentiers, avec leur fonds d'amortissement, peuvent acheter des obligations foncières qui portent intérêt ; ils peuvent épargner, placer et accumuler cet excédant de revenu qu'on leur donne en retour du capital amorti... Encore une fois, c'est leur affaire.

En résumé, mon système se réduit à ceci :

L'État payera pendant cinquante-six ans aux rentiers l'intérêt de la dette au taux actuel, et il ajoutera à cet intérêt une prime d'amortissement de 1/2 pour 100. Les rentiers pourront continuer à dépenser leurs arrérages, mais ils remettront le produit du 1/2 pour 100 à une caisse spéciale qui se chargera de reconstituer un capital avec le montant des annuités cumulées.

Je prends un exemple : 50 francs de rentes 5 pour 100 représentent, au pair, un capital de 1000 francs. L'État servira désormais 55 francs pendant cinquante-six années ; les rentiers dépenseront 50 francs et remettront 5 francs à la caisse de capitalisation.

Cette annuité de 5 francs placée à 5 pour 100 d'intérêts composés produira, en cinquante ans, un peu plus de 1000 francs. Si elle était placée à 4 pour 100, elle donnerait un peu plus de 1000 francs en cinquante-neuf années. Pour ne pas être trop exact, je prends une moyenne assez large, cinquante-six années ; je néglige même les six mois d'intérêts composés dont les rentiers pourront profiter sur la moitié de la prime, puisque les arrérages sont payés chaque semestre.

Ainsi donc, si les annuités sont placées à 5 pour 100, le rentier, au bout de cinquante ans, quelles que soient les éventualités, *rentrera dans l'intégralité de son capital*, recevra mille francs ; et pendant ces cinquante années il aura constamment touché ses 5 pour 100 d'intérêts, il touchera même 55 francs encore pendant six ans.

Il me semble que c'est se libérer en toute loyauté, payer largement principal et intérêts.

### III

**Rachat des chemins de fer, des canaux et des mines.**

Le rachat des chemins de fer est ou sera nécessairement admis en principe.

Il en sera de même pour les canaux et pour les mines, d'ici à deux ans.

Mais on hésite encore sur le mode de libération.

Eh bien, qu'on évalue le capital d'abord, puis ensuite, au lieu de donner un titre de *rente perpétuelle* en échange d'une action de *jouissance limitée*, qu'on adopte l'amortissement par annuités ; qu'on serve aux titulaires actuels, pendant 56 années, un intérêt de 3, de 4 ou de 5 pour 100, selon le taux du jour, plus 1/2 pour 100 d'amortissement.

De la sorte, les propriétaires seront intégralement désintéressés, et l'État n'aura jamais qu'à payer la différence entre le revenu qu'il retirera de l'exploitation, et les 3 et demi, 4 et demi ou 5 et demi pour 100 qu'il servira aux anciens actionnaires. Peut-être même l'État aura-t-il avant longtemps un bénéfice net.

Ici l'amortissement n'est pas même chose nouvelle, puisque le principe est déjà appliqué par les compagnies elles-mêmes.

Voilà qui est simple, clair, très-praticable et très-économique : on rachète 100 francs de capital en donnant 28 francs divisés en 56 échéances de 50 centimes, et ces échéances se suivent à une année de distance !

Je recommande ce procédé au ministre des finances de la République !

# CHAPITRE XII.

## INSTITUTIONS DE GARANTIE.

---

### Assurances (1).

Les institutions de garantie doivent être des institutions gouvernementales.

L'assurance n'est autre chose que le principe de la solidarité et de la mutualité appliqué aux risques à courir, comme l'impôt, à un autre point de vue, est l'application du principe d'association aux dépenses d'utilité générale.

L'assurance est un contrat par lequel tous les souscripteurs se déclarent solidaires, quant aux sinistres éventuels, s'engagent à supporter en commun, au prorata de leur avoir déclaré, les pertes qui pourraient frapper l'un des associés. Pour faire face à toutes les éventualités, chacun paye une prime proportionnelle aux valeurs qu'il fait assurer d'une part, aux sinistres

---

(1) Ce projet, exposé sommairement dans la brochure sur les Caisses d'épargne, a été présenté à la commission du Luxembourg et publié dans le *Moniteur*.

éprouvés par l'association entière, de l'autre. Les associés, en outre, doivent contribuer proportionnellement aux frais généraux d'administration. Tels sont les principes qui servent de base aux contrats d'assurances mutuelles.

Quant à l'assurance à prime fixe, c'est un traité à forfait, une entreprise de spéculation. Les assurés traitent individuellement avec une compagnie qui, moyennant une prime déterminée d'avance, répond de tous les dommages.

Le système de la mutualité est évidemment supérieur; mais il ne peut produire tous ses effets utiles qu'autant qu'il est généralisé, de telle sorte que la totalité des pertes, répartie entre un très-grand nombre de souscripteurs, devienne à peu près insensible pour chacun d'eux.

Si le système de la mutualité embrassait toute la France, était appliqué à toutes les valeurs assurables, les primes pourraient être singulièrement réduites, et la sécurité donnée aux souscripteurs deviendrait complète. Or, pour généraliser ce système, il suffirait de rendre l'assurance obligatoire, et de faire de l'État l'intermédiaire entre tous les associés.

L'État répondrait de tous les sinistres; et alors, comme la prime peut être d'autant plus abaissée que le nombre des assurés est plus considérable, on pourrait réduire les tarifs de moitié au moins, ce qui procurerait à tous les propriétaires une notable économie;

on pourrait maintenir ces tarifs au taux le plus bas d'aujourd'hui, ce qui donnerait au trésor un bénéfice net de plus de 100 millions chaque année (nous supposons le monopole des assurances de toutes sortes).

100 millions d'accroissement dans nos recettes, sans augmenter de un centime les charges qui pèsent sur les contribuables, puisque ces millions sont déjà perçus actuellement par des compagnies particulières; 100 millions qui seraient donnés volontiers en échange d'un service rendu, et rendu à 50 pour 0/0 de rabais sur le tarif actuel de la plupart des compagnies!.... c'est quelque chose.

Si l'on ne voulait pas confier à l'État le monopole des assurances, nous demanderons au moins pour l'État la liberté qu'on invoque en faveur des spéculateurs. Ne rendez pas l'assurance obligatoire, si vous croyez que l'État, qui vient au secours des incendiés et des inondés, n'a pas le droit d'exiger une prime de ceux qu'il est forcé de secourir à titre gratuit. Laissez donc, à la rigueur, l'assurance facultative, laissez les compagnies continuer leurs opérations. Mais aussi, laissez à l'État la liberté de leur faire concurrence, et laissez chaque citoyen libre de choisir entre l'État et les entrepreneurs particuliers. Quand il y aura avantage, sous tous les rapports, à se faire assurer par l'État, quand on y trouvera économie et complément de sécurité, les compagnies privées auront bientôt perdu leur clientèle.

Selon nous, l'État devrait, dès aujourd'hui, centraliser sous sa main toutes les assurances : c'est son droit, c'est son devoir.

L'État assurerait contre l'incendie, la grêle, l'épizootie, l'inondation, la gelée, etc., contre les fléaux de toute espèce. Il ne garantirait point les risques de mer, parce que trop souvent les sinistres sont le résultat d'une fraude coupable qu'il est difficile de constater.

Les assurances sur la vie demandent une organisation particulière. Nous les laissons momentanément en dehors, sauf à proposer plus tard un projet tout spécial. Les assurances sur la vie donnent lieu à une capitalisation incessante, à une accumulation de fonds considérable. Ces assurances doivent être combinées avec les caisses d'épargne, avec les caisses de retraite, et peut-être aussi avec le crédit foncier ; car l'agriculture offre un placement naturel, solide et parfaitement convenable, aux capitaux des institutions tontinières.

Toutes les autres assurances peuvent être confiées à l'État.

Et qu'on ne vienne point s'apitoyer sur le sort des compagnies ! A part les administrateurs et les employés dont la position se trouvera compromise, et dont on pourrait utiliser l'activité et les connaissances spéciales, tous les autres intéressés n'ont à perdre que leurs dividendes annuels. Les actionnaires n'ont point engagé de capitaux dans les compagnies, n'ont point fait de versements de fonds (1). Ils se sont seulement obligés, le cas échéant, à contribuer jusqu'à concurrence d'une somme déterminée, pour combler le déficit qui pourrait résulter de l'insuffisance des primes. Mais le chiffre des primes dépasse annuellement le chiffre des indemnités accordées; mais ils ont toujours conservé la libre disposition de leurs capitaux dont ils touchent l'intérêt; mais ils ont réalisé d'énormes bénéfices. Qu'on ne vienne donc point demander d'indemnité en leur faveur; qu'on exécute leurs engagements, qu'on prenne la suite de leurs opérations, et ils n'auront rien à réclamer. Il serait étrange que l'État fût obligé de racheter des concessions faites à titre gratuit, des concessions qui ont rapporté des profits énormes, et qui n'ont coûté aucune avance, aucun déboursé.

Pour organiser un service général d'assurances dans toute la République, il suffirait d'autoriser tous les percepteurs à traiter directement avec les contribuables, d'après un tarif qui sera fixé par une loi. Le tarif serait divisé en plusieurs catégories de *risques,* et déterminerait la prime qui devrait être perçue pour chacun d'eux. Les primes varieraient naturellement

(1) Les actionnaires, dans la plupart des compagnies, ont versé un cinquième de leurs engagements. Ces fonds ont servi aux frais de premier établissement. On pourrait faire la restitution de ce cinquième aux compagnies qui n'ont pas eu le temps de rentrer dans ces avances.

selon la nature des risques. Le rôle des contributions foncière, personnelle et mobilière, donnerait une base positive pour l'évaluation des objets à assurer. De là, dans le système d'assurance obligatoire, deux avantages : 1º l'indemnité, en cas de sinistre, étant déterminée d'après l'estimation portée au rôle des contributions, les cas d'incendie volontaire seraient moins fréquents ; 2º par le même motif, les propriétaires se garderaient bien à l'avenir de dissimuler la valeur des matières imposables. Les assurances par l'État préviendraient des crimes, et empêcheraient la fraude en matière d'impôts.

L'assurance serait constatée sans frais par une mention spéciale sur le registre du percepteur ; la prime serait payée en même temps que l'impôt et de la même manière ; elle serait ajoutée au principal de la contribution comme les centimes additionnels. — Plus de frais de plaques et de polices, plus de frais de voyageurs et de courtiers.

Voilà la machine montée et prête à fonctionner. Pour la mettre en mouvement, il suffit d'un article de loi.

Pour régler le montant de l'indemnité qui serait due en cas de sinistre, on pourrait procéder, s'il y avait contestation, d'après le mode adopté en matière d'expropriation pour cause d'utilité publique. Le dommage serait évalué par deux experts nommés, l'un par l'administration, l'autre par le tribunal civil, au nom des assurés. Il y aurait dans chaque département deux experts spéciaux auxquels l'État accorderait des honoraires. Ces experts devraient toujours avoir fait leur rapport dans le délai d'un mois à dater de l'accident, et dès que ce rapport serait déposé, l'administration ferait offrir à l'assuré le montant de l'indemnité qui lui aurait été allouée. Si les offres étaient refusées, la contestation serait soumise à un jury spécial, à un jury d'expropriation, et le montant des offres pourrait toujours être touché provisionnellement, sauf recours devant le jury, qui aurait alors à fixer l'indemnité définitive.

L'administration n'imiterait point les compagnies qui ruinent leurs clients en frais de justice. Il lui serait interdit de comparaître devant les tribunaux autrement que pour se défendre. Toutefois, quand il y aurait crime ou délit évident, quand l'assuré, par exemple, aurait mis le feu à sa maison, une action serait intentée contre lui à la diligence du commissaire du Gouvernement; mais ce serait une action criminelle et non plus une action purement civile, et, dans ce cas, le payement de l'indemnité serait ajourné jusqu'à l'issue du procès. Hors ce cas exceptionnel, l'indemnité fixée par les experts ou par le jury, serait toujours payée sans contestation, et un mois au plus tard après le rapport ou la sentence.

Les experts pourraient également avoir qualité pour procéder au besoin à l'estimation des meubles et des immeubles à assurer.

Les documents officiels constatent que les sinistres de toute nature, causés par l'incendie, la grêle, les gelées, les épizooties et les inondations, s'élèvent en moyenne à 80 millions chaque année pour toute la France. La comptabilité des compagnies d'assurances contre l'incendie, d'un autre côté, établit que les sinistres ne dépassent jamais plus de la moitié des primes perçues, qu'il y a, par conséquent, 50 pour 100 de bénéfice brut (1). La moyenne des primes est aujourd'hui de 5 centimes par 100 francs assurés ou de 50 cent. pour 1000 fr.

A combien s'élève la totalité des valeurs assurables en France? Combien, dans le système de l'assurance obligatoire, produirait au trésor une prime de 50 c. par 1,000 fr. (2)? D'après différents statisticiens, la matière assurable varie de 150 à 300 milliards. Sur des chiffres aussi incertains et aussi divergents, on ne peut établir aucun calcul. Néanmoins, on doit comprendre que la généralisation de l'assurance, dans toute la République, procurerait au trésor des sommes prodigieuses.

---

(1) La moyenne annuelle des sinistres d'incendie, pour toute la France, est de 16 à 18 millions.

(2) Nous prenons ce chiffre de 50 centimes par 1,000 francs comme moyenne ; mais il est des assurances spéciales qui donneraient lieu à une prime beaucoup plus forte. L'assurance des récoltes contre la grêle ou la gelée coûte beaucoup plus cher que l'assurance contre l'incendie ; et, dans les assurances contre l'incendie, les usines payent plus cher que les maisons ; les maisons en bois plus cher que les maisons en pierre, etc. Tous ces différents points seront réglés par le tarif.

300 milliards à 50 centimes par 1,000 francs donneraient 150 millions, desquels il faudrait déduire 80 millions de sinistres : resteraient 70 millions. Mais chaque valeur ou chaque matière assurable paye une prime nouvelle à mesure qu'elle subit une transformation ou qu'elle change de mains. La laine, par exemple, paye sur le dos du mouton assuré, elle paye après la tonte, comme matière brute chez le marchand, comme matière première ou comme produit chez le manufacturier, comme marchandise chez le marchand en gros ou chez le tailleur, comme étoffe ou comme meuble chez celui qui la consomme définitivement pour son usage. La récolte paye sur pied, et elle paye encore quand elle est emmagasinée. Il en est ainsi de presque toutes les valeurs mobilières. On peut voir que le produit des assurances est à peu près inappréciable.

Si nous calculons d'après les données fournies par les compagnies, si nous évaluons le montant des primes à percevoir chaque année au double de la totalité des sinistres, nous obtiendrons le chiffre moyen de 160 millions. En supposant que les indemnités à payer absorbent la moitié de cette somme, il restera encore 80 millions.

Mais c'est à peine si le sixième des richesses de la France est assuré. Nous tenons compte de tous les sinistres et nous ne mentionnons qu'une faible partie des primes à toucher.

Que demain une loi autorise l'État à contracter des assurances, et bientôt l'État aura par le fait le monopole de toutes les polices, alors même que les compagnies ne liquideraient pas.

Si l'État devenait responsable de tous les sinistres, il aurait un immense intérêt à organiser dans toutes les communes des secours contre l'incendie, à prévenir les inondations par l'endiguement des rivières, par le reboisement des montagnes, à entreprendre de grands travaux qui augmenteraient puissamment nos forces productives, à créer dans les campagnes un corps de vétérinaires pour soigner les animaux et combattre les épizooties, à s'occuper plus activement qu'il ne fait aujourd'hui des mesures de prévoyance et de conservation.

Mais à quoi bon signaler les bienfaits d'un système qui établirait une solidarité entre tous les habitants de la République, qui ferait baisser le taux des primes et donnerait d'immenses revenus, qui garantirait à tous les assurés la sécurité la plus complète?

Ajoutons que le crédit agricole ne pourra être mis à bas prix à la portée du cultivateur ou du propriétaire, que lorsque les récoltes et les bestiaux seront assurés contre les fléaux de toute espèce.

On peut, sans rien exagérer, compter que les assurances de toutes sortes donneraient au trésor, chaque année, 100 millions au minimum.

Encore 100 millions pour le budget des travailleurs !

# CHAPITRE XIII.

## HOTELS ÉCONOMIQUES (1).

Vers le milieu du siècle dernier, un philanthrope français, frappé des avantages que l'hôtel des Invalides offre à ses nombreux pensionnaires, proposa d'établir à Paris des hôtels économiques pour les familles d'ouvriers. La même idée fut reprise, en 1828 ou en 1829, par mademoiselle Amélie de Vitrolles ; et de nos jours, cette idée a été réalisée à Londres et dans plusieurs villes manufacturières de l'Angleterre, sous le patronage de lord Ashley ; elle a été également réalisée en Allemagne.

Voici en quoi consistait ce projet :

La population ouvrière des villes habite des quartiers malsains, des rues où ne pénètre jamais un rayon de soleil, des maisons humides et sales, où l'air manque, où la vermine pullule, etc. Et néanmoins le prix des loyers est exorbitant.

On proposait de faire construire, aux frais d'une association charitable, dans les faubourgs ou hors

_________

(1) Ce projet, sommairement exposé dans la *Répartition des richesses*, a été soumis à la commission du Luxembourg. Le *Moniteur* a publié le procès-verbal de la discussion.

barrières, de vastes bâtiments propres à loger 5 ou 600 familles d'ouvriers.

On aurait divisé ces hôtels en autant d'appartements séparés qu'on aurait voulu loger de familles. On y aurait établi des calorifères et des ventilateurs, des appareils d'éclairage, des bains à bon marché, des buanderies, des cuisines économiques dans lesquelles tous les mets auraient été préparés avec une propreté extrême, et revendus au prix coûtant par portions et par demi-portions, de telle sorte que chaque ménagère pût aller faire ses approvisionnements au moment du repas et choisir selon ses goûts parmi une carte variée. Il y aurait eu des tables d'hôte pour les personnes qui auraient désiré dîner en compagnie ; chaque ménage aurait eu la liberté de manger dans son intérieur.

L'hôtel aurait eu des cours et des jardins ouverts à tous, où les enfants auraient pu prendre leurs ébats en toute liberté et en toute sûreté ; des promenades d'été parfaitement aérées, des promenades d'hiver couvertes et chauffées, des parterres et des fleurs, etc., etc. C'eût été le Palais-Royal du peuple.

Dans ces hôtels il y aurait eu des entrepôts de provisions de toutes sortes, achetées en gros, et revendues en détail au prix de revient ; il y aurait eu des salles de réunion et de conversation, des salles de lecture et une bibliothèque, une école gratuite pour les enfants, une salle d'asile, une crèche, etc., etc. Il y aurait eu, pour les femmes, des salles de travail parfaitement chauffées et ventilées, dans lesquelles on aurait fait des lectures à des moments donnés. Il y aurait eu des salles de cours pour les adultes, de cours gratuits faits par les plus illustres des savants qui se seraient disputé l'honneur de mettre la science à la portée du peuple... Cours de musique et de chant, d'histoire et de littérature, cours de toute espèce, professés le soir, après la fermeture des ateliers, et les dimanches et les fêtes.

Les célibataires auraient été exclus de ces hôtels. On n'y aurait admis que les personnes légitimement unies, et de préférence les familles les plus pauvres et les plus nombreuses.

Les ménages d'ouvriers auraient trouvé là des logements propres, salubres, à un prix très-modéré, tous les avantages de la vie en grandes réunions, de la consommation sur une grande échelle. Les économies réalisées sur le logement, sur la nourriture, sur le chauffage et l'éclairage, sur les frais de toute espèce, auraient équivalu déjà à une augmentation de salaires.

On avait calculé que l'intérêt du capital consacré à ces établissements pourrait être aisément couvert par le prix des loyers, et que néanmoins les ouvriers seraient bien mieux logés et à bien meilleur marché que dans les quartiers maudits de nos capitales ou de nos villes industrieuses.

Ce projet, je le répète, a été réalisé avec succès à Londres, à Liverpool, à Manchester, à Berlin, et dans plusieurs autres villes. Il peut de même être réalisé à Paris et dans les principales villes de France.

A ces hôtels on peut annexer des ateliers de travail pour les hommes, des ateliers de petits métiers et de petite industrie. On établirait alors une machine à vapeur qui serait chauffée par le feu des cuisines ou des calorifères, qui fournirait l'eau chaude pour les bains et pour la buanderie, etc. On louerait à chaque artisan, pour le besoin de son métier, ainsi que cela se pratique encore en Angleterre, une force de cheval, de deux chevaux, une force moindre, à raison de tant par heure ; on distribuerait enfin dans tous les ateliers la force de la machine, et on obtiendrait ainsi sur le combustible et sur toutes les dépenses des économies notables, etc.

Je demande qu'on établisse dans les différents quartiers de Paris, notamment dans les faubourgs les plus populeux, des hôtels économiques ; que l'État se mette à la tête de cette entreprise et fasse les avances de fonds. Je demande, tout au moins, qu'on organise à cet effet des souscriptions particulières, des loteries ; que les femmes de tous les rangs se chargent de placer des billets ou de recueillir des adhésions ; je demande, s'il le faut, que la ville de Paris et le trésor s'engagent à garantir à tous les souscripteurs un intérêt de 4 pour 100 sur le capital dépensé.

La construction de ces hôtels fournira de l'ouvrage à de nombreux travailleurs. Les ouvriers maçons, charpentiers, couvreurs et menuisiers, exécuteront directement les plans sous la direction des architectes, sans qu'il soit nécessaire de recourir aux entrepreneurs et aux spéculateurs ; le peuple bâtira lui-même ses palais.

Rendons la santé et la vie aux enfants du peuple qui s'étiolent et qui dépérissent à l'ombre de nos rues étroites et pestilentielles ! Que des créatures humaines n'habitent plus ces infâmes taudis, ces caves humides où l'on respire la fièvre et les fluxions de poitrine à pleins poumons ; où l'on glisse dans la boue et dans la malpropreté ; où l'on contracte infailliblement l'ennui, le spleen, l'étisie, le désespoir, le suicide et la haine contre les heureux ; où l'on meurt forcément avant terme ! — Dans certains quartiers on vit un tiers de moins que dans d'autres. — Ah ! sous ce régime d'égalité, rendons au moins égales les chances de la vie ! L'air et le soleil appartiennent à tous : donnons, donnons à tous les pauvres, en attendant mieux, de l'air et du soleil à discrétion !

# CHAPITRE XIV.

## ARMÉES INDUSTRIELLES.

Le lendemain de la révolution, le Gouvernement provisoire s'est empressé d'enrôler des volontaires pour former une garde républicaine, une garde mobile et même une garde marine. — Il serait peut-être plus exact de dire qu'il s'est empressé de créer trois corps nouveaux, pour avoir un prétexte d'absorber et d'enrôler la partie la plus remuante et la plus énergique de la population de Paris...

Encore des soldats ! Toujours des soldats ! — Anachronisme et contre-sens.

Une révolution est faite au nom du travail : et l'on se hâte de transformer nos ouvriers en militaires ; on les enlève aux ateliers pour les envoyer dans les casernes ; on leur fait abandonner leur état pour leur enseigner à marcher au son du tambour, à manier le fusil et le sabre ; on les habitue à l'oisiveté et à la vie horizontale, dans les corps de garde, etc., etc... Et tout cela, dans le moment même où l'on exalte les bienfaits de la paix, où l'on renonce solennellement aux conquêtes et à la folie des batailles !

Vous avez eu raison d'offrir la paix à l'Europe, car les peuples doivent se donner cordialement la main et

non pas s'entre-détruire, doivent nouer des relations
amicales, échanger pacifiquement des produits et des
idées et non pas des volées de canon. Vous avez eu raison de réunir en corps, et de discipliner cette jeunesse
ardente de Paris qui demandait impétueusement à
donner carrière à son activité, à mettre son dévouement au service de la République. Mais il fallait faire
du nouveau, organiser une armée productive, une armée de travailleurs, choisir les officiers parmi les ingénieurs de nos écoles, les sous-officiers parmi les plus
habiles et les plus vaillants de nos ouvriers ; il fallait
donner à ces soldats de la République récemment fondée les armes de la paix et du travail, des outils et non
pas des baïonnettes ; il fallait leur enseigner un métier
et non pas exclusivement l'exercice ; il fallait les faire
manœuvrer dans les chantiers et non pas sur les places
publiques ; il fallait les passionner pour l'industrie
qui vivifie et qui crée, et non pas pour la guerre qui
détruit et qui tue. Il fallait leur faire comprendre que
la véritable gloire consiste à être utile à ses semblables, et non pas à envoyer à ses frères des feux de pe-
loton en pleine poitrine ; il fallait leur dire qu'à l'ère
des combats a succédé désormais l'ère pacifique de l'industrie, une ère bien autrement glorieuse et bien autrement féconde ; il fallait leur dire que les hommes
d'élite des temps modernes, les vaillants et les nobles,
ce sont les producteurs ; que les héros d'aujourd'hui
se distinguent dans les ateliers ; que le champ de l'hon

neur, c'est maintenant le champ du travail, et que là se gagnent les palmes et les couronnes...

Et vous auriez vu ces conscrits de l'industrie, fiers de leur rôle et ayant conscience de leur dignité, défiler avec orgueil, au son de la musique et au bruit des fanfares ; vous les auriez vus marcher à l'ouvrage, en chantant, avec fougue, avec enthousiasme, bannières déployées ; vous auriez vu toute la population applaudir du cœur et des mains au passage de cette jeune armée ; vous auriez entendu l'Europe entière tressaillir comme à l'avénement d'un ordre nouveau ; vous auriez donné à notre révolution son véritable caractère ; vous auriez tracé à la France de magnifiques destinées !

Alors vous n'auriez plus entendu parler ni de 89, ni de 93, ni de la Gironde, ni de la Montagne, ni du Directoire, ni du Consulat, ni de l'Empire ! On aurait compris qu'il ne s'agissait point de parodier nos pères, mais d'accomplir notre œuvre spéciale, afin de laisser aussi dans l'histoire une trace lumineuse, afin qu'on pût dire : « La République de 1792 avait détruit l'ordre ancien ; la République de 1848 a fondé un ordre nouveau. Gloire à la nouvelle République ! »

Mais il est temps encore. De ces jeunes miliciens de la garde mobile et de la garde marine, de tous ces enrôlés des ateliers nationaux, formez des régiments de travailleurs ; et dans chaque régiment organisez des compagnies spéciales de pionniers et de terrassiers, de maçons, de charpentiers et menuisiers, de serruriers et forgerons, de tous les grands corps d'État. Donnez le commandement et la direction de ces régiments et de ces compagnies à des ingénieurs en chef et à des ingénieurs ordinaires, puis faites-les entrer immédiatement en campagne. Envoyez d'abord les pionniers et les terrassiers défricher et préparer le sol de vos colonies intérieures; faites construire les habitations par les compagnies du bâtiment; transportez successivement votre armée sur les différents points de la France, et que partout elle laisse des monuments de son passage. Vous avez de quoi occuper utilement pendant des années le zèle de vos soldats. Et quand vous aurez fondé dans chaque département une colonie, un asile préventif contre la misère, des hôtels pour loger tous les pauvres de la République, des ateliers pour tous les bras sans emploi, alors vous entreprendrez le reboisement des montagnes et des terres infertiles, le desséchement des marais, l'endiguement des fleuves, et de grands travaux d'irrigation, etc., etc.

Ainsi, du moins, ces hommes gagneront la solde que vous leur donnerez, recevront une éducation professionnelle, travailleront avec courage, parce qu'ils auront conscience de faire œuvre utile et honorable, et l'accroissement de la richesse publique dédommagera amplement le trésor de toutes les avances, la nation de tout sacrifice momentané.

Les soldats de la première République se sont illustrés sur les champs de bataille, ont prêché aux peuples la liberté à coups de canons ; mais que de sang, que de larmes, cette gloire a coûté à la France et à l'Europe !

Les soldats de la République nouvelle féconderont le sol sans l'arroser de sang ; feront germer plus d'épis que leurs devanciers n'en ont foulé et broyé dans toutes leurs campagnes ; bâtiront plus de maisons que n'en ont détruit les obus et les bombes de nos quatorze armées ; feront plus d'heureux que les anciennes guerres n'ont fait de misérables ; dresseront eux-mêmes, en passant, les monuments durables de leurs triomphes, monuments purs de tout sang humain, qui ne réveilleront jamais ni regrets, ni douloureux souvenirs, qui ne seront point une insulte aux vaincus ; des monuments où des milliers de nos semblables trouveront le bien-être, le bonheur, des monuments qui attesteront qu'au dix-neuvième siècle, enfin, on a fait quelque chose pour le peuple.

Les armées de 93 ont sauvé la France de l'étranger et lui ont donné l'indépendance ; les armées industrielles la sauveront de la misère, et lui donneront la liberté, la liberté pour tous, la liberté par la paix, par l'ordre, par la richesse.

Vivent les armées qui sèment sur leur passage la joie, la fécondité et la vie, et non plus le deuil, la destruction et la mort !

La France a horreur de l'inaction et de l'ennui ; la France a besoin de se passionner pour une œuvre quelconque, d'accomplir toujours de grandes choses ; et elle attend que la République lui donne l'inspiration et le mouvement. Tout ce qui s'est fait depuis trois mois n'est pas de nature à exalter les esprits et les cœurs, à provoquer les sympathies et l'enthousiasme, à absorber les haines de tous les partis. Prenons garde que la lassitude et le dégoût ne s'emparent des âmes. Déjà les plus ardents rêvent de guerres et de conquêtes, et commencent à égarer le peuple ; les habiles, d'un autre côté, prétendent qu'on a fait beaucoup de bruit pour rien, agité stérilement le pays, posé des problèmes terribles qu'on n'ose pas même aborder, donné preuve d'impuissance ; ceux qui souffrent disent qu'on s'est servi de l'espérance pour tromper leur misère ; ils retombent dans le désespoir, et ils semblent attendre une occasion favorable pour tenter un dernier effort avant de donner à notre société leur anathème et leur malédiction.

Au milieu du chaos industriel et du désordre économique, la misère se dresse comme un épouvantable sphinx, et elle menace de nous dévorer tous, si nous ne trouvons bientôt une solution positive au grand problème des temps modernes. La misère, c'est l'ennemi qu'il faut combattre, qu'il faut vaincre, sous peine de périr, et qu'il faut vaincre par le travail et par la science.

Destruction de la misère par l'organisation du travail ! voilà la grande œuvre à accomplir, voilà un but à l'ardeur de nos nouveaux soldats.

Patriciens de France, vous aurez beau imiter la politique des patriciens de Rome, envoyer mourir aux frontières des légions d'affamés, vous n'empêcherez pas le paupérisme de se développer comme un cancer ; vous n'empêcherez pas l'explosion d'une guerre sociale, si vous n'avez rien de mieux à proposer.

Économistes de l'école anglaise et malthusienne, vous aurez beau abolir la charité, laisser la mort faucher les surnuméraires, appliquer les théories les plus impitoyables, il naîtra chaque année plus de pauvres que la famine et les maladies n'en pourront emporter. Vous aurez beau organiser l'émigration sur une grande échelle, comme vos maîtres de la Grande-Bretagne, tous les trésors de l'État et tous les vaisseaux ne suffiront pas pour exporter en Algérie ou en Amérique cette population qui vous effraye ; et le nombre des pauvres ira toujours croissant.

Partisans du Consulat, de la Dictature, de l'Empire, de la Royauté absolue, de la Monarchie restaurée, de la Régence constitutionnelle, vous aurez beau essayer de tous les vieux régimes politiques, cela ne vous sauvera pas.

Le mal n'est pas dans les institutions politiques ; il est dans les institutions sociales. La République a donné aux malheureux le droit de se plaindre, mais elle n'a pas créé la misère. Vous leur mettriez entre les dents un bâillon de fer que vous les empêcheriez de crier peut-être, sans pour cela les empêcher de souffrir ; vous pourrez les faire mourir en silence, à domicile ou dans les prisons, mais vous ne leur donnerez, avec toutes vos restaurations, ni l'aisance, ni la santé, ni la vie !

Le paupérisme est la conséquence forcée de notre régime économique.

Étudiez les causes de la misère, puis faites-les disparaître ; mais ne vous bornez point à agir sur les effets, à comprimer les manifestations de la douleur, car vous perdriez votre temps.

Ces causes, on vous les a déjà bien des fois signalées, mais vous ne voulez rien entendre. Mieux que cela : Les causes de la misère, vous les regardez comme les causes de la richesse, comme les conditions nécessaires de la prospérité !

Que Dieu protége la France !

# CHAPITRE XV.

## RÉPONSE AUX OBJECTIONS.

### Économistes et Socialistes.

Les économistes modernes sont divisés en deux écoles : *L'école libérale* et *l'école socialiste.*

Les économistes libéraux prennent pour point de départ l'individualisme à peu près absolu. Ils ne re-

connaissent que des droits et des devoirs purement
personnels. Ils proclament que dans le monde économique, tout va de soi-même, que le grand art du
gouvernement consiste à ne point gouverner et à
laisser faire; ils considèrent le pouvoir, quelle qu'en
soit la forme ou l'origine, comme un ennemi dangereux qu'on ne saurait trop affaiblir, qu'il faut réduire
à l'impuissance; ils conseilleraient même volontiers,
s'ils l'osaient, de donner le gouvernement à l'entreprise, de l'adjuger au rabais à quelque compagnie
particulière, tant ils ont horreur de ce qu'on nomme
l'État, de tout ce qui ressemble à une organisation
quelconque, à un système de forces et de garanties
collectives.

Ils contestent à l'autorité comme au législateur le
droit de s'immiscer dans les questions économiques,
de faire acte d'administration et de prévoyance; ils
veulent que tout soit abandonné au laisser-faire, que
chaque individu ne relève et ne réponde que de lui-
même; et, s'ils tolèrent l'aumône et la bienfaisance
privée, ils ont grandement soin de proscrire et de
condamner la charité sociale. Aussi, ils exaltent la
concurrence, le salariat, la liberté illimitée de l'industrie et du commerce, le droit d'user et d'abuser
de la force, de la richesse, de la toute-puissance des
capitaux, etc.

Ils sont optimistes, en ce sens qu'ils trouvent que
tout est à peu près aujourd'hui pour le mieux, dans

un monde où les riches jouissent de tous les priviléges ; mais ils sont en même temps fatalistes, en cet autre sens qu'ils considèrent les vices et les inconvénients de notre régime industriel comme les résultats nécessaires de ce qu'ils appellent la nature des choses. Selon eux, on peut sentimentalement déplorer le sort de plusieurs millions de nos semblables ; mais prétendre le modifier économiquement serait folie, car ce serait tenter de changer l'ordre même voulu par la nature. D'ailleurs, disent-ils, il est prudent, sage et moral d'abandonner chacun à ses propres ressources, c'est-à-dire à sa propre impuissance ; il est bon que les misérables subissent les conséquences de leur paresse et de leur mauvaise conduite ; il est bon qu'ils apprennent à pratiquer la vertu et la contrainte morale, à ne pas procréer outre mesure, à devenir chastes, sobres et rangés, à faire des économies et à les placer à la caisse d'épargne ! etc., etc.

Ainsi, tantôt la misère est le résultat nécessaire de la nature des choses ; tantôt elle doit être imputée comme un crime aux malheureux. Mais, dans l'un et dans l'autre cas, l'autorité n'a point à intervenir, si ce n'est pour distribuer quelques secours aux invalides, et pour faire régner l'ordre dans la rue. — L'hôpital pour les uns, la prison pour les autres !

Ces économistes ne veulent point entendre parler de droit et de justice. Ces mots, pour eux, sont vides de sens en économie, tout comme en minéralogie ou en physique. Ils admettent ce qu'ils appellent pompeusement des *lois générales*, et de plus de simples *phénomènes*. Ils s'efforcent de constater et d'expliquer ces lois, puis de recueillir des faits, voilà tout. Ils ne s'inquiètent point de savoir si ces étranges résultats de lois prétendues nécessaires, ne sont pas tout simplement les conséquences forcées d'institutions humaines défectueuses ; si ces institutions sont ou ne sont pas conformes à la justice ; si elles ne pourraient pas être modifiées par les hommes qui les ont faites ; si les phénomènes anormaux et subversifs qui se passent sous leurs yeux, ne sont pas la preuve manifeste du désordre qui règne dans les relations sociales, etc., etc. — Non. L'économie n'a point à s'occuper de tout cela. Elle se borne à décrire comment les choses se passent ; puis, pour résoudre tous les problèmes, elle a une formule magique qui comprend tout, qui suffit et répond à tout : Il faut laisser faire, encore et toujours laisser faire ; autrement dit, *il faut ne rien faire.*

Admirable science ! il a fallu d'immenses travaux, des milliers de volumes, l'effort soutenu des plus profonds esprits, pour ramener la sagesse humaine, la philosophie, l'économie, la politique, à ce degré de simplicité vraiment sublime, pour réduire l'art de rendre les hommes heureux à ces trois mots : *Ne rien faire !* — Et dire que parmi tous les hommes d'État qui ont eu en main les destinées des empires, il ne s'est point encore rencontré un génie capable de comprendre et d'exécuter ce modeste programme ! Ah ! vienne le règne des économistes libéraux (il est temps qu'il arrive !), et sans aucun doute, nous verrons enfin surgir quelque grand ministre qui saura laisser faire, et qui, par cela seul, inaugurera tout d'un coup l'âge d'or, l'ère de l'abondance et du bonheur pour les pauvres humains.....

L'école qui professe ces doctrines transcendentales, après avoir longtemps milité, est aujourd'hui triomphante, en ce sens du moins qu'elle occupe toutes les hautes positions, qu'elle règne dans le monde comme à l'Académie : elle se nomme *l'école libérale*. Pourquoi s'appelle-t-elle ainsi ? Est-ce parce qu'elle parle toujours de liberté, dans l'espoir de faire prendre le mot pour la chose ? Est-ce par antiphrase ? Est-ce pour faire croire qu'ils sont ennemis de la liberté, tous ceux qui ne se payent pas de mots, tous ceux qui, au lieu d'une liberté purement *nominale* et purement *négative*, demandent la liberté *positive* et *réelle*, la liberté organisée, stable, permanente, garantie par les institutions et par les lois, la liberté pour tous sans exception, pour les forts et pour les faibles, pour les riches et pour les pauvres ?

L'autre école est celle des *socialistes*. On les nomme ainsi, parce que leur principe fondamental est *l'association*, la fraternité. Ceux-ci reconnaissent un droit social et des devoirs sociaux. Ils proclament que rien

ne va de soi-même, si ce n'est le désordre ; qu'il n'y
a point de liberté sans ordre, point d'ordre sans liberté ; ils proclament qu'il faut diriger et gouverner
le mieux possible, et non pas tout abandonner au hasard. Ils considèrent le pouvoir, surtout le pouvoir
émanant du peuple, comme le représentant des intérêts généraux, comme le promoteur des réformes devenues nécessaires, comme l'exécuteur de la justice,
comme le protecteur des faibles, comme l'instrument
et la sauvegarde de la véritable liberté.

Aussi, ils maudissent la concurrence ou guerre industrielle ; le salariat ou la non-participation des travailleurs aux bénéfices de la production ; la liberté
commerciale absolue, ou le sacrifice des classes laborieuses à la classe des purs consommateurs ou des
rentiers oisifs. Au *chacun pour soi* des libéraux, ils répondent *chacun pour tous* ; ils invoquent l'ordre, la
justice et l'organisation en toutes choses ; ils réclament des garanties pour les faibles et pour les pauvres
contre la tyrannie des forts, contre l'exploitation par
les riches ; ils demandent, avant tout, la garantie
de l'existence pour quiconque demande à gagner son
pain à la sueur de son front. Ils veulent unir et combiner les forces pour en multiplier indéfiniment la
puissance ; ils veulent que les travailleurs s'associent
pour ne plus se nuire par la concurrence, pour être
mieux en état de résister aux injustes prétentions des
capitalistes, pour se soustraire au marchandage. Ils

veulent que le gouvernement d'une société industrielle et pacifique se préoccupe efficacement et sérieusement de l'agriculture et de l'industrie, comme celui
d'une société guerrière s'occupe d'organiser les moyens
de défense et de destruction, de former des soldats et
des artilleurs, de bâtir des citadelles. Ils veulent que
le pouvoir, au lieu de toujours agir comme obstacle,
de se borner à réprimer le désordre et à contenir, se
fasse franchement et ouvertement promoteur et ini-
tiateur, organise l'ordre et la production, se mette à la
tête du mouvement industriel, tourne spécialement
sa sollicitude vers les classes attardées, les instruise,
les aide à gravir les degrés de l'échelle sociale, leur
fournisse les moyens de s'affranchir par le travail, de
grandir en intelligence, en dignité et en moralité, de
se racheter de l'ignorance, de la misère et de la servitude.

Ceux-là ne tiennent pas systématiquement le pouvoir en suspicion, car ils savent bien que le peuple
n'a rien à gagner à l'amoindrissement de l'autorité
centrale et unitaire. Que les barons de la finance, que
les seigneurs féodaux du capital veuillent affaiblir le
pouvoir qui les tient en respect et qui ne tardera pas
à les ramener à l'obéissance et à l'égalité devant la
loi, cela se conçoit; mais ceux qui veulent détruire la
féodalité nouvelle et qui savent quelles résistances ils
rencontreront, n'ont pas les mêmes raisons pour dé-
considérer, pour annihiler le gouvernement; ils ser-

rent les rangs, au contraire, pour se rallier autour du principe d'autorité, autour du pouvoir qui doit émanciper définitivement le peuple en anéantissant la dernière forme de la féodalité. Ce n'est pas le pouvoir qui réduit à la misère les classes laborieuses, qui proportionne le salaire aux strictes nécessités de la vie et qui spécule sur la faim; ce n'est pas le pouvoir qui a intérêt à maintenir les travailleurs dans l'état de perpétuelle dépendance vis-à-vis des capitalistes, des entrepreneurs et des spéculateurs; ce n'est pas le pouvoir qui achète au rabais cette *marchandise* appelée travail, selon l'expression des économistes, pour la revendre à l'enchère sous forme de produit; ce n'est pas le pouvoir qui a intérêt à voir baisser le prix de la main-d'œuvre : car tout homme qui ne peut gagner sa vie en travaillant, tombe à la charge de la société, qui est obligée de l'assister comme nécessiteux, sinon de le nourrir comme criminel. Faire qu'un homme puisse vivre de son travail, c'est plus économique que de le nourrir dans l'oisiveté aux dépens des contribuables.

Les socialistes pensent que l'optimisme, en face de la misère qui étreint les populations, est tout à la fois odieux et ridicule; que le fatalisme est la morale des égoïstes, un aveu d'impuissance ou un blasphème, et, dans tous les cas, une fin de non-recevoir dont ne peuvent plus se contenter désormais ceux qui sont à bout de patience et de résignation. Ils pensent qu'il y a imprévoyance et danger à laisser croire aux malheureux que la société est impuissante à améliorer leur sort; car c'est les pousser à désespérer des institutions et des hommes, c'est préparer pour l'avenir d'épouvantables révolutions. Entretenir l'égoïsme et l'indifférence chez les classes privilégiées, au nom de l'optimisme et du fatalisme, c'est provoquer dans les classes qui souffrent les fureurs de la haine et de la vengeance. Celui qui n'a rien à espérer, n'a non plus rien à craindre : il aimera mieux, à la rigueur, mourir les armes à la main que mourir de faim lente et de consomption sur son grabat!

On accuse les socialistes d'être anarchistes et révolutionnaires ! — Mais ce sont eux qui ont défendu les idées d'ordre, le principe d'autorité, les prérogatives de l'État et du pouvoir, contre les économistes libéraux et contre les brouillons politiques. Ce sont eux qui, en ces derniers temps, ont amorti les haines et désarmé la vengeance. Qui donc a calmé ce peuple qui venait de faire une révolution au nom de la misère, conséquence forcée des doctrines libérales? Qui donc a fait comprendre aux malheureux que le mal venait des institutions et non des hommes? qu'il fallait changer les institutions et ne point s'en prendre aux individus? Qui a protégé contre la fureur des ouvriers les intérêts des maîtres? — Ce sont des socialistes, et des socialistes qui ne croient pas, en principe, aux droits de ces maîtres dont ils plaidaient la cause, dont ils défendaient les intérêts.

Ah! les privilégiés sont coupables d'ingratitude envers les socialistes! Un mois après avoir été sauvés par eux, jour pour jour, ils demandaient leur tête : le 16 avril on ne se souvenait plus du 17 mars! Si les socialistes avaient voulu abuser de la force ou user de la violence, le lendemain de la révolution et pendant le mois qui l'a suivie, qui les aurait empêchés? S'ils ne s'étaient pas mis généreusement entre les ouvriers irrités et les maîtres vaincus, pour prêcher la concorde, la réconciliation, la générosité, qui donc aurait eu assez d'autorité sur ces populations affamées pour leur faire croire à l'espérance? — Certes, en cela, les socialistes ont fait ce qu'ils ont cru devoir faire, ils ont obéi aux inspirations de leur cœur, et ils ne demandent point de reconnaissance; mais, parce qu'ils ont peut-être préservé Paris et la France des horreurs d'une guerre sociale, ce n'était pas une raison pour les calomnier après le danger passé, pour les insulter, pour les vouer à l'infamie, comme on a fait pendant deux mois, pour aller jusqu'à demander leur mort, et surtout jusqu'à la faire demander par le peuple abusé. Je conçois qu'on oublie les services rendus; mais qu'on en tire vengeance, je ne le comprendrai jamais. —

— Laissons là le passé; — et pardonnons à la peur longtemps comprimée d'avoir fait explosion.

La Révolution de Février a dissous les anciens partis; elle a posé les questions sociales qui ont pour jamais absorbé les questions purement politiques, et avant longtemps il n'y aura plus que deux camps :

Le camp des socialistes, de ceux qui veulent transformer les constitutions économiques ;

Et le camp des antisocialistes, des conservateurs de tous les abus et de tous les priviléges.

Le premier ralliera tous les hommes du mouvement, tous les hommes à idées positives ;

Le second tous les hommes de la résistance et des idées négatives, depuis les partisans de la monarchie absolue, jusqu'aux républicains de l'école libérale.

Entre ces deux drapeaux il faut choisir.

Voici les objections que les libéraux font aux socialistes :

# I

### Vous détruisez la liberté.

Les économistes libéraux et tous ceux qui se rattachent à leurs doctrines, sont des adorateurs fanatiques de *la liberté*, mais ils l'entendent à leur manière. La liberté, pour eux, c'est le droit de faire tout ce qu'on veut, du moins tout ce qu'on peut, sans admettre d'autre principe de conduite que l'intérêt personnel. La liberté ainsi comprise n'a qu'une valeur négative ; elle consiste surtout dans l'absence de tout frein, de toute limite, de toute règle, principalement de toute subordination à une autorité quelconque.

Le principe fondamental des libéraux, ce qui domine leurs théories politiques et leurs théories économiques, c'est l'individualisme, l'individualisme poussé jusqu'à l'exagération, poussé même jusqu'au point de rendre toute société impossible. Pour eux, tout émane de l'individu, tout se résume en lui. La société ou l'humanité n'est point un tout, mais une simple collection d'unités. Ne leur parlez pas d'un prétendu droit social supérieur au droit individuel, de droits réciproques ou de garanties collectives : ce sont des choses qu'ils n'admettent point ou qu'ils ne peuvent admettre qu'à la condition de se contredire.

L'état de société, ils le subissent, parce qu'ils sont forcés de reconnaître que l'homme ne peut s'y soustraire ; mais leur idéal, ce serait ce qu'ils appellent l'état de nature. L'homme libre par excellence, à leurs yeux, c'est celui qui n'est soumis à aucun devoir, à aucune autorité, dont le droit n'est point limité par le droit d'autrui ; c'est l'homme complétement isolé, c'est Robinson dans son île. Ils voient dans l'état social une dérogation à la loi naturelle ; ils pensent que l'homme ne peut s'associer à ses semblables sans sacrifier une partie de ses droits primitifs, sans aliéner quelque chose de sa liberté.

Ils ne comprennent pas que l'homme, créature intelligente et sympathique, c'est-à-dire essentiellement sociable, ne peut naître, vivre, se développer en dehors de la société ; que par conséquent l'état de société est le véritable état de nature. Dans un accès de misanthropie ou plutôt dans un accès de colère contre les vices de notre civilisation, Rousseau avait voulu réhabiliter la sauvagerie. Les libéraux sont encore sous l'influence de cet audacieux sophisme, lancé dans le *Discours sur l'inégalité* et réfuté implicitement par le *Contrat social.* Ils croient que tous sont d'autant plus libres que chacun peut donner le plus libre essor à ses caprices, à sa liberté personnelle, sans s'inquiéter de la liberté et de la personnalité d'autrui. — Autant vaudrait dire : Dans une sphère déterminée, plus chacun prend d'espace, plus il en reste pour tous les autres.

Pour les libéraux, la société la moins imparfaite serait celle qui se rapprocherait le plus de cet état purement hypothétique appelé état de nature, où chacun, affranchi de tout lien de solidarité, n'aurait point à s'inquiéter des autres, et pourrait tout rapporter à lui-même ; où la non-intervention des lois humaines, des lois sociales, en matière d'industrie, serait hautement proclamée comme article fondamental de la constitution ; où la législation économique se réduirait à quatre mots : *Laissez faire, laissez passer.* Ah ! chacun alors jouirait véritablement de la liberté du travail et du commerce, comme l'entendent les libéraux et comme en jouissaient les barbares, c'est-à-dire : produirait à son gré ; emploierait tel procédé qui lui paraîtrait convenable, le plus arriéré, le plus dangereux, à la rigueur ; ferait travailler à son profit les faibles ; vendrait et achèterait où il pourrait, aux conditions qu'il imposerait ou qui lui seraient imposées ; tromperait à son aise ou serait pris pour dupe ; lutterait contre ses rivaux avec acharnement ; accaparerait les denrées, affamerait les populations ; dicterait ou subirait la loi, selon les circonstances ; et trouverait, en définitive, pour toute sanction de ses actes, le revers ou le succès, la banqueroute ou la fortune. Dans tous les cas, le pouvoir devrait rester neutre ; son rôle se bornerait à toujours tenir le champ libre aux combattants, à empêcher qu'on n'intervienne entre les champions pour les séparer, pour protéger le faible contre le fort, etc., etc.

Dans la langue de l'économie, ces principes s'expriment par ces mots : *Liberté du travail et de l'industrie, liberté du commerce, libre concurrence, libre débat des conditions du salaire* ; en morale, ils se résument par la maxime *chacun pour soi* ; en fait de justice, c'est le droit du plus fort qui fait loi : *Væ victis, malheur aux vaincus !*

C'est, on en conviendra, abuser étrangement du mot *liberté* ; c'est comprendre la liberté à la façon des sauvages, c'est en faire le privilége de la force et de la richesse, c'est favoriser l'asservissement des faibles et des malheureux, c'est froisser tous les sentiments humains, offenser la raison et la justice, c'est détruire la société et violer les lois de Dieu. A quoi sert de proclamer le droit de tout homme à la liberté, si l'on préconise un état social et si l'on maintient un régime industriel qui rendent l'exercice de la liberté impossible pour les cinq sixièmes des citoyens? Qu'est-ce donc qu'un droit dont on ne peut jouir? la liberté sans garanties réelles n'est plus qu'un droit illusoire. Or le *mot* sans la *chose*, ce n'est rien, c'est moins que rien, c'est un leurre, une dérision, un mensonge.

Les socialistes comprennent autrement la liberté. La liberté, disent-ils, c'est le *droit* et le *pouvoir*, pour chacun de nous, de développer progressivement et harmoniquement toutes ses facultés physiques, intellectuelles et morales. L'individu n'est point un être complet, capable de se suffire à lui-même; c'est un membre de la grande famille humaine, soumis à des relations nécessaires et incessantes avec les autres parties du tout, et dont les droits devraient toujours être subordonnés à l'intérêt général, si, dans une société bien ordonnée, il pouvait y avoir opposition réelle entre les intérêts collectifs et les intérêts privés. La vigueur de chacun de nos membres dépend de la santé du corps entier, de l'équilibre entre les fonctions, du jeu régulier de tous les organes. Il en est de même du corps social. Il y a solidarité entre tous les individus, le bonheur de chacun est indissolublement lié au bonheur de tous; nul ne peut donner à sa liberté un essor excessif sans gêner la liberté des autres, sans troubler l'ordre, sans froisser la société entière.

Si la liberté consiste dans le plein développement de nos facultés, il ne s'agit point d'abandonner chacun à sa propre impuissance, mais de combiner tous les efforts pour multiplier à l'infini nos moyens de jouissances physiques et de jouissances intellectuelles, et d'appeler tout individu à exercer ses droits, à jouir de sa liberté. La liberté de chacun se trouvera ainsi considérablement augmentée ; car la société met les forces collectives au service des plus faibles, protége et défend chaque citoyen, lui donne et lui garantit les moyens de devenir et de rester vraiment libre. L'homme le plus libre, c'est le citoyen des sociétés les plus avancées, qui vit par le cœur, par l'intelligence tout aussi bien que par l'estomac ; l'homme le moins libre, c'est le sauvage, dont les facultés sont bornées, et qui n'est jamais assuré contre la faim.

Sans doute les socialistes veulent mettre un terme à la liberté d'exploitation, de même que les gendarmes mettent un terme à la liberté du vol ; mais entend-on par liberté du travail *la liberté de faire travailler autrui* pour se dispenser de travailler ? Cela pourrait bien être. Il m'a toujours semblé que, par ce mot *liberté du travail*, on voulait dire : Liberté pour les maîtres d'asservir les travailleurs et de rançonner le public.

On se préoccupe fort peu, en effet, de la liberté des ouvriers, de la liberté des salariés ; mais on affecte une sollicitude extrême pour la liberté des entrepreneurs d'industrie. Il est évident que les spéculateurs peuvent faire aujourd'hui ce qui ne leur sera plus permis dans le régime de l'association et de l'organisation. Ils peuvent abaisser à volonté les salaires, se réserver tous les profits, ruiner leurs concurrents, traiter leurs ouvriers comme on ne traite pas des hommes ; ils peuvent, au nom du capital, commander à la faim et amener l'ouvrier à composition, etc. Et dans le régime nouveau ils ne le pourront plus... Cela est vrai, mais les ouvriers seront d'autant plus libres ! — Les rois absolus jouissent d'une plus grande liberté que les rois constitutionnels, cela est incontestable ; mais il ne faut pas dire pour cela qu'il y a plus de liberté sous le régime despotique que sous le régime de la monarchie tempérée : ce qui nous intéresse, c'est la liberté *des peuples* et non pas la liberté *des rois* ou des dictateurs. Il y a cent ouvriers pour un entrepreneur d'industrie.

Au surplus, qu'on consulte le peuple des travailleurs, et l'on verra s'il entend la liberté à la façon des économistes libéraux, s'il trouve que le salariat répond à ses désirs, lui garantit le bien-être, la liberté et la sécurité ? Mais à quoi bon le consulter ? Ne vient-il pas d'accomplir une révolution contre ce qu'on appelle le régime de liberté et contre ce qu'il appelle, lui, *le régime de l'exploitation de l'homme par l'homme ?*

On dit que l'ouvrier est libre de travailler, libre de faire fortune et de devenir millionnaire ! Sans doute, il est libre de travailler quand il trouve de l'emploi et qu'il veut subir les conditions qui lui sont imposées, comme il est libre de mourir de faim quand il ne trouve pas d'ouvrage ; il est libre de s'enrichir, à la condition d'économiser, sur un salaire qui ne suffit pas à ses premiers besoins, trois fois plus qu'il ne gagne ; il est libre de s'enrichir, comme tout soldat est libre de devenir, s'il le peut, maréchal de France !

Le socialisme porte atteinte à la liberté des travailleurs : 1° en voulant leur assurer du travail ; 2° en voulant leur fournir les instruments nécessaires ; 3° en leur garantissant les fruits du travail ; 4° en les délivrant de l'exploitation des intermédiaires et de la tyrannie des capitalistes ; 5° en donnant à tous la sécurité du présent et de l'avenir, l'éducation gratuite, générale et professionnelle, la liberté de suivre sa vocation et de choisir son métier, en assurant le droit à la retraite ; 6° en s'occupant du sort des femmes, des enfants, des vieux parents infirmes ; 7° en supprimant le parasitisme, le marchandage, tous les tributs prélevés sur le travail ou sur les produits du travail, etc., etc. — Mort au socialisme, et vive le salariat ! vive la concurrence, vivent surtout les intérêts cumulés du capital et les profits de la spéculation !

## II

### Vous détruisez l'émulation.

Les libéraux disent aux socialistes :

« Nul ne travaille avec ardeur que pour son propre

compte. Dans votre association, les intérêts devenant solidaires et la concurrence étant abolie, quel intérêt auront les industriels à perfectionner leurs produits et leurs procédés de fabrication, à stimuler le zèle des ouvriers ? La concurrence anéantie, l'émulation n'a plus de cause, la production diminue, l'industrie reste stationnaire. »

On ne travaille avec ardeur que pour son propre compte... raison de plus pour substituer l'association au salariat. — Si vous supprimez le salariat, l'ouvrier, débarrassé de l'aiguillon de la faim, deviendra inévitablement paresseux. — Mon Dieu ! si le stimulant de l'intérêt est encore absolument indispensable, ce que je ne crois point en principe, il suffit de donner à chaque associé, dans la répartition des produits, une part d'autant plus forte qu'il aura travaillé davantage. L'appât d'un dividende proportionnel doit bien valoir l'appât d'un salaire fixe et invariable.

La surveillance du maître peut être avantageusement remplacée par le sentiment du devoir ou de l'honneur, et par le contrôle des travailleurs coassociés. Quand plusieurs ouvriers sont placés côte à côte pour coopérer à une œuvre commune, chacun se ferait un scrupule d'être à charge à ses camarades et de passer pour un fainéant. Le paresseux qui ne voudrait pas se mettre au ton général serait censuré par ses compagnons, puis renvoyé de l'atelier, s'il se montrait incorrigible.—En fait, c'est ce qui se pratique aujourd'hui parmi les compositeurs de journaux. Chaque journal est composé par 15 ou 20 typographes qui se partagent entre eux la besogne, fraternellement et consciencieusement. Pas n'est besoin de l'œil du maître. Chacun de ces ouvriers sent bien que s'il ne fait pas sa part d'ouvrage, il impose à ses amis un surcroît de travail : c'est pour lui une question de délicatesse et d'amour-propre, et c'en est assez pour stimuler son zèle. Le personnel de ces ateliers se recrute par voie d'adoption : on n'admet ni on ne tolère les lâches.

L'exemple des imprimeurs est bon à imiter. Toutes les fois que l'on confiera un travail quelconque à un groupe d'hommes intelligents, qu'on leur laissera la responsabilité de l'œuvre collective, le soin de distribuer entre eux les tâches comme ils l'entendront, de faire eux-mêmes la police de l'atelier ; toutes les fois enfin qu'on saura prendre les hommes par le cœur et par le sentiment, faire appel à leur dignité, on verra l'ordre s'établir au milieu de la liberté la plus complète, on verra combien les nobles ressorts l'emportent en énergie sur les procédés dégradants de la menace, de la méfiance, de l'autorité mal comprise, de la coercition. Les mauvais traitements rendent les animaux rétifs : l'abus injurieux de la force ou de l'autorité révolte l'homme, et mate contre le travail les natures les plus vaillantes et les plus généreuses. Les hommes vraiment dignes du commandement savent se faire obéir avec amour, avec passion, sans jamais employer la contrainte, mais en exprimant de simples désirs. Ce sont là les hommes véritablement supérieurs, les chefs aimés et respectés : ils n'inspirent ni la désobéissance, ni la haine, ni l'insubordination ; mais ils font aimer et respecter l'autorité, mais ils provoquent des prodiges d'activité et des dévouements fanatiques.

Pour abréger toute cette discussion, il convient de bien définir les termes, et alors on verra que *l'émulation* est tout autre chose que la *concurrence*; que l'émulation peut être développée au plus haut degré, là où la concurrence n'existe pas ; que **la concurrence** proprement dite n'est point la cause de tous les progrès industriels ; que l'industrie, loin de rester stationnaire, prendra certainement un essor prodigieux dans le régime d'association.

Commençons par distinguer entre la *coopération émulative*, d'une part, et ce qu'on appelle *concurrence*, en économie, de l'autre.

La coopération, c'est l'accord de plusieurs individus unissant leurs efforts pour concourir à une même fin, à une œuvre commune. Ici, l'émulation et la rivalité peuvent produire des effets merveilleux. Dans une bataille, par exemple, deux régiments de même nation rivalisent de zèle et de courage en concourant au même but, au succès de la journée. Ils combinent leurs efforts, se prêtent un mutuel appui, multiplient ainsi prodigieusement leur puissance d'action, et le lendemain on dira que tous deux ont *concouru* vaillamment à la victoire. — C'est ce que j'appelle de la *coopération émulative.*

La *concurrence économique* n'exprime point l'idée de coopération, de concours, mais l'idée d'antagonisme. Les concurrents n'unissent point leurs efforts pour coopérer à une même fin, ils ne rivalisent point de zèle et d'activité pour contribuer à une œuvre commune. — Les concurrents sont des ennemis qui se font la guerre et qui cherchent à s'entre-détruire. Ils ne se disputent pas seulement l'honneur du succès, la palme du mérite et du courage : ils se disputent l'existence, la vie; chacun d'eux tient moins à arriver au but le premier, qu'à écraser ses adversaires pour rester maître du champ de bataille et pour rançonner les vaincus. Ce n'est plus, si l'on veut, un simple tournoi, c'est un combat à outrance, un duel à mort où il faut absolument tuer pour n'être pas tué. Ce ne sont plus deux régiments du même pays opérant de concert, pour reprendre notre comparaison; ce sont deux régiments ennemis en présence qui se battent avec acharnement l'un contre l'autre et qui s'exterminent sans quartier. — Voilà la *concurrence économique.*

La *coopération émulative* est une excellente chose, et elle est possible entre amis, entre associés; mais l'antagonisme et la *concurrence à mort* n'ont jamais produit que des calamités. Tous les bienfaits que l'on attribue à la concurrence proviennent de l'émulation.

Or, l'émulation peut être développée au plus haut point, sans que la vie des champions soit mise en jeu comme prix du triomphe ; l'émulation peut être excitée par d'autres mobiles que l'intérêt purement matériel ou l'argent.

Il s'agit donc de donner à l'*émulation* le plus vaste essor, tout en proscrivant la *concurrence*. C'est précisément ce que veulent les socialistes.

L'émulation se produit forcément dans des circonstances données ; elle se développe même chez les animaux. Il y a émulation entre deux chiens qui chassent ensemble et qui suivent la même piste ; il y a émulation excessive entre les chevaux de course ; il y a émulation entre deux simples bidets cheminant de front sur la même route, etc., etc. — Qui ne sait que l'émulation et la rivalité donnent un puissant attrait aux jeux des enfants ? Prenons pour exemple le jeu de paume ou le jeu de barres :

On commence par former deux camps ou deux bandes qui vont entrer en rivalité. On attache une importance extrême au choix des partenaires chargés de soutenir l'honneur du groupe ; puis ensuite les plus capables prennent le commandement aux applaudissements de tous, et l'on voit s'établir spontanément et sans réclamation la hiérarchie, la discipline, le classement et l'obéissance. Des deux côtés, on déploie avec passion toutes les ressources de l'activité, de la force, de l'adresse, de la tactique, pour lutter contre les rivaux, pour faire triompher son parti. Les amours-propres individuels s'effacent bientôt et disparaissent devant l'amour-propre collectif ; c'est l'honneur du groupe qui est en jeu, qui surexcite tous les combattants. On s'encourage, on s'anime, on se fatigue, on s'épuise avec joie, avec ardeur, avec rage ; les plus apathiques ne résistent pas, sont entraînés et font des prodiges ; chacun se rend utile dans la mesure de ses forces, et c'est à qui se distinguera avec le plus d'éclat. Tous prennent part à l'action, et il n'y a point de paresseux : le difficile, au contraire, c'est de contenir les courages impatients, de ménager les forces, de refréner les ardeurs qui bouillonnent.....

Ce qui se produit entre amis, entre camarades, dans les jeux de l'enfance, pourrait aisément se produire, en industrie, entre associés ; et l'émulation serait d'autant plus vive que la rivalité aurait pour objet des travaux plus sérieux et plus importants, des travaux d'utilité générale.

Je n'ai point à traiter ici de l'organisation du travail ; mais j'en ai dit assez pour faire comprendre qu'on peut développer l'émulation, sans recourir à cette concurrence homicide qui spécule exclusivement sur l'opposition désespérée des intérêts matériels, sur l'avidité des entrepreneurs, sur la misère des ouvriers.

On peut rendre les intérêts solidaires, et néanmoins organiser entre travailleurs associés l'émulation coopérative. Il suffit de réunir dans chaque atelier un grand nombre de coopérateurs, de former parmi eux des groupes rivaux librement choisis, de renouveler au besoin, de temps en temps, la composition des groupes, puis de mettre en rivalité les groupes divers et les ateliers différents de l'association. Alors, on verra les uns et les autres se piquer d'honneur, comme les régiments à la parade, lutter à qui l'emportera pour le fini de l'ouvrage, pour la quantité et pour la qualité des produits, pour le perfectionnement des procédés et des méthodes. On verra les différents groupes d'ingénieurs s'évertuer à trouver de nouvelles machines plus parfaites, comme on voit les savants pousser aujourd'hui aux découvertes sans esprit de spéculation, comme on voyait autrefois, dans le même corps d'état, les compagnons des différentes confréries se défier à qui exécuterait le plus admirable chef-d'œuvre ; et chaque machine portera le nom de l'inventeur et le nom du groupe qui l'aura construite, comme un livre porte le nom de l'écrivain et le drapeau de l'école littéraire ou scientifique. Est-ce que jamais les inventeurs ont fait fortune ? Est-ce qu'ils ne sont pas toujours ruinés, au contraire, pour faire éclore leurs idées ?

Si l'État voulait consacrer une somme quelconque à encourager les inventions, à faire les frais d'expériences après information préalable, il pleuvrait des procédés et des découvertes, et l'inventeur et les artistes qui l'auraient aidé se contenteraient, s'ils avaient l'existence assurée, de la célébrité et des applaudissements pour toute récompense. La gloire, voilà la seule monnaie qui puisse payer le mérite et qui soit digne de lui, la monnaie enviée des savants, des artistes, des orateurs et des hommes d'État. Que la couronne soit d'or ou de chêne, qu'importe, pourvu qu'ils soient couronnés ? Le soldat préfère la croix à une gratification; le poëte à tous les sacs d'écus préfère une simple feuille de laurier. Ce n'est pas le butin que convoitent les vrais ambitieux, c'est le triomphe. Cromwell et Napoléon ont rêvé le succès, le pouvoir, l'immortalité, mais non pas une liste civile.

La rivalité ainsi entendue est grande et noble, et quant au but et quant aux moyens. Elle n'aboutit point, comme la concurrence, à ruiner des compétiteurs, à jeter le désordre dans l'industrie. Excitée par des mobiles purement moraux, elle est profitable à tous, même aux vaincus; elle introduit l'ardeur, le zèle, l'attrait dans le travail; elle pousse au perfectionnement des produits et au développement de la richesse générale..., etc.

## III

**L'homme est paresseux.**

Les égoïstes et les optimistes nous disent encore : « Vous ne connaissez point la nature humaine, vous êtes des utopistes qui spéculez sur des chimères. L'homme, l'homme du peuple surtout, est un animal essentiellement paresseux et dépravé, qui ne subit le travail qu'à regret et lorsque la faim le dompte, qui aime par-dessus tout à s'enivrer et à ne rien faire. C'est la fainéantise, c'est la débauche et l'immoralité qui réduisent les classes inférieures à la misère et à l'abrutissement. Dès lors, puisqu'elles l'ont voulu, qu'elles en subissent les conséquences, et tant pis pour elles ! Qu'elles souffrent, afin de se corriger ; qu'elles expient leurs fautes ; qu'elles apprennent, à la rude école du malheur, à aimer et à pratiquer le travail, la sobriété, l'économie, et que leur triste sort serve de leçon à tous les fainéants et à tous les mauvais sujets, » etc., etc.

Je ne veux point récriminer contre ces moralistes oisifs, contre ces épicuriens opulents, auxquels la pratique de la vertu est si douce et si facile ; je ne veux même pas demander si les misérables ne sont pas ignorants et débauchés précisément parce qu'ils sont nés misérables et ont toujours vécu misérables ; mais je veux examiner si l'homme est bien réellement un animal paresseux.

Ce n'est pas en vain que nous avons été doués d'activité, de bras, de jambes et de muscles. L'action, l'action incessante est une nécessité pour nous ; l'oisiveté prolongée engendre l'ennui, le dégoût, la fièvre, la maladie ; elle nous irrite et nous agace, elle nous est antipathique, insupportable. Éveillés, nous ne pouvons rester oisifs pendant une heure entière : quand le corps n'agit pas, il faut absolument que le cerveau travaille. Les enfants qui n'ont pas encore la faculté de penser et d'agiter des idées, ne peuvent endurer le repos ; ils sont toujours en mouvement.

L'homme a été créé actif, sensible et intelligent : c'est donc à la fois pour lui un besoin, un droit et un devoir de développer le triple côté de sa nature, d'exercer alternativement tous ses organes et toutes ses facultés.

Ou Dieu ne sait pas ce qu'il fait, ou nos facultés sont en rapport avec notre destinée. Il n'y a personne qui soit de trop ici-bas, qui ne puisse jouer un rôle utile. Si la force et l'intelligence ont été inégalement distribuées entre tous, si nous avons été créés inégaux et dissemblables, c'est afin que nous eussions absolument besoin les uns des autres, afin que nul ne pût se suffire à lui-même et renier la solidarité qui unit tous les membres de la même famille ; c'est afin que les fonctions différentes pussent être accomplies.

Cette inégalité native ou cette dissemblance sur laquelle on a voulu greffer l'inégalité sociale et les abus des priviléges, indique surtout la diversité des aptitudes et la spécialité des vocations. Elle rend possibles, l'ordre, la hiérarchie, le classement, la division du travail, l'échange des services, les progrès de l'industrie, des sciences et des arts ; elle pousse irrésistiblement les hommes vers l'association.

L'essentiel, c'est que chacun soit mis à sa place. Que chacun travaille selon ses forces et selon ses facultés, obéisse à sa vocation naturelle , on ne peut exiger de lui davantage. *On fait tout ce qu'on doit quand on fait tout ce qu'on peut faire.* Toutes les fonctions reconnues utiles doivent être également honorées. Les travaux les plus humbles sont précisément les plus nécessaires. A la grande rigueur, une société pourrait encore se passer de poëtes et de musiciens ; mais elle ne peut vivre sans laboureurs et sans artisans. Que les hommes doués de facultés exceptionnelles ne méprisent donc pas les modestes travailleurs sans lesquels ils ne pourraient être. La nature a donné à l'un la force, à l'autre l'intelligence, mais nul ne s'est fait ce qu'il est. N'allons donc pas tirer vanité de la mission spéciale qui nous a été donnée ; efforçons-nous seulement de l'accomplir dignement et en conscience. Dieu fait bien ce qu'il fait : si les pauvres d'esprit sont en majorité sur la terre, c'est qu'il faut plus de soldats que de généraux, plus de manouvriers que d'ingénieurs. Capacité oblige : les organisations supérieures sont responsables du bonheur des simples et des faibles ici-bas ; elles ont de plus grands devoirs à remplir.

Que les plus capables soient appelés au commandement et dirigent les travaux. dans l'intérêt général,

rien de mieux : la hiérarchie est chose juste et nécessaire, c'est une des conditions de l'ordre. Les
humbles d'esprit ne protesteront jamais contre la supériorité du talent, sauront toujours rendre hom-
mage au mérite, obéir avec zèle, avec entraînement,
avec amour, tant que les chefs auront le sentiment de
la dignité humaine et de la justice, se montreront
dignes d'exercer l'autorité. Mais, si la capacité veut
abuser de sa légitime influence pour absorber à son
profit tous les priviléges sociaux et tous les résultats
du travail collectif ; si l'on veut diviser les hommes
en exploiteurs et en exploités, oh! alors la force, au
nom de son droit naturel et de l'équité violée, ne
tardera pas à protester contre les prétentions excessi-
ves de l'intelligence, et elle trouvera dans les abus
un prétexte pour provoquer des représailles. Alors
on verra éclater de nouveau la discorde et la guerre.

A part ceux que les infirmités ou les maladies con-
damnent à l'impuissance, il n'est pas un de nos semblables qui soit absolument impropre à toute espèce
d'emploi, qui ne puisse produire par son travail convenablement dirigé l'équivalent de ce qu'il consomme.
Un bon système d'organisation doit pouvoir tirer
parti de toutes les forces et de toutes les aptitudes.
Que l'on déclare que toutes les fonctions utiles à la
société sont honorables, que l'on se conforme stricte-
ment à ce principe, et il n'y aura bientôt plus de
paresseux.

Le travail, même purement physique, n'est pas seulement nécessaire, il est encore plein de charmes. J'en appelle, non pas aux citadins qui n'ont jamais franchi les murs d'enceinte et qui ne connaissent d'autre distraction que de se promener pour exercer leurs jambes, mais à tous ceux qui ont un peu vécu de la vie des champs. Qui n'a manié avec plaisir la charrue ou la bêche, le rabot ou la hache? qui ne s'est brisé de fatigue à la pêche, à la chasse, sur l'aire ou dans l'atelier, sans autre but que de faire quelque chose, que d'agir pour agir, pour échapper aux ennuis de l'oisiveté? Il n'est pas de bourgeois campagnard, pas de rentier qui ne *se crée une occupation*, qui n'aime à travailler des mains, soit à la terre, soit à quelque métier de son choix. L'un se fait jardinier ou horticulteur, l'autre tourneur, menuisier, charpentier; un autre, comme le roi Louis XVI, aime passionnément la forge et la serrurerie... Chacun a son atelier approvisionné et entretenu à grands frais, où il passe tous les jours de longues heures, où il travaille pour l'unique plaisir de travailler. C'est un fait que les campagnards, riches ou pauvres, ne peuvent s'habituer à la vie oisive des villes ; c'est un fait que les rentiers citadins, les hommes retirés des affaires, ne savent comment échapper aux supplices du désœuvrement, se donnent des peines infinies pour se distraire, et sont réduits à se faire joueurs de boule, de billard ou de dominos ; c'est un fait qu'ils s'agitent le plus qu'ils peuvent, sans raisons, sans motifs et sans but, tourmentés qu'ils sont par un besoin insatiable d'activité et de mouvement... Et l'on dit que l'homme est paresseux !

Non-seulement l'activité est un besoin, non-seulement le travail est l'exercice le plus naturel de l'activité ; mais le travail est encore la chose dont on se lasse le moins, la seule chose dont on ne se dégoûte jamais.

Qui voudrait s'astreindre à rester dix heures par jour sans rien faire, pendant toute sa vie ? — Le paresseux le plus invétéré refuserait de prendre un pareil engagement. Qui voudrait être condamné à subir tous les jours dix heures de spectacle ? — Personne, pas même le plus oisif de tous les rentiers. — Certes, un concert, un opéra, une comédie sont des plaisirs délicats qui peuvent nous charmer pendant une soirée entière, je veux dire pendant deux ou trois heures. Mais si ce concert, cet opéra ou cette comédie se répétaient tous les jours, et si tous les jours nous étions forcés d'y assister du matin au soir, nous prendrions bientôt en aversion la musique, la poésie, le théâtre ; nous maudirions ce qu'on appelle un plaisir, ce que nous nommerions un véritable supplice ; et pour nous y soustraire, nous serions capables de tout oser. A toutes choses il faut des limites : le plaisir lui-même, quand il est trop prolongé, quand il devient excessif, finit par dégénérer en torture.

Économistes et moralistes, qui savez varier vos plaisirs, vous frémissez à cette seule idée d'être condamnés à assister pendant trente jours à la représentation de la même pièce; et cependant, parmi ceux que vous appelez si insolemment des paresseux, il y a des hommes qui, toute leur vie, travaillent pendant dix, douze et même quinze heures par jour, depuis le commencement jusqu'à la fin de chaque année, à tailler des pierres, à raboter des planches, à battre le fer, à fouiller le sol, à pousser la scie ou la navette, etc., et qui répètent invariablement chaque lendemain ce qu'ils ont fait la veille. L'excès d'un travail continu et monotone, tout aussi bien que l'excès d'un plaisir constamment répété, doit fatiguer le corps et l'esprit. Et néanmoins, ces travailleurs résistent à la peine, arrivent même à la vieillesse. Leur tenez-vous compte de cet indomptable courage, vous qui n'avez jamais travaillé pour eux? — Quelquefois, il est vrai, ils se reposent involontairement, faute d'ouvrage. Alors, ils s'en vont de ville en ville, de porte en porte, demander de l'emploi; et quand vous les voyez ainsi inoccupés, vous leur dites : « Pourquoi ne travaillez-vous pas? vous êtes des fainéants, des paresseux. Les ouvriers vaillants et rangés ne manquent jamais de travail. Il n'y a que les mauvais sujets et les lâches qui perdent leur temps à battre le pavé des rues, à vagabonder sur les grands chemins... » —Des paresseux qui ne demandent qu'à travailler; qui, un jour donné, s'exposeront à se faire tuer pour être au moins assurés, s'ils échappent à la mitraille, de pouvoir désormais vivre en travaillant! — Hélas! ils ont remporté la victoire, mais en recevront-ils le prix?

Vous dites que l'homme est essentiellement paresseux! Eh bien, essayez de dispenser de tout travail ces malheureux forçats de l'atelier dont je parlais tout à l'heure; doublez et triplez leur salaire, mais condamnez-les à perpétuité à assister, dans une stalle bien rembourrée, pendant dix heures par jour, à la représentation du même opéra ou de la même comédie, et je gage qu'avant six mois ils imploreront une commutation de peine, qu'ils demanderont à quitter le plaisir pour le travail, à reprendre leur ancien métier, qu'ils offriront même, pour vous fléchir, de travailler à plus bas prix qu'autrefois! Et si vous refusez d'accéder à leur demande, si vous persistez à leur imposer de vive force les charmes monotones et continus de l'oisiveté, de la musique et du plaisir, ils deviendront fous, ils mourront d'ennui ou ils se tueront. A la rigueur, on peut encore résister à la monotonie, à la continuité du travail, mais on ne résiste pas à l'inaction.

Qu'on essaye de supprimer le travail pendant une année, dans toutes les prisons soumises au régime cellulaire; qu'on laisse les détenus passer leur vie dans le sommeil et dans l'oisiveté absolue, et l'on verra si l'homme est un animal paresseux n'aspirant qu'au repos. Je suis bien convaincu que les prisonniers ne tarderaient pas à réclamer contre cette aggravation de peine, à demander avec instance à travailler gratis, à implorer le travail comme une faveur; je suis convaincu que l'oisiveté forcée transformerait les natures les plus rétives à l'ouvrage en travailleurs zélés et passionnés.

Il faut, en effet, que le travail exerce sur l'homme une puissance d'attraction bien irrésistible, pour qu'aujourd'hui, aux dures conditions qui leur sont faites, malgré l'exiguité du salaire et malgré la durée de la tâche, malgré le dégoût que soulève un labeur uniforme, épuisant, répugnant et abrutissant, nos ouvriers consentent encore à travailler! — C'est la faim qui les lie au joug, disent les optimistes, et c'est pourquoi il est bon qu'ils aient toujours l'estomac irrité. — Je sais bien que c'est la nécessité qui les force. à travailler outre mesure; mais je réplique qu'ils ne pourraient, aux mêmes conditions, endurer aussi longtemps l'oisiveté forcée, qu'ils en mourraient à coup sûr, et je conclus que *l'homme n'est pas essentiellement paresseux.*

La nature avait donné à l'homme la passion du travail, et à la satisfaction de ce besoin impérieux d'activité elle avait attaché l'attrait au plaisir. Mais on a changé le plaisir en supplice, on a fait de l'ouvrier un corvéable, un forçat rivé à la chaîne; on lui a imposé une tâche monotone, démesurée, continue, épuisante, et le travail est devenu répugnant et abrutissant. On est allé plus loin : on a exalté l'oisiveté, on a considéré le travail comme le caractère exclusif de l'esclavage ou de la servitude, comme un signe d'infériorité sociale ; on l'a transformé en châtiment, en flétrissure. — La religion, la morale, l'économie glorifient le travail et flétrissent l'oisiveté... Et cependant nos lois et nos mœurs réservent tous les priviléges pour les classes oisives, et la peine la plus dure et la plus infamante de nos Codes s'appelle les *travaux forcés* !

Honte et barbarie ! Encore aujourd'hui, comme dans l'antiquité et dans le moyen âge, comme aux temps des esclaves et des serfs, *vivre noblement* c'est vivre sans rien faire ; malgré le progrès incontestable de la raison, nous sommes toujours sous l'empire des vieux préjugés.

Ah ! l'on s'étonne de rencontrer des paresseux, dans une société où le travail est appelé une *marchandise comme une autre* ; où le salaire est calculé d'après les strictes nécessités de la vie et tous les jours mis au rabais ; où la tâche quotidienne est de dix ou de douze heures consécutives, pendant que la loi interdit d'exiger des forçats de nos bagnes plus de neuf heures de travail effectif ; où l'on demande à l'homme, en échange d'un morceau de pain, tout ce qu'il a de force et de vie ; où l'ouvrier est réduit au rôle d'animal ou de machine ; où tout le produit net revient au capital ;

où le travailleur n'a pas même, comme le bœuf à l'é-
table, un abri assuré et la nourriture garantie...

Ce qui me surprend, ce qui me confond, c'est qu'on
puisse toujours trouver des malheureux disposés à
abdiquer leur liberté, leur dignité, leur personnalité
et leur intelligence, pour se vouer corps et âme au
minotaure de l'industrie moderne, disposés à épuiser
leur santé et leurs forces pour enrichir un maître,
tandis qu'ils ont la certitude de vivre et de mourir
misérables, sans avoir jamais connu les joies de la
vie; c'est qu'il y ait des hommes qui consentent à
créer des produits dont ils ne jouiront jamais, ni eux
ni leurs enfants, des richesses qui ne peuvent que
provoquer en eux des désirs toujours inassouvis, des
richesses qui exhaussent les barrières entre les classes
riches et les classes pauvres, des richesses qui creu-
sent l'abîme de la misère; c'est que le nombre ne soit
pas plus considérable de ces réfractaires hardis qui
se mettent ouvertement en scission contre un pareil ordre de choses, qui, comme les animaux qu'un faix trop
lourd écrase, protestent contre l'excès du travail par
le refus de travailler, protestent, au nom de la nature
humaine, contre la violation des lois naturelles par
les institutions sociales. — Allégez seulement le far-
deau, nourrissez convenablement la bête de somme,
et elle ne vous refusera pas ses services. N'excédez pas
l'homme de travail, n'exigez point de lui une tâche
au-dessus de ses forces, prenez quelque souci de son

corps et de son âme, proportionnez tout au moins le salaire au service rendu, faites seulement que la corvée ne soit pas trop rude, et il n'y aura plus de réfractaires.

Ah ! privilégiés du sort et de la fortune, qui pouvez vous donner toutes les joies de ce monde, sans soucis, sans la moindre peine , vous êtes-vous jamais demandé ce que vous penseriez, ce que vous feriez, à la place de ces pauvres ouvriers qui travaillent pour vous et qui vous donnent de si doux loisirs? Auriez-vous leur courage et leur résignation ; auriez-vous leur patience, si ceux au profit de qui vous useriez votre vie, venaient vous dire pour tout remerciement : Vous êtes des paresseux! —Mettez la main sur votre cœur, et répondez froidement, en conscience.

Mais même ces scissionnaires que vous appelez des paresseux, parce qu'ils refusent de courber la tête sous le joug du travail excessif, sont au contraire des hommes d'une incroyable énergie, d'une prodigieuse activité, des caractères de la plus forte trempe. Les braconniers et les contrebandiers, les voleurs et les bandits qui peuplent nos prisons et nos bagnes, n'ont jamais demandé à passer leur vie dans l'inaction. S'ils refusent de travailler, cela tient à ce que vous ne savez pas donner un emploi à leurs facultés, cela tient aux dures conditions que vous imposez au travail, et nullement à un besoin naturel et invincible d'inertie. Voyez donc un peu ces hommes à l'œuvre, dans leur rude métier de révoltés : nuit et jour sur pied, jamais ils ne se reposent ; téméraires jusqu'à l'audace, ils bravent toutes les fatigues et tous les dangers. Non, non, ces natures farouches et indociles ne se sont point révoltées contre le travail, mais contre le régime barbare de vos ateliers. Vous les déclarez paresseux, parce que vous aimez mieux calomnier l'espèce humaine et blasphémer Dieu, que de reconnaître que vos institutions sont injustes et absurdes.

La guerre est certainement la chose qui répugne le plus à la nature humaine. Nous éprouvons une horreur profonde à verser le sang de nos semblables ; ce n'est jamais de gaieté de cœur que nous allons à la boucherie des combats, et il est absolument impossible qu'on arrive à tirer sur un homme, sans hésitation, sans remords. Ce n'est certes pas une vocation naturelle qui nous pousse à la bataille, ce n'est point l'appât du salaire qui attire le soldat sous les drapeaux. Le conscrit quitte son foyer en pleurant ; il part, la peur dans l'âme, entraîné par la terreur que lui inspirent le gendarme et la sévérité de la loi.... Cependant, au bout de quelques mois, la discipline, le point d'honneur, le ton corporatif ont triomphé de la nature, ont transformé le poltron en brave, le paysan craintif en héros. Cet homme a été exalté jusqu'au fanatisme ; il a la religion de l'honneur, de la gloire, de la patrie, du drapeau ; il est prêt à se faire tuer sans regrets, sans arrière-pensée, au premier mot d'ordre; il ne rêve plus que batailles; il a le courage et la résignation du martyr, plus le désintéressement, car il sait qu'il mourra inconnu, que nulle récompense ne lui est réservée, etc., etc. — Comment s'est accompli un tel prodige? Comment a-t-on pu vaincre à ce point la nature même? Comment est-on arrivé à faire voler le peureux au-devant de la mort, avec ivresse, avec rage, avec enthousiasme?

Pour pousser l'homme au travail, il n'est pas besoin, comme pour le pousser au combat, de vaincre la nature : il suffit de la seconder ou de ne pas la contrarier. Ah! si l'on voulait développer par l'éducation toutes les intelligences, favoriser toutes les aptitudes, mettre chacun à même de suivre sa vocation naturelle, de choisir la profession vers laquelle l'attirent ses instincts et ses goûts; si l'on voulait mettre en jeu les plus nobles ressorts des âmes, élever chaque métier au rang de fonction sociale et y attacher une considération réelle; si l'on proclamait que l'oisiveté emporte l'infamie, que l'honneur consiste à payer sa dette de travail, la honte à vivre aux dépens de ses semblables; si l'on relevait la dignité de chaque travailleur en faisant comprendre que la société attache un prix infini à l'œuvre la plus humble, que le dernier des rôles, tout comme le premier, est indispensable au bonheur universel; si l'on posait en principe, que dans la société, comme dans toute machine bien organisée, il n'y a point de rouage inutile, que ceux qui se dévouent pour accomplir les travaux les plus rudes, les plus pénibles, les fonctions que nul n'embrasserait par attrait simple, sont les plus méritants, les plus honorables, etc., etc.; si l'on faisait, enfin, pour la production ce qu'on a fait depuis longtemps pour la destruction et pour la guerre; si l'on passionnait l'homme pour l'industrie, comme on l'a fanatisé pour le carnage; si le point d'honneur consistait à ne pas reculer devant le travail.... nous verrions bientôt des prodiges d'activité et de dévouement, et l'on ne rencontrerait pas plus de paresseux, dans les ateliers, qu'on ne trouve aujourd'hui de lâches dans les régiments, un jour de combat, en face de l'ennemi.

Il est plus aisé de pousser l'homme au travail que de le pousser au combat et à la mort; il est plus aisé de recruter pour l'atelier que pour la caserne; il est plus aisé d'organiser le travail ou l'industrie que d'organiser la guerre. — Le problème à résoudre est bien moins difficile que celui qui a été déjà résolu.

## IV

**Vous méconnaissez la loi de l'offre et de la demande.**

Les profonds esprits de l'école libérale disent encore aux Socialistes :

« Dans vos spéculations, vous ne tenez jamais compte de l'offre et de la demande; vous méconnaissez la loi fondamentale de l'économie politique. Il n'est point au pouvoir des hommes d'aller contre les lois naturelles, de triompher de la nécessité.

« Vous voulez donner du travail à tous les bras sans emploi. Mais vous ne voyez donc pas que la société n'a pas besoin de ce travail, et que dès lors elle ne peut le payer. Si ce travail est nécessaire, la demande en sera faite, sans votre intervention ; s'il n'est pas nécessaire, quoi que vous fassiez, vous n'arriverez point au but que vous vous proposez ; vous troublerez l'équilibre naturel qui ne peut s'établir que de lui-même, etc., etc. »

Toute l'économie libérale repose sur la double loi de *l'offre et de la demande*, et du *laissez faire !*

Le rapport de l'offre à la demande règle le prix de toutes les denrées et de toutes les marchandises ; il règle le prix des frais de production ; il règle le taux de la rente des terres, de l'intérêt des capitaux, le taux des profits et le prix des salaires, car encore une fois, le travail n'est qu'une marchandise, selon J. B. Say ; il règle les droits de tous les producteurs, les charges de tous les consommateurs ; il règle même la marche de la population ; il domine toute l'économie, comme le *fatum* des anciens dominait le monde moral et le monde physique, la nature, les hommes, et même les dieux de l'Olympe !

Qu'est-ce donc que cette inexorable loi de l'offre et de la demande ? — C'est tout simplement la théorie transcendentale de la force et du hasard, la théorie de la domination des forts et des riches, de l'exploitation des faibles et des pauvres ; c'est la négation de l'ordre, de la prévoyance, de la justice ; c'est le fait mis à la place du droit, c'est le phénomène fortuit converti en principe.

Nos économistes libéraux, je l'ai dit déjà, sont optimistes et fatalistes à la fois. S'ils doutent quelque peu de la Providence, ils comptent aveuglément sur l'implacable nécessité. Ils posent d'abord en principe que si l'on se contentait de laisser faire, tout irait pour le mieux ; mais comme les hommes ont la manie de gouverner, de ne pas tout livrer au hasard, de faire des lois et des règlements, cela trouble l'ordre naturel des choses et provoque forcément des calamités salutaires.

Ainsi, par exemple, on a voulu rédiger des lois économiques : dès lors l'ordre naturel a été troublé, la production a débordé la consommation, et il a fallu des crises industrielles et commerciales pour rétablir l'équilibre. De même quand la population s'accroît outre mesure, parce que la charité se mêle de secourir les malheureux ; quand elle tend à dépasser « le nombre de bras dont *on* a besoin » (J. B. Say), la famine, la peste, la misère, les épidémies et les fléaux sans nombre apparaissent toujours à point pour rétablir l'équilibre. « La faim tue les surnuméraires » (Malthus). « Les familles les plus accablées d'enfants dépérissent, et la population diminue » (Say) ; à force de privations, le nombre des ouvriers se trouve réduit, et l'équilibre se rétablit » (Ricardo). Ainsi, il n'y a qu'un moyen d'améliorer le sort des malheureux, c'est de faire que l'offre de bras soit au-dessous de la demande, de laisser la mort faucher ceux qui sont de trop ici-bas, ou d'attendre une augmentation dans la demande du travail. — Que les affamés prennent patience ! — Mais combien de temps un homme peut-il rester sans manger? Répondez, économistes. Si la demande de travail n'augmente pas avant quarante-huit heures, faudra-t-il *laisser faire*....... la mort ?

*En fait*, il est malheureusement *vrai* que tout est aujourd'hui soumis à cette loi impie de l'offre et de la demande ; mais *en droit*, il est souverainement *injuste* qu'il en soit ainsi. Cette loi est l'expression d'un *fait* incontestable ; mais combinée avec l'inqualifiable doctrine du *laisser faire*, elle aboutit à la violation des *droits* les plus sacrés. Le règne de la loi de l'offre et de la demande, c'est là ce qui condamne sans appel notre régime économique ; c'est là ce qui engendre, ce qui perpétue la misère, ce qui fait fermenter le levain des révolutions.

On a beau dire que c'est la condition de la liberté, et que les meilleures choses entraînent des abus inévitables ! Je réponds que je ne reconnais point la liberté dans cette divinité féroce et inexorable qui se nourrit de victimes humaines, à laquelle on dresse des autels sur des hécatombes ! Ah ! non, ce n'est point là la véritable liberté, bienfaisante aux faibles comme aux forts, aux pauvres comme aux riches, la liberté que nous aimons, que nous invoquons tous. C'est une fausse liberté, c'est l'anarchie, puisqu'il faut l'appeler par son nom, une idole monstrueuse dont personne aujourd'hui ne veut plus, devant laquelle nous ne fléchirons point le genou, et dont le culte, s'il plaît à Dieu, ne prévaudra jamais !

Nous ne voulons pas, nous autres, qu'on se contente de laisser faire ; nous ne voulons pas de la famine comme moyen de proportionner l'offre à la demande de bras ; nous ne voulons pas que la concurrence entre affamés fasse baisser indéfiniment le prix des salaires, au profit des capitalistes ou entrepreneurs d'industrie. Nous voulons, au contraire, qu'il soit immédiatement donné de l'ouvrage à tout ouvrier qui demande à travailler. Nous voulons inaugurer pour tous le règne de la véritable liberté ; nous voulons faire disparaître la misère, les crises industrielles, les épidémies, les famines, les fléaux de toute espèce ; nous voulons détrôner la force et le hasard, et les remplacer par la justice et par la prévoyance ; nous voulons proportionner les produits aux besoins, balancer en toutes choses l'offre par la demande et *vice versâ*; nous voulons établir la fixité et la stabilité des prix ; nous ne voulons pas qu'on joue à la hausse et à la baisse sur la vie des hommes ; nous voulons proscrire l'agiotage, la spéculation et l'accaparement ; nous ne voulons pas que le prix des salaires dépende des vicissitudes du marché et du bon plaisir des entrepreneurs. Dans les administrations publiques, les emplois ne sont point adjugés au rabais : nous voulons que le travailleur, comme le fonctionnaire, ait un minimum garanti ; nous voulons subordonner les faits aux droits, les intérêts égoïstes et aveugles au bien général et à la raison ; et c'est pour cela que nous voulons qu'on sache prévoir, agir à propos, diriger et combiner ; c'est pour cela que nous voulons qu'on organise le travail et l'industrie, au lieu de *laisser faire.*

C'est un sophisme hardi de dire que tout va de soi-même, que les intérêts privés, dans une société basée sur la concurrence et sur la guerre industrielle, se font équilibre, s'harmonisent d'eux-mêmes et correspondent à l'intérêt général. Le producteur est intéressé à vendre à l'enchère, le consommateur à acheter au rabais ; le salarié est intéressé à gagner une bonne journée, l'entrepreneur à payer le travail le moins possible ; et dans le débat c'est toujours le plus fort qui l'emporte et qui dicte la loi, etc. Tous ces intérêts sont opposés et non pas identiques ; ils se contrarient et ne s'accordent pas. Or, l'hostilité engendre la discorde et non pas l'harmonie. — Nous voulons l'accord par l'association ; nous voulons la juste distribution dans la répartition des produits.

## V

Vous nous direz avec Malthus et avec toute l'école anglaise :

« Si c'est sincèrement que vous cherchez à amélio-
« rer d'une manière permanente le sort des pauvres,
« ce que vous avez de mieux à faire est de leur expo-
« ser au vrai la situation dans laquelle ils se trou-
« vent, de leur faire comprendre que le seul moyen
« de hausser réellement le prix du travail est de *di-*
« *minuer le nombre des ouvriers*, et que comme c'est
« eux qui les fournissent *au marché*, c'est eux seuls
« aussi qui peuvent en prévenir la multiplication...
« Dire que le prix du travail devrait suffire à l'en-
« tretien d'une famille, qu'il faudrait fournir de l'ou-
« vrage à tous ceux qui demandent à travailler, c'est
« vraiment dire, en d'autres termes, que les fonds
« destinés au travail, dans le pays dont il s'agit, sont
« infinis, qu'ils ne sont sujets à aucune variation ; que
« sans égard aux ressources du pays rapidement ou
« lentement progressives, stationnaires ou rétrogra-
« des, le pouvoir de donner de l'ouvrage et de bons
« salaires aux classes ouvrières doit toujours rester
« le même. Cette assertion contredit les principes les
« plus simples de l'offre et de la demande, et renferme
« implicitement cette proposition absurde, qu'un ter-
« ritoire limité peut nourrir une population illimitée. »

Certes, vous n'iriez pas jusqu'à dire, comme Malthus :

« Que chacun en ce monde réponde de soi et pour
« soi. Tant pis pour ceux qui sont de trop ici-bas !
« On aurait trop à faire, si l'on voulait donner du
« pain à tous ceux qui crient la faim : qui sait même
« s'il en resterait assez pour les riches ! »

Mais vous concluriez comme lui :

« Il faut désavouer publiquement le prétendu droit
« des pauvres à être entretenus aux frais de la so-
« ciété... La cause principale et permanente de la
« pauvreté a peu ou point de rapport avec la forme
« du gouvernement ou avec l'inégale division des
« biens ; il n'est pas en la puissance des riches de
« fournir aux pauvres de l'occupation et du pain.
« Et, en conséquence, les pauvres, par la nature
« même des choses, n'ont nul droit à leur en de-
« mander. »

Les sectateurs de Malthus trouvent que ces lignes
sont irréfutables. Certes, je comprends bien l'esprit
qui les a dictées, mais je ne comprends pas la valeur
des arguments. Il est évident qu'un territoire limité
ne peut nourrir une population illimitée. Si donc la
population de France était arrivée au maximum de
densité ; si tout notre sol était aussi bien cultivé qu'il
peut l'être, je comprendrais qu'on pût dire : il n'y a
plus de place disponible sur la terre de France. Mais
d'abord nous n'en sommes pas là ; ensuite, resterait
toujours la colonisation extérieure. Une comparaison

n'a jamais été un argument, à plus forte raison une comparaison mal choisie.

Je dis que la société doit et peut entretenir les invalides et les infirmes, à tout prix ; je dis qu'elle doit et qu'elle peut fournir à tous les valides les moyens de vivre en travaillant, c'est-à-dire les moyens de se nourrir et de s'entretenir eux-mêmes, et qu'en agissant ainsi elle fera une excellente spéculation. Il est démontré que le travail d'un homme peut suffire aux besoins de quatre individus, que le travail de cent hommes, convenablement dirigé, correspond aux besoins de mille. Il faut bien que chaque travailleur produise plus qu'il ne consomme, puisque le travail de quelques-uns nourrit aujourd'hui la société entière, alimente les dépenses publiques, les revenus et les prodigalités des riches, puisque des entrepreneurs trouvent intérêt à employer des salariés. Si toute richesse procède du travail, faire travailler ceux qui ne travaillent pas, c'est donc augmenter la masse générale de la richesse: comment, dès lors, la société en s'enrichissant, s'appauvrirait-elle?

On dit que le travail possible dépend du capital existant, et que ce capital est limité. Pure pétition de principe ! Tout capital provient du travail et de la terre. Eh bien, tant que la terre ne manque pas, il est facile d'augmenter le capital en augmentant le travail. Dire qu'il n'y a pas assez de capital pour alimenter le travail, n'est-ce pas dire, en définitive, qu'*il faudrait d'abord faire travailler,* afin de *pouvoir faire travailler?*

Donnons donc de l'ouvrage à tous les hommes sans emploi ; dirigeons le travail des uns vers la production agricole, si ce sont les denrées qui manquent ; le travail des autres vers l'industrie, si les produits manufacturés sont insuffisants ; demandons les avances nécessaires aux capitalistes par voie d'emprunt, s'il le faut, demandons-les plutôt à de nouvelles sources de revenus, et ces avances, loin d'être anéanties à tout jamais, reparaîtront dans les résultats du travail, mais singulièrement augmentées. De la sorte, les travailleurs pourront vivre sans être à charge à personne, pas même à la société ; ils payeront l'intérêt du capital avancé, ils consacreront chaque année une partie des produits à l'amortissement ou au remboursement de leurs dettes, ils augmenteront la masse des subsistances et des capitaux disponibles, contribueront à l'accroissement de la richesse générale, faciliteront une capitalisation nouvelle qui pourra être destinée à faire de nouvelles avances, et ainsi de suite à tout jamais.

Les sommes consacrées à payer un travail stérile, sont à jamais perdues ; mais les sommes consacrées à des travaux productifs, sont des avances fécondantes qui enrichissent la société au lieu de la ruiner. Tout dépend donc de la destination qui sera donnée aux **capitaux dépensés.**

Disciples de Malthus, il ne s'agit point de réduire le nombre des hommes à la quantité présente des subsistances ; mais il s'agit d'élever les subsistances au niveau des besoins, ce qui n'est aucunement impossible. Et alors on pourra retourner ainsi la fameuse sentence de votre maître :

Il y aura toujours place pour tous au banquet de la nature, et la table pourra être somptueusement servie, si les hommes savent tirer parti de toutes les forces dont ils disposent, de leur intelligence, de leur activité, des instruments de travail et de l'inépuisable fécondité de la terre. Ce qui cause la misère, c'est le désordre, c'est l'injustice, c'est le gaspillage des ressources, c'est notre ignorance ou notre incurie, ce sont les abus de toutes sortes, ce sont nos lois vicieuses, ou incomplètes. La terre, notre mère commune, est assez féconde pour nourrir tous les enfants des hommes, sans qu'ils soient réduits à se disputer les aliments ou à se dévorer les uns les autres. Il dépend de nous de la couvrir de fruits et de moissons ; de faire couler assez de lait pour tous de ses intarissables mamelles ; de multiplier indéfiniment nos moyens de jouissances ; de transformer chacun de nos semblables en coopérateur utile, en créateur de richesses ; de faire produire à chaque individu trois fois plus qu'il ne consomme ; de réaliser un état social où chaque citoyen pourrait développer librement et pleinement toutes ses facultés, où chaque nouveau-né serait accueilli avec des cris de joie et d'espérance, comme un surcroît de capital vivant, comme un élément nouveau de prospérité et de bonheur !

Les Malthusiens vont crier à l'utopie, ils se hâteront de protester, avec leur maître, « contre toute opinion sur la perfectibilité probable de la société qui ne serait point justifiée par l'expérience du passé. »

Eh ! de tout temps, au nom du passé et de l'expérience, on a protesté contre l'avenir, contre les théories et les idées nouvelles, contre les inventions et les découvertes, contre les réformes et les innovations sociales ! On a protesté contre la boussole et l'imprimerie, contre la poudre à canon et la vapeur, contre les chemins de fer et la télégraphie, contre les miracles de la science et de l'industrie modernes. Au nom de l'expérience, les sauvages de l'Amérique protestaient contre l'artillerie des Européens qui les foudroyait ; au nom de l'expérience, les premiers habitants de notre planète avaient protesté d'avance sans doute contre tout ce qui a été expérimenté depuis des milliers d'années. On a protesté contre Socrate et contre Platon ; Caïphe a protesté contre Jésus, le paganisme contre les idées chrétiennes. On a protesté contre l'émancipation des esclaves et des serfs, comme on proteste aujourd'hui contre l'émancipation des salariés. On a protesté contre Colomb et contre Galilée, contre la réformation, contre la révolution française et contre tout ce qui s'est fait de grand sur la terre ;

et l'on protestera encore et toujours, ce qui n'empê-
chera jamais le monde de marcher, le progrès de
gravir la spirale infinie, l'humanité d'accomplir ses
glorieuses destinées!

Les économistes retardataires peuvent donc protester à leur aise contre le socialisme... leur protestation
vaudra ce qu'ont valu toutes les protestations con-
signées dans l'histoire. Nous n'avons pas besoin de
nous en occuper davantage.

# CHAPITRE XVI.

## RÉSUMÉ.

Dans ce livre écrit sous l'impression des événements récemment accomplis, je n'ai point eu la prétention d'exposer une théorie scientifique de l'organisation du travail. J'ai voulu seulement, en me
plaçant au point de vue de l'actualité, en tenant
compte de tous les intérêts contemporains, de tous
les obstacles physiques et moraux, chercher ce qu'on
pouvait faire, dès aujourd'hui, pour améliorer le sort
de la population ouvrière, pour fournir à tout individu le moyen de vivre en travaillant, pour préparer
la transition progressive et pacifique du régime économique actuel, que je considère comme mauvais, à

un régime meilleur que nous invoquons tous. J'ai voulu indiquer quelles réformes sociales sont présentement possibles.

Néanmoins ce travail présente un certain ensemble, et je dois dire qu'il a été conçu d'après des idées arrêtées, d'après des idées systématiques, si l'on veut, que j'ai développées plus longuement dans ma *Répartition des richesses*.

J'ai dit ailleurs et je crois avoir démontré que la misère a pour causes principales :

1º La déperdition de forces vives, en hommes et en capitaux ;

2º Le désordre économique : l'absence de toute organisation industrielle, le défaut d'équilibre entre la production et la consommation, l'hostilité de tous les intérêts, la concurrence dépréciative ;

3º L'injustice dans la répartition des produits : la prépondérance exercée par le capital, lequel perçoit sur le travail de nombreux tributs, sous les noms de *rente de la terre*, d'*intérêts cumulés*, de *profits industriels*, de *bénéfices commerciaux*, de *courtages* et de *primes de spéculation*, etc. ; enfin, le salariat, qui proportionne la rétribution de l'ouvrier aux strictes nécessités de la vie, et qui lui enlève toute sécurité pour le présent et pour l'avenir.

Pour réagir contre ces causes efficientes de la misère, je propose :

1º L'emploi de toutes les forces et de tous les capitaux disponibles, soit à la production agricole, soit à la production manufacturière. Je demande la fondation de quatre-vingt-six colonies qui seront à la fois des ateliers permanents de travail et des écoles modèles d'agriculture ; qui absorberont la population exubérante des villes, et qui retiendront dans les campagnes ces paysans qui affluent dans les cités pour y chercher de l'emploi, pour y solliciter des places de laquais. Si l'on avait su rendre la vie des champs attrayante et lucrative, on ne verrait pas les campagnards déserter l'agriculture pour se porter vers les professions industrielles où déjà les bras surabondent, où chaque jour la mécanique remplace et rend superflu le travail humain. Les colonies l'emporteront certainement sur les petites villes comme centres d'attraction, car on y trouvera tous les charmes de la vie de cité ; elles deviendront des foyers de lumières, de civilisation et de liberté ; elles formeront de véritables républiques où régneront l'abondance par le travail, et le bonheur de tous par l'égalité et la fraternité ; elles feront hausser le taux général des salaires.

2° Je demande une organisation transitoire du travail. Je demande qu'on vienne au secours de l'industrie en détresse, qu'on fournisse aux industriels des capitaux à bon marché ; mais qu'on stipule en faveur des ouvriers des garanties positives, un droit de participation dans les bénéfices, en dehors du salaire actuel.

Je demande qu'on forme, sous la protection de l'État, des ateliers modèles, dans lesquels la solidarité des intérêts sera réalisée, la concurrence abolie et remplacée par la coopération émulative, l'association substituée au salariat, l'exploitation par les intermédiaires écartée, l'équilibre de la production et de la consommation maintenu.

Je demande qu'on encourage, qu'on favorise les associations d'ouvriers, qu'on mette le crédit de l'État au service des associés, pour les délivrer des entrepreneurs, des marchandeurs et des spéculateurs, pour leur permettre de recueillir directement tous les fruits de leur travail. Les ouvriers pourront alors ajouter à leurs salaires tout le montant des profits et des bénéfices actuels, et leur condition sera améliorée sans que le prix des produits soit en rien augmenté pour les consommateurs.

Je demande qu'on établisse des ateliers pour les femmes, dans toutes les grandes villes, qu'on donne à ces ateliers toutes les fournitures des administrations publiques, toutes les commandes de l'État; je demande que les femmes et les filles du peuple puissent désormais vivre de leur travail, sans avoir besoin de chercher dans le déshonneur un supplément de salaire.

Je demande qu'on en finisse avec le scandale des adjudications publiques, et qu'on réserve pour les ouvriers associés tous les grands travaux de l'État;

qu'on constitue un corps d'officiers et de sous-officiers du génie civil, qui aura pour mission de diriger et d'instruire les travailleurs.

3° Je demande qu'on régularise les échanges, qu'on introduise la loyauté, la vérité dans les relations commerciales, qu'on simplifie les frais, qu'on réduise le nombre des intermédiaires. Je demande qu'on fonde, dans l'intérêt des producteurs et des consommateurs, des entrepôts et des bazars, et qu'on pose les bases du crédit réel.

4° Je demande une organisation puissante du crédit par l'Etat, la création de banques nationales destinées à distribuer sur tous les points de la République le crédit industriel, le crédit commercial, et même le crédit moral en faveur des associations d'ouvriers, à régulariser la circulation des capitaux et à faire baisser sensiblement le taux de l'intérêt. Je demande que l'Etat se réserve le privilége de battre monnaie et encaisse les profits du monnayage.

5° Je demande, dans l'intérêt des cultivateurs et des propriétaires, la constitution du crédit agricole, immobilier et mobilier, réel et moral ; la réduction de l'intérêt, le rachat des dettes hypothécaires, le remboursement par annuités, l'extirpation de l'usure, la suppression des frais de procédure et de chicane, de toutes les formalités inutiles et dispendieuses.

6° Je demande qu'on facilite l'accession des travailleurs à la propriété, par la division des titres plutôt que par le morcellement du sol ; je demande qu'on encourage la grande culture par association et les remembrements territoriaux.

7° J'indique comment, dans l'avenir, la société pourra facilement racheter le sol, et abolir définitivement la rente de la terre ;

Comment, dès aujourd'hui, il serait possible de racheter la dette nationale, de racheter les chemins de fer, les canaux et les mines.

8o Je demande qu'on bâtisse pour les familles d'ouvriers des hôtels économiques.

9° Enfin, je demande qu'on organise des armées industrielles, qu'on transforme nos jeunes soldats en producteurs, qu'on leur enseigne un métier et que l'on complète leur éducation.

Tous ces divers projets pourraient être réalisés, sans qu'il fût nécessaire d'imposer aux contribuables de nouveaux sacrifices, de recourir aux emprunts, de prendre un centime sur les recettes qui alimentent le budget.

C'est avec le prix des services rendus à toutes les classes de citoyens, et notamment aux classes riches, que je voudrais émanciper et enrichir les travailleurs.

Si ces projets étaient adoptés et appliqués dans leur ensemble, non-seulement le sort de la classe ouvrière serait efficacement amélioré, en peu d'années, mais encore les ressources du trésor public se trouveraient augmentées de plusieurs centaines de millions.

Ces réformes respectent tous les intérêts acquis, du moins tous les intérêts légitimes. Au lieu d'ébranler notre vieille société, elles la consolident, mais en la transformant par degrés et en détruisant les abus ; enfin, elles ouvrent une large voie à la civilisation nouvelle, et rendent les révolutions violentes à jamais inutiles, c'est-à-dire à jamais impossibles.

Une seule classe se trouve indirectement atteinte dans ses priviléges : c'est celle des oisifs et des parasites. Mais le privilége d'oisiveté dont jouissent quelques individus, est-il tellement sacré qu'il faille le maintenir à tout prix, même aux dépens de l'existence des travailleurs, même au risque de voir éclater les orages d'une révolution sociale? Je ne le pense pas. — D'ailleurs, cette classe des oisifs n'est aucunement attaquée soit dans la propriété de ses immeubles, soit dans la propriété de ses capitaux : elle en conserve la libre disposition et la jouissance. Seulement, nous ne voulons pas qu'elle s'en serve pour exploiter le travail d'autrui ; et c'est pourquoi nous demandons que l'État commandite directement les travailleurs, afin de réduire le taux de l'intérêt, afin de rendre l'intervention des capitalistes, des intermédiaires et des spéculateurs complétement superflue.

Du reste, aux bienfaits de nos réformes nous convions toutes les classes de la société sans exception aucune. Si les oisifs veulent se faire producteurs, il leur sera libéralement fourni des capitaux et des instruments, et l'État mettra son crédit à leur disposition ; mais tout appui leur serait refusé, s'ils se proposaient encore de faire travailler à leur profit exclusif des salariés ou des pauvres, car l'État ne veut encourager ni la spéculation, ni l'exploitation, ni le développement de la misère.

On remarquera que pour l'exécution de ces projets divers, je demande à l'État de faire des AVANCES PRODUCTIVES, et non pas des *dépenses stériles ou ruineuses*. Toutes les sommes prêtées soit aux colons, soit aux industriels, soit aux ouvriers associés, soit aux propriétaires, soit aux cultivateurs, etc., etc., sont consacrées à la production, incessamment capitalisées, et portent *intérêt*.

Cet intérêt viendrait s'ajouter chaque année aux produits des banques commerciales et agricoles, des entrepôts et des bazars, des assurances, etc., etc., de sorte que les ressources iraient toujours croissant et se multipliant de plus en plus. L'État, loin de s'être appauvri en entreprenant toutes ces grandes réformes, aurait créé un capital immense, donnant d'immenses revenus, aurait généralisé l'aisance et le bien-être, extirpé la misère, augmenté la richesse générale, avivé toutes les sources de l'impôt, remboursé ses dettes. Dès lors, il se trouverait en mesure de réduire progressivement toutes les contributions, d'abaisser indéfiniment et de ramener à zéro le taux de l'intérêt, de donner à l'industrie, aux sciences et aux beaux-arts un essor prodigieux, de transformer la société et de changer la face du monde. Au siècle d'airain, au siècle d'argent plus dur que le siècle de fer, succéderait enfin une ère nouvelle, l'ère de l'abondance, de la paix, de la fraternité, l'ère du bonheur pour tous, l'ère que les socialistes ont entrevue dans leurs rêves et qu'ils ont essayé de décrire dans leurs utopies.

Saint-Simon a dit vrai : « L'âge d'or est devant nous. » L'avenir réserve à notre postérité des splendeurs et des magnificences dont nous ne saurions nous faire aujourd'hui l'idée.

L'humanité est jeune et pleine de sève, quoi qu'en disent les vieillards et les sceptiques, et devant elle, elle a l'infini. Ce qu'elle désire s'accomplira tôt ou tard, soyons-en sûrs, car nos désirs ne sont que des prophéties ; un temps viendra où toutes nos espérances d'aujourd'hui seront réalisées et dépassées. — Mais quand ? Dans des siècles, peut-être ; et d'ici là, combien faudra-t-il encore de générations pour épuiser la coupe du malheur ? — Ne perdons pas courage : l'humanité avance à pas lents, parce qu'elle est éternelle, mais elle avance toujours, en dépit de tous les obstacles. Le présent est triste, bien triste, sans doute ; mais consolons-nous, l'avenir sera meilleur. Vivons dans le futur par l'espérance, comme nous vivons dans le présent par la douleur, dans le passé par le souvenir ; puis faisons notre devoir comme ont fait nos pères, travaillons pour ceux qui viendront après nous, et jouissons par la pensée du bonheur que nous aurons préparé.

## CHAPITRE XVII.

### CONCLUSION.

Chaque siècle a sa mission à accomplir; chaque génération suffit à son œuvre.

Nous avons à constituer une nouvelle philosophie, une nouvelle politique et une nouvelle économie sociale : voilà la tâche du dix-neuvième siècle.

Notre époque présente ce singulier spectacle, ou plutôt cette étrange anomalie, que les institutions ne correspondent aucunement aux besoins actuels, aux idées, aux sentiments, aux intérêts de la civilisation moderne.

Il est évident que ce qui existe ne saurait durer longtemps. Notre vieille société chancelle sur ses bases, elle a perdu son aplomb et son équilibre; il n'est pas de restauration qui puisse la préserver de la ruine. Chacun sent aujourd'hui qu'une transformation est inévitable dans un avenir prochain; et ce sentiment général, qui est la force invincible et mystérieuse de la révolution, entretient l'anxiété dans les esprits et donne à tout ce qui se fait de nos jours un caractère

inexprimable de faiblesse et d'indécision. Les plus timides se rattachent instinctivement à ce qui est, moins
par conviction que par frayeur de l'inconnu; mais il
n'est pas un seul esprit doué de quelque pénétration
ou de quelque profondeur, qui puisse croire sérieusement à la durée de notre désordre social.

Il va s'accomplir dans le monde de grands événements que nulle puissance humaine ne saurait empêcher. Les sociétés modernes ont absolument besoin
d'être régénérées : voilà ce que tout le monde comprend. Mais comment cette régénération s'accompli-
ra-t-elle? Nul ne le sait, et c'est précisément là ce qui
tient tout en suspens, ce qui fait que la confiance ne
se rétablit pas.

Ce n'est pas seulement la France, c'est l'Europe entière qui s'agite et qui tressaille au pressentiment d'un
ordre nouveau. La Révolution de Février n'a été que
le prologue du drame solennel qui va se dérouler sous
nos yeux, et dont le dénoûment est inconnu. La
France est entrée la première en scène, mais tous les
autres peuples vont prendre part à l'action.

Croire que l'agitation ne sera que momentanée,
c'est se tromper étrangement et sur les causes et sur
l'intensité de la crise sociale. La chute de Louis-Phi-
lippe a contribué à précipiter la catastrophe; mais ce
qui arrive aujourd'hui serait arrivé infailliblement
dans quelques années, quand bien même la dernière
révolution aurait avorté.

C'est une société qui s'écroule, il ne faut pas s'y tromper. L'ordre, le calme et la confiance ne renaîtront que lorsque la société nouvelle aura trouvé sa forme et son assiette ; que lorsque nous aurons mis définitivement nos lois, nos mœurs et nos institutions en complète harmonie avec les destinées des peuples modernes, avec les aspirations, les sentiments, les principes et les idées qui font battre aujourd'hui tous les cœurs, qui passionnent toutes les intelligences ; avec les nécessités de l'industrie, qui doit être désormais l'objet principal de l'activité humaine, la source de la prospérité, de la dignité et de l'indépendance des peuples, la condition nécessaire de tout développement physique, intellectuel et moral.

En morale ou en philosophie, tous les dogmes anciens ont été ébranlés, puis détrônés.

Jusqu'ici, on s'était surtout efforcé de persuader aux hommes qu'ils avaient été maudits dans la personne de leur premier père, qu'ils avaient été condamnés au malheur. On expliquait ainsi l'origine et la nécessité du mal, puis on prêchait aux malheureux la résignation dans la souffrance ; on leur disait que la douleur était un moyen de réhabilitation et de salut ; on leur offrait en perspective les joies de la vie future, pour les consoler de l'injustice en ce monde, et pour leur faire prendre patience dans la misère.

Le dogme de la résignation pouvait convenir aux sociétés pauvres, faibles et ignorantes ; mais il ne serait plus accepté aujourd'hui. Sans doute, il faut savoir se résigner, quand on ne peut mieux faire ; mais la résignation est aussi la vertu des moutons et des esclaves. Au nom de Dieu et au nom de l'humanité, il faut réagir contre cette théorie de la douleur et de la résignation qui n'est même plus pratiquée par ceux qui la prêchent ; contre cette théorie qui a pu consoler les pauvres dans un temps où il eût été difficile de créer des richesses pour tous, mais qui a servi à perpétuer l'esclavage et l'injustice parmi les hommes. Jusqu'ici, c'est par le courage que les opprimés ont conquis leurs droits ; c'est à dater du jour où ils ont cessé de se résigner, que les esclaves sont devenus libres. Les hommes n'admettent plus aveuglément aujourd'hui le mystère de la chute. Ils ne comprennent pas en vertu de quel principe de justice le crime d'Adam serait à tout jamais puni dans sa postérité, surtout après qu'il y a eu rédemption ; ils ne comprennent pas pourquoi, si nous devons tous être solidaires de cette première faute, la terre serait une vallée de larmes pour les uns, tandis qu'elle est pour les autres un séjour de joies et de délices. Quant aux récompenses de l'autre vie, il est probable qu'elles seront le prix du véritable mérite, du mérite agissant, et non pas de la résignation stérile ; il est probable qu'elles seront proportionnées aux services que nous aurons rendus à nos frères, à l'humanité, et nonpas proportionnées à la patience dont nous aurons fait preuve sous le joug de la servitude et de la pauvreté. Dieu veut être glorifié par des actes et non par des litanies! Hommes du peuple, agissez, travaillez, et vous triompherez du mal et de la misère.

Non, l'espèce humaine n'a point été condamnée au malheur à tout jamais ; non, la terre n'a pas été maudite et frappée de stérilité ; non, il n'y aura pas toujours des pauvres et des déshérités parmi nous : J'en atteste la bonté et la puissance de Dieu ! La cause du mal, c'est l'ignorance et non pas la science ; c'est la science au contraire, qui mettra fin au règne de Satan, au règne du mal et des ténèbres, et qui fera de nous, je ne dis pas des dieux, mais des hommes.

Voici le dogme nouveau qu'enseignent les prophètes de notre siècle. Ce n'est plus le dogme du malheur et de la résignation ; c'est le dogme du bonheur, du courage et de l'espérance, le dogme vraiment divin :

L'homme, dernier produit de la création, chef-d'œuvre que l'artiste éternel s'est complu à parfaire à son image, a été placé sur la terre pour y accomplir une magnifique destinée. Le globe lui a été donné en apanage comme un domaine à gouverner et à embellir (*ut operaretur et custodiret eum*, dit Moïse), et en même temps comme un vaste théâtre sur lequel il pût développer librement et pleinement les admirables facultés qui lui ont été départies.

Ministre et représentant de Dieu ici-bas, l'homme doit donc continuer l'œuvre et seconder les volontés du Créateur dans le gouvernement de la terre; il doit en outre, perfectionner sans cesse sa propre nature, élargir progressivement la sphère de son intelligence, le cercle de ses affections, le champ de son activité bienfaisante. — C'est la condition de son bonheur, car c'est la loi de Dieu.

Cette loi, qui a pour sanction inévitable la souffrance ou le plaisir, selon qu'on la viole ou que l'on s'y conforme, elle nous est clairement révélée par nos aspirations, par les tendances permanentes de notre nature, par notre organisation même; elle nous sollicite à être heureux par une puissance d'attraction irrésistible.

Et le bonheur vers lequel nous sommes invinciblement attirés, consiste dans le développement progressif et harmonique de toutes nos facultés, dans la satisfaction de plus en plus complète de tous nos désirs et de tous nos besoins légitimes.

Ainsi, nos désirs et nos besoins, d'une part; nos facultés, de l'autre, voilà les mobiles et les moyens qui nous ont été donnés pour accomplir notre destinée. En nous plaçant sur cette planète féconde dont il nous a confié l'empire, en nous douant d'activité, de sympathie, d'intelligence, le Créateur nous a rendu le bonheur possible; car il dépend de nous de réaliser l'ordre et l'abondance, la justice et la fraternité, de donner un plein essor à nos facultés et à nos affections.

Le dogme de la douleur ne correspond donc plus à nos croyances.

Il faut aussi que la politique se transforme.

La révolution de 1789 a été le dernier mot, la conclusion de la philosophie critique du dix-huitième siècle : elle a beaucoup détruit, mais elle a peu fondé, quoi qu'on en dise. Les réformateurs de ce temps-là ont supprimé les abus les plus criants de l'ancien régime, aboli les priviléges politiques de la noblesse, porté le dernier coup à l'ancienne féodalité, renversé les barrières légales qui séparaient en trois castes bien tranchées les différentes classes de citoyens ; ils ont émancipé les aînés du tiers état ; ils ont même modifié à certains égards la constitution économique, en substituant au système vicieux des corporations et des maîtrises le système négatif et non moins vicieux de la concurrence et du laisser faire ; ils ont enfin fait disparaître de choquantes exceptions et soumis tous les citoyens aux mêmes lois, au régime du droit commun, etc... mais ils n'ont point changé le fond même, l'esprit des institutions sociales. Ils ont fait des riches les égaux en droit des nobles ; mais ils n'ont point fait des pauvres les égaux des nobles et des riches. Ils ont, il est vrai, posé les bases d'une réforme organique complète, en proclamant les grands principes de liberté, d'égalité, de fraternité ; mais ils ont laissé à leurs successeurs le soin de réaliser ce programme, de constituer la société de l'avenir.

Nous avons à continuer l'œuvre de nos pères, interrompue par les dissensions et par les guerres de la première République, par la dictature militaire de l'Empire, par les tendances réactionnaires de la Restauration, par la politique du dernier règne ; nous avons à reprendre la réforme sociale au point où les hommes de la Convention l'ont laissée. Les premiers révolutionnaires ont beaucoup détruit : notre tâche, à nous, est de tout organiser. Nous avons à appliquer, et dans l'ordre moral, et dans l'ordre politique, et dans l'ordre économique, ces grands principes qu'ils ont eu le temps à peine de proclamer, et qui sont restés jusqu'ici à l'état de théorie et de pure abstraction. Ce n'est pas tout de reconnaître et de constater des droits solennels : il faut en garantir le plein exercice, en assurer la libre jouissance à chaque membre de la société. Or, en cela, tout est à faire.

La révolution commencée il y a plus d'un demi-siècle et qui a si fort ébranlé le monde, n'est point encore définitivement accomplie, il s'en faut grandement. Elle en est toujours à la première phase, à la phase critique, et l'œuvre de décomposition se poursuit de nos jours. Depuis lors, nous vivons toujours dans le provisoire ; nous nous débattons au milieu de l'incohérence des idées et de l'opposition violente des intérêts, au milieu du désordre moral, politique et économique. Il est bien évident que l'ordre ancien n'a pas encore été remplacé par un ordre nouveau ;

et rien ne le prouve mieux que tous les ébranlements que nous avons ressentis depuis soixante années. 1830 est une vibration affaiblie de la grande secousse de 1789 ; 1830 nous a fait regagner une partie du terrain perdu sous l'empire et sous la restauration ; 1830 a couronné et consacré le triomphe définitif des privilégiés du tiers état ou de la bourgeoisie.

La Révolution de 1848 a un tout autre caractère ; elle porte l'empreinte manifeste des idées de ce siècle. Le peuple ne s'est pas contenté de demander des droits politiques égaux à ceux dont jouissaient les nobles et les riches : il a demandé des réformes sociales, le droit au travail, l'association ou l'abolition du salariat et de l'exploitation de l'homme par l'homme. Entre le noble et le bourgeois enrichi de 1789, il n'y avait que le privilége du sang ; et quand ce privilége a été aboli, l'égalité de droit et de fait s'est trouvée réalisée. Mais entre le capitaliste et le salarié, il y a autre chose que le privilége du sang ou de la race. Pour faire ces deux hommes égaux, il ne suffit pas d'écrire dans la loi le principe d'égalité, car l'un est riche et l'autre est pauvre ; l'un fait travailler et l'autre travaille ; l'un est subordonné et est forcé d'obéir, l'autre est maître et commande ; l'un produit sans avoir les moyens de consommer, l'autre consomme sans avoir la peine de produire ; l'un va toujours s'appauvrissant, l'autre s'enrichissant de plus en plus aux dépens du premier. Ici le privilége est bien réel et non pas seulement nominal. Pour faire disparaître l'inégalité entre les deux classes, il ne suffit pas de brûler, dans un moment d'enthousiasme, des titres honorifiques et des parchemins sans valeur ; il ne suffit pas d'inscrire une simple déclaration dans le préambule d'une Charte : Il faut changer l'esprit de nos lois et de nos institutions ; il faut modifier profondément et le régime politique et le régime économique ; il faut, en un mot, donner au salarié le *moyen* de devenir l'égal du capitaliste, de devenir propriétaire, le moyen de travailler et de jouir du fruit de son travail.

Tous les arguments dont le tiers état s'était servi pour battre en brèche les priviléges de la noblesse, le peuple, dans son inflexible logique, les retourne contre la bourgeoisie. « Vous avez, dit-il, détruit l'ancienne féodalité, et vous avez eu raison : à notre tour, nous voulons détruire la féodalité moderne. Nous sommes le tiers état du xix<sup>e</sup> siècle, et nous sommes bien décidés à devenir quelque chose, à conquérir positivement la liberté, l'égalité et la fraternité. C'est pourquoi nous demandons une réforme sociale. »

A dater de ce jour, le mouvement révolutionnaire entre dans sa seconde phase, dans la phase organique. Mais, encore une fois, la société ne retrouvera son aplomb et son équilibre ; l'ordre, le calme et la confiance ne renaîtront, que lorsque cette seconde évolution, c'est-à-dire que lorsque la réforme sociale sera accomplie, lorsque nos lois, nos mœurs et nos institutions seront en complète harmonie avec les nouvelles destinées de la civilisation moderne, avec les croyances, les idées, les sentiments et les intérêts aujourd'hui dominants.

Il faut donc changer de politique en même temps que nous allons changer de constitution. Maintenant qu'il n'y a plus d'intérèt dynastique opposé à l'intérèt général; maintenant que le pouvoir dépend et relève du peuple; maintenant que l'État c'est nous tous, c'est la société même, le gouvernement ne doit plus être considéré comme un obstacle ou comme un ennemi. Il faut que l'autorité, de neutre et de passive qu'elle était, devienne agissante, prenne l'initiative des réformes et la direction du mouvement industriel, aide et protége les faibles, intervienne sans cesse au nom de l'intérèt général et de la justice, au nom du progrès social et au nom de l'humanité.

Et il faut aussi changer d'économie politique.

Le règne de l'économie négative, le règne du laisser faire est passé et passé sans retour. La fausse science a été détrònée et condamnée en même temps que l'ancienne philosophie et que la politique de résistance.

L'économie négative a créé le *paupérisme* !

Le paupérisme, fléau d'origine récente, est la conséquence forcée du salariat et de la concurrence, de la condition nouvelle faite aux classes laborieuses, dans ce régime maudit qu'on a faussement appelé régime de la liberté du travail.

De tout temps on avait connu la pauvreté accidentelle. Mais autrefois la pauvreté recrutait ses sombres légionnaires parmi les infirmes ou les invalides, parmi les fainéants ou les débauchés, parmi ceux qui étaient hors d'état de travailler ou qui refusaient volontairement de travailler. — Aujourd'hui, le paupérisme recrute parmi les ouvriers valides, honnêtes, laborieux, parmi les travailleurs sans emploi de l'agriculture et de l'industrie.

Le paupérisme n'est point, comme la pauvreté ordinaire, le résultat de la paresse, de la débauche, des infirmités ou de la maladie, et dans tous les cas un état exceptionnel parmi les hommes du peuple. — Le paupérisme, c'est la misère devenue chronique et héréditaire; c'est l'état normal et permanent du salarié sans ouvrage et même de celui qui travaille; c'est le triste sort fatalement réservé aujourd'hui aux ouvriers de toutes les nations industrieuses, et surtout des nations opulentes. — Paupérisme! le mot et la chose, la fausse science qui a propagé ce virus après l'avoir produit, tout est d'importation anglaise.

L'économie négative, c'est la théorie scientifique de la misère, l'art d'enrichir les riches et d'appauvrir le pauvre, d'immoler des millions d'êtres vivants au Moloch de la spéculation et de l'industrialisme, de sacrifier le bonheur de tous au faste insolent d'une imperceptible minorité.

La France, disent certains économistes, ne produit pas assez pour nourrir tous ceux qui ont faim, pour habiller tous ceux qui sont en guenilles. Vous auriez beau répartir autrement le revenu annuel, que vous n'arriveriez pas à donner à tous une médiocre aisance, que vous ne feriez qu'appauvrir tout le monde.— J'avoue que je ne comprends pas comment on appauvrirait les plus pauvres en augmentant leurs revenus; mais peu importe, ce n'est point de cela qu'il s'agit. —Je dis que si la France est pauvre, il faut augmenter la production, faire travailler ceux qui ne travaillent pas et qui demandent de l'ouvrage à grands cris ; je dis qu'il faut créer assez de subsistances et assez de produits manufacturés, pour nourrir et pour habiller toute la population.

— On produit trop, disent les autres. Ce sont les débouchés ou les consommateurs qui font défaut : il faut encourager l'exportation.

Épouvantable cercle vicieux !

Par le salariat, on réduit systématiquement à la misère les 7/8 de la population, puis l'on s'étonne de ne pas trouver de débouchés, de manquer de consommateurs !

— Enrichissez donc le peuple de France, faites hausser le prix des salaires, et les consommateurs ne manqueront pas, et vous n'aurez pas besoin de donner des primes à l'exportation, pour fournir aux étrangers le moyen d'acheter à bas prix et de consommer aux dépens de votre budget, des marchandises qu'il serait beaucoup plus simple, beaucoup plus rationnel et beaucoup plus économique de faire acheter et consommer par vos compatriotes. Ce sont là vos consommateurs naturels, qui ne demanderaient pas mieux que d'acheter vos produits, s'ils pouvaient les payer.

Quant aux étrangers, ils achèteront les récoltes spéciales à votre climat, vos vins et vos eaux-de-vie, etc., les objets que vous excellez à produire, comme les articles de fantaisie, de luxe, de goût et de modes; mais il ne faut pas compter sur eux pour les produits communs et de première nécessité.

Voudriez-vous, comme l'Angleterre, faire dépendre des hasards du commerce extérieur le sort de votre population industrieuse? — Je vous dis que tous les marchés du globe ne suffiraient pas pour absorber les produits manufacturés des deux pays; je vous dis que pour lutter contre la Grande-Bretagne, il faudrait d'abord rendre nos ouvriers aussi misérables que les Irlandais, exploiter sans pitié les hommes, les femmes et les enfants; je vous dis qu'il faudrait, en outre, demander au trésor des subventions tous les jours croissantes, puis aller disputer aux Anglais, aux Américains, aux Allemands, tous les chalands de l'univers, finalement entreprendre des expéditions lointaines et des guerres ruineuses, pour conquérir à coups de canon des consommateurs que vous auriez bientôt saturés et ruinés; je vous dis qu'après avoir fait des sacrifices considérables en hommes et en écus, vous vous trouveriez bientôt réduits au point où en est aujourd'hui la Grande-Bretagne, à chercher encore des débouchés nouveaux, à tout prix, sous peine de voir le commerce et l'industrie s'arrêter, les magasins encombrés, et des millions d'individus sans travail et sans pain.

J'espère bien que la France ne s'engagera pas dans cette voie sans issues, dans cette voie pleine de périls et de catastrophes; j'espère bien que nous ne nous ferons pas exploiteurs des faibles, écumeurs des mers, et que nous n'enverrons jamais des flottes pour faire avaler aux Chinois du poison, le tout afin de procurer des débouchés à nos marchands de calicots.

J'espère bien qu'au lieu de donner à nos manufacturiers une subvention qui ne servirait qu'à élever le chiffre de leurs profits, à leur garantir des bénéfices ou tout au moins l'intérêt de leurs capitaux, on consacrera les deniers de l'État à alimenter le travail productif, à payer aux ouvriers de bons salaires, à faire que nos concitoyens puissent devenir consommateurs.

Si l'on veut étendre la consommation, répondent nos économistes, il faut produire à bon marché. Or, toutes les réformes proposées par les socialistes vont directement contre ce but. Ils veulent diminuer la durée du travail, sous prétexte que les enfants, les femmes et tous les ouvriers des manufactures ne sont pas des machines; sous prétexte que le corps a besoin de repos, l'intelligence de culture; ils veulent augmenter le prix des salaires; ils veulent donner du travail aux bras sans emploi, de sorte que les manufacturiers ne pourront plus profiter de l'excès du travail offert pour mettre la main-d'œuvre à la sous-enchère, et pour traiter aux conditions les plus avantageuses, etc., etc.

Les salaires, ô économistes libéraux, c'est Adam Smith, votre maître, qui l'a démontré, agissent sur les prix comme l'intérêt simple, tandis que les profits et les bénéfices agissent comme l'intérêt composé. Si vous voulez produire à bon marché, réduisez donc l'intérêt, les bénéfices, les profits, et non pas les salaires! La diminution des profits rendra la capitalisation plus lente; elle affectera peut-être la consommation des objets de luxe; mais l'augmentation des salaires donnera un essor immense à la consommation des denrées et des marchandises destinées aux besoins des classes les plus nombreuses, à la consommation de tous les objets dont la valeur représente surtout du travail. Augmentez les salaires, et les consommateurs ne manqueront pas, et vous trouverez, en France, des débouchés pour les produits de nos fabriques. Nos ouvriers achèteront du drap pour se vêtir ; ils achèteront les étoffes de Normandie, de Picardie et d'Alsace pour en vêtir leurs femmes et pour en parer leurs filles, etc. — Mais tant que la majorité de nos ouvriers et de nos ouvrières travailleront à vil prix, ne gagneront pas même de quoi assouvir leur faim, la production dépassera toujours, sinon les besoins, du moins les *moyens* de la consommation, et l'industrie sera en proie aux crises permanentes.

En lançant sur le monde le fléau des produits au rabais, l'industrie croyait s'enrichir, et elle s'est suicidée ! — C'est un châtiment mérité ; cela prouve qu'il y a entre tous les intérêts une solidarité nécessaire, et que lorsque même on la nie dans la prospérité, on est forcé de la subir dans la détresse.

Il serait bien temps qu'on en finît une bonne fois avec cette fausse et fatale théorie du bon marché quand même, laquelle n'est que la théorie du travail au rabais, une variante de la théorie de l'enrichissement des riches et de l'appauvrissement des pauvres, de la théorie générale de la misère.

Dans un pays où la majorité de la population vit de salaires et tire du travail tous ses revenus, à quoi aboutit forcément la dépréciation systématique de toute espèce de travail ? — A la hausse des profits et des intérêts, à la domination du capital, à une augmentation relative du revenu des rentiers et de tous ceux qui vivent sans travailler, qui consomment sans produire.

C'est presque toujours contre le travailleur que tourne le bon marché, c'est presque toujours à ses dépens qu'il est obtenu. — *Cherté* et *bon marché* sont des termes relatifs : Que m'importe à moi, travailleur, que le prix des objets baisse de 50 pour 100, si mon salaire ou mon revenu diminue de moitié? Les deux termes de la proportion changent, mais le rapport reste le même, et mon sort n'est aucunement amélioré. Bien au contraire ! mon sort empire, et voici pourquoi :

Pendant que le prix du travail baisse, pendant que le prix de tous les objets manufacturés baisse dans la même proportion, la rente des terres, le prix des denrées agricoles, le prix des loyers, loin de baisser aussi ou de rester stationnaires, vont toujours augmentant de plus en plus. Pour que ma position ne fût pas changée, il faudrait que mon salaire s'élevât en même temps que s'élève le prix de mes dépenses forcées, et c'est précisément le contraire qui a lieu : aussi je deviens chaque jour plus misérable ; chaque jour je suis forcé de travailler davantage et de restreindre ma consommation. Je me ruine, je m'endette, je m'épuise, et je maudis une société dans laquelle on ne peut vivre, même à la condition de travailler sans relâche douze à quinze heures par jour, d'un bout à l'autre de l'année. Et cependant les besoins de toutes sortes se développent avec la civilisation, besoins intellectuels, besoins physiques, besoins de culture, de luxe, de propreté, de vêtements ; il faut que je jeûne pendant trois mois pour acheter un habit, et encore on dira : la preuve que les ouvriers ne sont pas malheureux, c'est qu'ils portent des habits ! — Les pauvres Anglais mendient bien en habit noir, et crèvent de faim en costume de *gentleman*, comme les poëtes ! Cela prouve que la misère est encore plus horrible sous l'habit que sous les haillons.

Vous aurez beau faire baisser tant et plus le prix des objets manufacturés, vous aurez beau augmenter la production jusqu'à l'engorgement ; vous ne ferez pas qu'on puisse jamais, avec zéro, acheter ce qui coûte un centime ! C'est contre des aliments que l'ouvrier échange la presque totalité de son salaire quotidien : or, si vous réduisez encore ce salaire, sous prétexte de produire toujours à meilleur marché, comment voulez-vous que l'ouvrier devienne consommateur et profite de la réduction des prix ? Comment lui persuaderez-vous que ce bon marché, obtenu à ses dépens, lui est avantageux ?

Et quand vous aurez, comme l'Angleterre, réduit le peuple au paupérisme, enrichi le pays au point qu'il soit hors d'état de nourrir sa population ; quand on comptera en France un pauvre sur trois habitants, vous voudrez encore produire à meilleur marché pour trouver au dehors des acheteurs, et vous demanderez au gouvernement une subvention nouvelle pour l'industrie. Il faudra non-seulement garantir aux manufacturiers leurs bénéfices, leurs profits, l'intérêt de leurs capitaux, mais encore il faudra leur rembourser leurs frais de production, leur acheter leurs produits, etc. Mais où prendrez-vous des ressources? Espérez-vous lever un impôt sur les pauvres? où prétendez-vous, enfin, nous conduire avec un pareil système?

Ce n'est pas tout : encore si le salaire, comme l'enseignent les économistes, était proportionné au *minimum de subsistances*, l'ouvrier qui est assez heureux pour avoir de l'ouvrage, pourrait du moins manger selon son appétit!... hélas! il n'en est pas même toujours ainsi. Quand l'offre de bras excède la demande, le salaire tombe au-dessous de ce fatal niveau, et alors l'ouvrier qui travaille, au lieu de manger du pain, est réduit comme l'Irlandais à se contenter de pommes de terre, de cette espèce de pommes de terre que refusent les pourceaux; et quand, par suite de la surabondance de bras, l'ouvrier ne peut trouver d'ouvrage à aucun prix, il serait réduit, si la charité ne venait à son secours, à mourir de faim! —Qu'il meure, s'il est de trop, répondent les économistes, ou bien qu'il mange des brioches : la pâtisserie est *à si bon marché!*

Ah! votre théorie du bon marché ne vaut pas mieux que votre théorie de la concurrence et du laisser faire. Par vos fausses doctrines vous avez voué les travailleurs au paupérisme, et quand ils réclament des améliorations, vous leur dites : Il n'est pas en notre pouvoir de changer l'ordre naturel des choses, et nous ne pouvons rien pour vous. Il fallait faire des économies et les placer à la caisse d'épargne ; il fallait vous enrichir et devenir capitalistes ! Mais vous avez voulu jouir de la vie ; vous avez voulu prendre femme, avoir des enfants, connaître les douceurs de la paternité, au lieu de rester célibataires, comme si le pauvre avait le droit d'aimer, comme si le mariage n'était pas pour lui un acte manifestement immoral (Malthus) ! Vous avez manqué de prévoyance ; vous n'avez pratiqué ni l'économie ni la contrainte morale : tant pis pour vous ! — « Que chacun réponde de soi et pour soi. Vous êtes de trop ; la nature vous commande de vous en aller, et elle ne tardera pas à mettre elle-même cet ordre à exécution ! »

L'économie impitoyable des fatalistes est bien digne de la politique du laisser faire, de la morale de la résignation, de la philosophie du malheur.

En attendant la Constitution définitive de la République nouvelle, de la société de l'avenir, il faut, sans délai, garantir à chacun de nos frères l'existence par le travail et les joies de l'existence ; et il faut en même temps poursuivre l'anéantissement de tous les priviléges et de tous les abus, la réparation de toutes les injustices.

Ah ! l'homme a véritablement un courage surprenant, une longanimité que rien ne lasse, et, bien que ses facultés soient bornées, il semble néanmoins pouvoir souffrir à l'infini. Voilà six mille ans qu'elle dure cette passion lamentable du peuple des travailleurs; voilà six mille ans qu'il porte sa croix, pliant sous le faix, arrosant de ses sueurs, de ses larmes et de son sang les pierres du chemin! Quand donc aura-t-il fini de souffrir? quand enfin le sacrifice sera-t-il consommé? quand viendra le jour de la rédemption?

Mais c'est pour nous qu'il travaille et qu'il souffre depuis si longtemps, pour nous, hommes des classes privilégiées : — c'est à nous de le délivrer. Oui, c'est à nous, fils aînés du prolétariat, bourgeois récemment affranchis, que revient cette tâche ou plutôt cet honneur! Tendons fraternellement la main à ces prolétaires, faisons pour eux ce que la noblesse a fait pour nous, célébrons notre nuit du 4 août, ouvrons nos rangs à la foule du peuple, défendons et sa cause et ses droits, mettons à son service tout ce que nous avons de cœur, d'intelligence, de bonne volonté, et la victoire est certaine. A tous les hommes de sentiment, je dis c'est votre devoir; à tous les égoïstes, je dis c'est votre intérêt. Si nous ne le délivrons pas, le peuple se délivrera lui-même. Aujourd'hui, tout est possible, par la concorde, par la paix, par la fraternité; mais si nous forçons les opprimés à recourir à la force ou à la violence, nul ne sait ce qui peut arriver, nul ne sait si nous ne disparaîtrons pas tous dans la tempête.

A tort ou à raison, le peuple croit que les bourgeois, depuis qu'ils ont en main le pouvoir, ont moins
obéi aux inspirations du cœur et de l'intelligence
qu'aux suggestions de l'intérêt ; il leur reproche de
peser leurs idées et leurs opinions au même trébuchet
que leurs écus, etc., etc. — Il faut détromper le
peuple.

Montrons que la bourgeoisie n'a point mérité la
déchéance ; montrons que nulle classe n'a le droit de
prétendre au monopole des grandes idées et des sentiments généreux ; montrons qu'en fait de dévouement
comme en fait de courage, les habits valent les blou-
ses ; et dans cette œuvre sainte de la transformation
du prolétariat, donnons-nous le mérite facile de l'initiative, au besoin le mérite du sacrifice.

Les salariés ont commencé la Révolution de 1848
en faisant voler le trône en éclats, et en posant le
problème social.

Les bourgeois la couronneront dignement en abo-
lissant l'exploitation, le salariat, la prostitution, la
misère ; en élevant les ouvriers à l'association ; en
donnant à tous l'éducation générale et l'éducation
professionnelle ; en créant l'ordre positif, l'abondance et la justice pour tous ; en *réalisant* la devise
de la République : *Liberté, Égalité, Fraternité.*

Ainsi soit-il !

FIN.

# POST-SCRIPTUM.

30 juin 1848.

Ce livre allait paraître, j'avais sous les yeux les épreuves de la dernière page, quand la catastrophe des 23, 24 et 25 juin est venue arracher à la France un immense cri de douleur et d'effroi.

Dans les derniers jours du mois de mai, lorsque j'écrivais ma préface, le sanctuaire de l'Assemblée nationale venait d'être violé; mais cet audacieux attentat n'avait servi qu'à démontrer l'impuissance de la sédition, qu'à provoquer dans toute la France un élan spontané d'enthousiasme en faveur du gouvernement populaire, qu'à affermir et à consolider la République. A la fin du mois de mai, la situation financière était embarrassée sans doute, mais au moins notre drapeau n'était pas encore taché de sang, et tous les cœurs pouvaient s'ouvrir à l'espérance.

Depuis le jour où la république avait été proclamée, où le suffrage universel avait été réalisé, où la liberté de la presse et la liberté de discussion avaient été solennellement reconnues, nous rêvions tous que la violence étant désormais sans objet, sans excuse, c'en était fait à tout jamais des insurrections sérieuses, que la dernière cartouche avait été brûlée sur les barricades de février, que lorsque le canon gronderait dans nos murs, ce serait pour donner le signal des fêtes et des réjouissances..... Et cependant, nous avons vu nos compatriotes s'entre-tuer au nom de la fraternité, comme on s'égorgeait, il y a trois siècles, au nom de la religion! Pendant trois jours le canon a tonné dans Paris; pendant trois jours le sang a couru à flots pressés dans nos rues; pendant trois jours on a

vu passer des convois de blessés et des charretées de cadavres !
Quand donc, mon Dieu ! la vie de l'homme sera-t-elle pour
l'homme une chose sacrée ? Quand donc la guerre civile nous
fera-t-elle horreur ? Quand renoncerons-nous définitivement
à tirer sur nos semblables, sur nos concitoyens, sur nos amis,
sur ceux que nous appelons nos frères !

Aujourd'hui, la Patrie est en deuil, nous pleurons les morts,
nous plaignons les vivants, notre drapeau est voilé d'un crêpe
funèbre, et cette Fraternité de la Concorde et de la Paix que
nous avions rêvée, est devenue la Fraternité de la Douleur et
de la Désolation !

Ah ! du moins, que cette touchante Fraternité des larmes
rapproche et confonde à jamais tous les partis dans le même
sentiment d'amour pour la Patrie et pour l'humanité, dans le
même sentiment d'horreur pour la guerre civile ! Que le sang
répandu cimente la réconciliation définitive de toutes les
classes de citoyens, et que ceux qui ont souffert et pleuré ensemble ne redeviennent jamais plus ennemis ! Sur la tombe de
ces victimes de nos discordes, abjurons nos haines, tendons-
nous la main, oublions nos griefs réciproques, pardonnons-nous
nos erreurs, refoulons tous les irritants souvenirs, et faisons
serment de ne plus prendre les armes les uns contre les autres,
de travailler de toutes nos forces à notre bonheur commun.

Il y a bien longtemps que je prévoyais une insurrection de
la misère ; mais j'espérais que la République aurait le temps
de la prévenir et de la faire avorter. Quand j'élaborais mes
projets de réformes sociales, j'étais bien loin de croire qu'a-
vant même qu'ils fussent publiés, le désespoir pousserait la
foule des malheureux au-devant de la mitraille ! Quand je
conjurais l'Assemblée nationale de se hâter, de réaliser au plus
vite le droit au travail, je croyais qu'ils auraient le temps
d'attendre encore, et qu'ils ne se précipiteraient pas à la mort,
ces pauvres ouvriers qui demandaient à vivre en travaillant !

Ils se sont trompés, ou ils ont été trompés sur les véritables
sentiments de l'Assemblée ; ils ont cru qu'on voulait leur re-
tirer tout appui, tout secours, les abandonner dans leur dé-

tresse ; et ils ont été pris du vertige ; ils ont préféré la mort prompte par le fer et par les balles à la mort lente par la faim..... On parle de complot prémédité, de conspiration organisée, de sommes importantes trouvées en la possession des insurgés..... sur tout cela la vérité jaillira des débats judiciaires : attendons.

Pendant ces événements lamentables, le président de l'Assemblée nationale et le chef du pouvoir exécutif ont publié deux proclamations que nous croyons devoir reproduire ici, deux proclamations qui auraient certainement mis fin à la bataille, si elles étaient parvenues aux insurgés avant qu'ils eussent complétement perdu la raison. Les voici :

« Ouvriers,

« On vous trompe, on vous égare.

« Regardez quels sont les fauteurs de l'émeute.

« Hier, ils promenaient le drapeau des prétendants.

« Aujourd'hui, ils exploitent la question des ateliers natio-
« naux, ils dénaturent les actes et la pensée de l'Assemblée na-
« tionale.

« Jamais, quelque cruelle que soit la crise sociale, jamais
« personne dans l'Assemblée n'a pensé que cette crise doit se
« résoudre par le fer ou par la faim.

« Il ne s'agit point de vous enlever à vos familles, ni de
« vous priver des faibles ressources que vous trouviez dans
« une situation que vous étiez les premiers à déplorer.

« Il ne s'agit pas d'empirer votre sort, mais de le rendre
« meilleur dans le présent par des travaux dignes de vous,
« meilleur dans l'avenir par des institutions vraiment démo-
« cratiques et fraternelles.

« Le pain est suffisant pour tous ; il est assuré pour tous, et
« la constitution garantira à jamais l'existence à tous. Déposez
« donc vos armes ; ne donnez pas à notre chère France, à
« l'Europe jalouse et attentive, le triste spectacle de ces luttes
« fratricides.

« C'est la honte, c'est le désespoir ; ce pourrait être la perte
« de la République.

« Le temps est toujours long pour les souffrances qui atten-
« dent ; mais il est court quand il s'agit de fonder de grandes
« choses sur un terrain nouveau.

« Encore une fois, plus de discussions, plus de haine dans
« le cœur !

« Défiez-vous de ceux qui exploitent ce qu'il y a de plus
« respectable parmi les hommes : la souffrance et le mal-
« heur.

« Ecoutez la voix de l'Assemblée nationale, comptez sur
« elle, car elle est le peuple tout entier, et elle ne comprend
« sa mission que pour l'intérêt du peuple.

« Fermez l'oreille à d'odieuses calomnies ! De la paix, de
« l'ordre, et la République remplira sa noble devise ; elle
« s'attachera à réparer toutes les injustices du sort et de nos
« vieilles institutions. »

Le président de l'Assemblée nationale,

SÉNARD.

## A LA GARDE NATIONALE ET A L'ARMÉE.

« Citoyens, Soldats,

« La cause sacrée de la République a triomphé ; votre dé-
« vouement, votre courage inébranlable ont déjoué de coupa-
« bles projets, fait justice de funestes erreurs. Au nom de la
« Patrie, au nom de l'humanité tout entière, soyez remerciés
« de vos efforts, soyez bénis pour ce triomphe nécessaire.

« Ce matin encore, l'émotion de la lutte était légitime,
« inévitable. Maintenant soyez aussi grands dans le calme que
« vous venez de l'être dans le combat. Dans Paris, je vois des
« vainqueurs, des vaincus ; que mon nom reste maudit si je
« consentais à y voir des victimes. La justice aura son cours,
« qu'elle agisse ; c'est votre pensée, c'est la mienne.

« Prêt à rentrer au rang de simple citoyen, je porterai au
« milieu de vous ce souvenir civique, de n'avoir, dans ces
« graves épreuves, repris à la liberté que ce que le salut de
« la République lui demandait lui-même, et de léguer un

« exemple à quiconque pourra être à son tour appelé à remplir
« d'aussi grands devoirs. »

Le chef du pouvoir exécutif.<br>
E. CAVAIGNAC.

L'Assemblée nationale a décrété que les insurgés faits prisonniers et leurs familles seraient transportés dans nos colonies d'outre-mer ; mais l'Algérie a été malheureusement
exceptée. La France se chargera certainement d'assurer aux
exilés du travail et du pain, de pourvoir aux frais de leur établissement dans leur nouvelle patrie. — Le sort des exilés
paraîtra peut-être digne d'envie aux ouvriers qui resteront
parmi nous, et si l'on voulait les envoyer en Afrique, des
milliers d'émigrants volontaires demanderaient la faveur de
s'expatrier aux mêmes conditions.

L'Assemblée et le Chef du pouvoir exécutif ont compris que
la justice est autre chose que la vengeance ou l'inhumanité : ils
ont compris que c'était assez pour la société de mettre les
coupables hors d'état de renouveler leurs criminelles tenta-
tives. Honneur au général Cavaignac, honneur à l'Assemblée !
Cependant, un homme qui s'est fait parmi nous une réputation
de philanthrope, bien qu'il ait préconisé le régime cellulaire,
un homme qui a écrit contre l'esclavage des noirs et en faveur des malheureux Irlandais, un membre de l'Académie des
sciences morales, M. Gustave de Beaumont (ce nom ne sortira
jamais de ma mémoire), est venu demander que les femmes
et les enfants de ces insurgés de la faim, pour être admis à
partager l'exil de leurs maris et de leurs pères, supportassent
les frais de l'expatriation ! — L'Assemblée a été scandalisée de
honte. — J'aime à croire que M. Gustave de Beaumont n'a ni
femme, ni enfants, ni père, ni mère ! Ah ! M. Gustave de Beaumont, vous ne ferez jamais oublier les paroles que vous avez
prononcées le 28 juin 1848, en pleine Assemblée nationale !

Les sentiments qui ont dicté les proclamations du général
Cavaignac et du président de l'Assemblée, sont précisément
ceux qui ont inspiré ce livre.

On dira peut-être que le moment est mal choisi pour proposer des **réformes sociales**, quand l'opinion publique accuse les socialistes d'avoir été, sinon les provocateurs directs, du moins les complices moraux de l'insurrection de juin. Je crois, au contraire, que le moment est opportun, et j'espère que personne ne se méprendra sur mes intentions. Au surplus, le témoignage de ma conscience me suffit. Quant à la prétendue complicité des socialistes, j'attends en toute confiance les investigations de la justice et les résultats de l'enquête.

Depuis longues années, sans doute, les socialistes disent et répètent dans leurs livres et dans leurs journaux : « Les sociétés modernes courent à une catastrophe ; elles sont en proie au désordre économique, elles sont rongées par le cancer du paupérisme. Si l'on ne se hâte de combattre le mal par la science, de recourir aux seuls remèdes qui puissent nous sauver, aux principes de l'organisation de l'industrie et de l'association, un moment viendra où la crise sera terrible, où nous serons témoins d'une effroyable explosion de la misère... »

On les traitait de fous, de rêveurs, de songe-creux ; on leur disait que tout allait au mieux en ce monde, que jamais la richesse n'avait été aussi abondante et plus équitablement répartie, que les ouvriers étaient contents de leur sort, que le salariat était le *nec plus ultra* de la civilisation, etc., etc. Et maintenant que la catastrophe a éclaté, on voudrait leur faire un crime d'avoir été plus clairvoyants que leurs contemporains ; on ne peut leur pardonner de n'avoir point fermé les yeux à la lumière ; on veut les rendre responsables des calamités qu'ils avaient tout simplement prévues ; on leur impute le mal qu'ils signalaient et qu'ils auraient voulu guérir !

Les socialistes ont dit encore : « Les grands problèmes de notre époque sont du domaine de la science sociale. Les révolutions et les bouleversements n'y peuvent rien, car il s'agit moins de détruire que d'organiser. Les révolutions violentes entassent des débris et des ruines, mais elles ne résolvent pas les difficultés : c'est tout au plus si elles font disparaître les obstacles. Les révolutions fécondes et durables, ce sont les révolutions d'idées, les révolutions préalablement accomplies dans les esprits. C'est par les idées qu'il faut agir en s'adressant aux intelligences, et non pas par la force aveugle en faisant appel aux passions; il faut employer la persuasion et non pas la violence; il faut commencer par convertir le monde, afin de pouvoir ensuite réaliser les vœux et les désirs de tous, afin de pouvoir constituer un ordre nouveau.—On ne constitue pas l'ordre à coups de fusil, les socialistes le savent mieux que personne.

Mais, si les insurrections violentes ne résolvent pas les problèmes, la simple répression de la révolte ne les résout pas davantage. Quand on a dompté l'émeute, étouffé les manifestations de la douleur, on n'a pas pour cela fait disparaître les causes du désordre. La question est encore aujourd'hui ce qu'elle était il y a un mois, seulement on ne peut plus nier le mal, et l'on doit comprendre qu'il est urgent d'y porter remède.

On ne peut, sans frémir, songer à ce qui aurait pu arriver, si l'insurrection de juin avait été un moment triomphante : nous entrions, pour des années peut-être, dans une lugubre période de déchirements, de guerre civile et de guerre sociale : guerre dans Paris et dans les départements entre les différentes classes de citoyens, guerre des provinces contre la capitale, guerre étrangère... nous aurions vu surgir des haines implacables, des vengeances atroces, des scènes sans nom; nous étions plongés dans l'anarchie et le chaos, dans une épouvantable misère, et qui sait ce qui serait advenu de la France? — Ah! je sympathise de cœur et d'âme aux souffrances de ceux que le désespoir concentré a rendus fous jusqu'à la rage, mais dans leur intérêt même et dans l'intérêt de l'humanité, j'étais réduit à désirer leur défaite. Et cependant, malgré le tort immense qu'ils ont fait à la cause du peuple, malgré tout le sang que nous a coûté leur délire, malgré les émotions terribles par lesquelles ils nous ont fait passer, je sens que j'ai encore de la pitié, des larmes pour ces vaincus, que j'aurais le courage de leur pardonner, mais que je ne pourrais les maudire!

Le souvenir de ces journées est malheureusement ineffaçable. La plaie pourra se fermer avec le temps, mais la cicatrice restera toujours. Ah! pour l'honneur de la France et pour l'honneur de l'humanité, espérons que cette lamentable tragédie ne se renouvellera jamais ! Que le travail devienne pour tout homme un préservatif contre la misère, et que la mort ne soit plus invoquée comme le remède souverain par les malheureux !

Encore un mot. J'ai plus d'une fois entendu dire que la création des ateliers nationaux était l'œuvre des socialistes et l'application de leurs doctrines ; que la commission du Luxembourg avait voulu organiser le travail sur une grande échelle, en enrégimentant les ouvriers sans emploi, etc. — Ce sont là des erreurs, sinon des calomnies.

Les ateliers nationaux ont été organisés, après la révolution, par les soins et sous la direction du ministre des travaux publics qui n'a jamais été socialiste. La commission du Luxembourg n'y a jamais pris la moindre part, soit directement, soit indirectement ; elle n'a pas même été appelée à donner son avis. La commission du Luxembourg n'a jamais eu un seul travailleur sous ses ordres, n'a jamais disposé d'un centime. Elle a discuté des questions, elle a préparé des projets bons ou mauvais ; elle a opéré des conciliations, et elle accepte la responsabilité de ses actes ; mais elle ne doit pas répondre des actes d'autrui, des mesures qu'elle a désapprouvées.

Deux ateliers ont été fondés sous les auspices et avec l'appui de la commission du Luxembourg : l'atelier des ouvriers tailleurs, établi dans l'ancienne prison pour dettes de la rue de Clichy ; et l'atelier des ouvriers selliers, établi primitivement dans la caserne de l'allée des Veuves. Ces deux ateliers sont en pleine prospérité, les ouvriers associés vivent du produit de leur travail, et non pas des aumônes de la République ; les tailleurs et les selliers ont reçu de l'État des commandes, mais pas un centime de subvention ; les travaux qu'ils exécutent n'imposent au trésor aucune charge, sont payés moins cher, peut-être, qu'ils n'auraient été payés à des entrepreneurs. Ces deux ateliers ont occupé jusqu'à trois mille ouvriers, mais ils ne ressemblent aucunement à ce qu'on a appelé les ateliers nationaux.

Si l'on avait fait pour chaque corporation ce qui a été fait pour les selliers et pour les tailleurs, le budget n'aurait pas eu à dépenser stérilement des millions pour entretenir une armée de travailleurs improductifs, une armée menaçante; les ouvriers auraient pu gagner honorablement leur vie sans être à charge à la société, et l'insurrection de juin n'aurait eu ni cause ni prétexte. Les classes laborieuses auraient attendu patiemment la réalisation successive et pacifique des espérances que la révolution de février avait fait naître; l'Assemblée nationale aurait eu le temps de discuter des projets de réformes, d'améliorer la condition des travailleurs, et de grands malheurs auraient été prévenus. — Je ne veux certes pas récriminer; mais je tiens à repousser les accusations injustes que l'on lance contre le socialisme, et à rétablir la vérité.

Dans ces tristes journées de juin, la garde mobile a combattu l'insurrection avec une impétuosité sur laquelle on ne comptait pas peut-être. La garde mobile est composée d'enfants de Paris, elle a été recrutée parmi cette jeunesse turbulente qui commence les émeutes et construit les premières barricades, parmi cette population de déclassés toujours ardente au désordre et à la révolte, parmi cette population qui avait fourni une grande partie des vainqueurs de février. Tous ces enfants intrépides dont on a su faire des soldats de l'ordre, auraient été des volontaires décidés de l'émeute, auraient certainement combattu derrière les barricades, s'ils n'avaient été enrôlés d'avance au service de la République. Mais on les a disciplinés, on les a organisés, on les a logés et vêtus, on leur a donné une solde, une carrière, on leur a garanti l'existence, et ils sont aussitôt devenus des défenseurs passionnés de l'ordre matériel, des ennemis de l'émeute. On a vu, au contraire, parmi les insurgés, des soldats licenciés de la garde républicaine et de la garde municipale, des hommes qui auraient attaqué les barricades comme ils les ont défendues, s'ils n'avaient pas perdu leur position.

Qu'on garantisse de même l'existence par le travail à tous ceux qui souffrent, et il n'y aura plus d'émeutiers, plus d'insurgés, plus d'armée au service des factieux, et la tranquillité publique aura pour soldats dévoués tous ces ouvriers aujourd’hui sans emploi qui rêvent peut-être encore, dans leur désespoir, quelque nouveau bouleversement. Tant il est vrai que le glus grand ennemi de l’ordre de la rue, *c’est la misère!*

Empressons-nous donc d’extirper la misère, et attaquons-la avec un ensemble de mesures tellement énergiques qu’elle ne puisse résister.

Ce n’est certes pas le sol qui nous manque pour la production des subsistances; ce ne sont pas les travailleurs non plus. Jamais la France n’a été plus riche en hommes, en savants, en ingénieurs, en agronomes, en industriels; jamais elle n’a eu une population ouvrière plus intelligente, plus active, plus vigoureuse, plus résolue au travail; jamais la mécanique n’était arrivée à ce degré de puissance et de perfection qui nous permet d’en tirer des forces à l’infini. En un mot, jamais le pays n’avait possédé de plus grandes ressources.

Ce qui manque, ce sont les capitaux disponibles.

Eh bien, fondons le crédit sur les bases les plus larges et les plus solides à la fois, et les avances ne nous manqueront pas, et nous pourrons tirer parti de toutes nos forces productives, de la fécondité du sol, de l’activité de nos ouvriers, de la science de nos ingénieurs et de la puissance des machines, et nous pourrons créer assez de richesses pour enrichir les pauvres et pour enrichir encore les riches.

La banque de France et ses succursales ont un fonds de garantie et de réserve de cent millions. Ces cent millions sont en titres de rente, pour la plus grande partie, sinon pour la totalité. Avec ce capital, la banque peut maintenir un crédit de 400 millions en billets; mais ce n’est pas assez pour faire face aux besoins de la situation présente.

Il faut créer une banque nationale, avec succursales dans chaque chef-lieu de département, et donner à cette banque un capital de garantie d’un milliard ou de quinze cents millions.

Ces quinze cents millions, l’État les possède et les a sous la main : ce sont les rentes appartenant à la caisse d’amortissement. Pas n’est besoin de recourir à l’emprunt ou à l’impôt.

Si l'on veut maintenir à tout prix la machine de l'amortisse-ment, telle qu'elle est aujourd'hui constituée, que la caisse continue à toucher comme par le passé et la dotation annuelle et l'intérêt des rentes rachetées; mais elle n'a que faire du ca-pital, et ce capital peut être destiné sans inconvénients à for-mer le fonds de réserve et de garantie de la Banque d'État.

Le capital des rentes rachetées par la caisse, je l'ai dit plus haut, s'élève à la somme de 1,961 millions. Estimons que sur cette somme, 100 millions, 161 millions, si l'on veut, ont pu être transférés en ces derniers temps à la banque de France, pour répondre des prêts faits ou à faire au trésor : — restent tou-jours 1,800 millions disponibles.

Certes, avec un pareil capital en réserve, les banques natio-nales inspireraient une confiance universelle, surtout si elles étaient convenablement organisées, si elles étaient placées sous la surveillance active d'un comité de la Chambre des représen-tants. Le papier qu'elles émettraient contre des valeurs réelles, ayant partout cours légal, serait partout accepté comme mon-naie, et l'État pourrait commanditer largement l'agriculture, l'industrie, le commerce, susciter le travail productif sur tous les points de la République. Le crédit de ces banques serait bien autrement puissant, bien autrement inébranlable que le crédit de la banque de Paris.

Il serait facile d'accréditer généralement le papier de ces banques jusques dans les campagnes, et de le faire accepter des paysans eux-mêmes. D'abord, ces billets seraient reçus pour leur valeur nominale, par tous les comptables de deniers publics, en payement des droits et des contributions; par toutes les banques, en payement des effets, des lettres de change et de tous les engagements. — Mais ce n'est pas tout. Nous avons parlé d'entrepôts et de bazars agricoles à établir dans chaque chef-lieu de canton, de banques territoriales, etc. Tous ces éta-blissements admettraient au pair le papier de l'État. Allons plus loin encore : Accordons à tout porteur de billets de ban-que la faculté de *réaliser* ces billets, dans les entrepôts et dans les bazars agricoles, c'est-à-dire de les échanger contre des pro-

duits, contre des denrées, contre du blé, par exemple, en pre-
nant pour base la valeur nominale du billet, d'une part, le prix
courant du blé, de l'autre ; et les billets circuleront partout.

Dans chaque canton, dans chaque commune, le blé est une
marchandise qui s'échange toujours, à tout moment donné,
contre du numéraire, qui achète cette autre marchandise appelée argent. Quand le paysan qui sait qu'il peut convertir son
blé en argent, pourra acheter à volonté du blé avec un billet
de banque ; en d'autres termes, quand, sur tous les points de
la France, le billet sera toujours remboursable à présentation,
non pas en écus directement, mais en denrées, en produits, en
blé, le billet sera accepté en payement dans toutes les transactions, comme serait acceptée au besoin la denrée elle-même.
— Les économistes et les financiers comprendront que le blé
joue ici le rôle que Ricardo assignait aux lingots dans son système perfectionné de circulation.

Maintenant, si l'on craint que les demandes de remboursement en blé deviennent par trop considérables dans les premiers temps, il suffit de percevoir un droit de change de 50 c.
par hectolitre, autrement dit, de vendre le blé 50 cent. en sus
du prix de la mercuriale, à tous ceux qui voudront réaliser leurs
billets. Ce sera assez pour maintenir le crédit du papier ; pour
donner sécurité et confiance aux paysans, d'une part, pour
prévenir, de l'autre, les trop nombreuses demandes de réalisation. Les cultivateurs garderont les billets comme ils gardent
les écus, ou trouveront facilement à les échanger contre du
numéraire, et bientôt l'usage de la monnaie de papier deviendra universel.

Mais encore ici, nous allons rencontrer un préjugé vivace.

On accepte bien les billets de la banque, dira-t-on, parce que
c'est une compagnie particulière ; mais on n'accepterait pas de
même les billets des banques nationales. — On ne réfute pas
de pareilles objections, parce qu'on ne raisonne pas contre les
préjugés. Il serait facile de prouver que la garantie de l'État
est et sera toujours supérieure à la garantie d'une compagnie
qui n'existe et qui ne peut exister que grâce au crédit, à la to-

lérance et à la protection que l'État lui donne ; mais, en ce moment, il n'y aurait ni opportunité, ni convenance à soulever une pareille discussion. Je veux bien passer condamnation pour un temps, et sacrifier à un préjugé mal fondé ; mais alors je demande qu'on se serve de la banque de Paris pour parer aux difficultés de la situation, et qu'on la mette à même de remplir la fonction d'une véritable banque d'État.

Le privilége de la banque a encore six années à courir. Que l'État se fasse donc commanditeur de la banque, qu'il devienne actionnaire ; qu'il ajoute au capital actuel un capital de cinq cents millions en rentes de la caisse d'amortissement ; qu'il se réserve le droit de participer aux bénéfices en proportion de son apport ; puis que la banque établisse un comptoir dans chaque département, et donne à ses opérations une extension proportionnée aux besoins des circonstances.

Les 500 millions de commandite, tout comme le fonds primitif versé par les actionnaires, répondront envers les tiers des engagements de la banque, de la valeur des billets émis ; mais ces rentes ne pourront être aliénées que dans le cas de nécessité absolue et en vertu d'une loi. L'État, de son côté, conservera ses actions et ne les émettra point sur le marché, pour ne pas déprécier les titres des actionnaires.

Quand le privilége de la banque expirera, l'association sera dissoute, on procédera à la liquidation, et alors la banque de France deviendra définitivement banque d'État.

Le milliard resté libre sur les rentes appartenant à la caisse d'amortissement, pourrait être affecté à former le fonds de réserve des banques territoriales ou des banques agricoles à fonder, des assurances centralisées.

Si nos représentants entraient hardiment et prudemment tout à la fois dans cette voie féconde du crédit ; s'ils opposaient aux besoins du jour des moyens puissants, souverainement efficaces, la crise serait bientôt maîtrisée et dominée, la production ne tarderait pas à prendre un essor prodigieux, l'activité naîtrait ou renaîtrait dans les ateliers agricoles et dans les ateliers industriels ; il y aurait du travail pour tous les bras, et il pourrait y avoir rétribution équitable pour tous les travailleurs.

Alors, tout le monde comprendrait que la quantité des ri-chesses possibles n'est point limitée, qu'elle peut être accrue indéfiniment par le travail. Le peuple comprendrait qu'on peut enrichir les pauvres sans appauvrir les riches ; il se hâterait de protester de son respect pour tous les droits acquis sans en dis-cuter l'origine. Les classes riches, de leur côté, comprendraient qu'on peut enrichir le peuple, sans les dépouiller, sans porter atteinte à leur propriété, à leurs capitaux ; elles cesseraient de regarder les réformateurs et les socialistes comme des apôtres de la spoliation et de la guerre civile ; elles ne craindraient plus les projets d'améliorations et de réformes sociales ; le droit au travail ne leur inspirerait plus ni frisson ni terreur ; elles seraient enfin délivrées de ce cauchemar de la loi agraire qui trouble le sommeil de leurs nuits, de ce fantôme impossible que les socialistes les plus exaltés, que les plus violents révo-lutionnaires eux-mêmes n'ont jamais invoqué, et qui n'est ap-paru que dans les rêves des peureux ignorants.

Alors, la concorde s'établirait entre toutes les classes de citoyens, sincèrement et sans arrière-pensée ; tous sentiraient la solidarité étroite qui lie les intérêts divers ; tous deviendraient partisans zélés des réformes et pousseraient ensemble au pro-grès ; les préventions injustes s'effaceraient, les haines sourdes ou patentes s'éteindraient ; nous n'entendrions plus parler de méfiance, de terreur matérielle ou morale, de dangers imagi-naires ; le levain des mauvaises passions cesserait de fermen-ter, et nous n'aurions plus à redouter ni révolutions violentes, ni sanglantes catastrophes, car le bonheur de chacun est et sera toujours la meilleure garantie et le complément nécessaire du bonheur de tous.

Enrichissons les pauvres, fournissons du moins aux hommes de bonne volonté les moyens de vivre en travaillant, puis de s'enrichir à la longue, et les insurrections deviendront à jamais impossibles, et nous transformerons en défenseurs fanatiques de l'ordre et de la paix ces légions de malheureux que la faim et le désespoir poussent aux barricades et à la mort.

# TABLE ANALYTIQUE DES MATIÈRES.



Avénement des idées sociales. Les théoriciens d'avant la Révolution vont devenir les hommes vraiment pratiques. Ce qui était une utopie, il y a six mois, peut être converti en institution de la République. Le socialisme sauvera la société. Triomphe forcé du socialisme. Les idées sociales seront appliquées par les antisocialistes eux-mêmes.



I. Le peuple a fait une révolution pour conquérir le droit de vivre en travaillant. Le peuple de Rome et le peuple de France : *Du pain et des spectacles, — Vivre en travaillant*. Le droit au travail reconnu par la République. Le droit au travail implique nécessairement l'organisation du travail, c'est-à-dire la transformation économique de la société. Le droit au travail suppose des ateliers permanents de production, et non pas seulement des ateliers temporaires de charité.

II. Il s'agit de décréter la charte du travail ou la charte du peuple, et non pas seulement une constitution politique. Il s'agit d'organiser le travail. Le travail n'est pas organisé. Ce qu'il faut entendre par organisation du travail. Avant tout, il faut réaliser le droit au travail, remplir le nouveau programme de l'Hôtel de ville.



La production agricole est insuffisante. La France est assez vaste et assez fertile pour nourrir une population deux fois plus nombreuse. Il faut créer des écoles professionnelles d'agriculture, former des professeurs et des ingénieurs agricoles. Il faut fonder des colonies. Avantages de l'agriculture sur l'industrie. Création de 86 colonies. Organisation. Bâtiment unitaire. Grande culture. Combinaison de l'agriculture et de l'industrie. Association des travailleurs. Conditions de l'association et répartition des bénéfices. Annexes des colonies : école spéciale et établissements charitables.



I. Désordre de l'industrie. Périodicité des crises. Ruine des entrepreneurs et détresse des ouvriers. Il faut secourir l'industrie privée et stipuler pour les ouvriers des avantages, la participation aux bénéfices. Les ouvriers recevront un salaire et un dividende ; les capitalistes un dividende et un intérêt. Partage des bénéfices nets entre le capital et le travail. Répartition entre les travailleurs. Fonds de réserve.

II. L'État achète des usines, les fait exploiter par des ouvriers associés, perçoit l'intérêt du capital et abandonne aux ouvriers tous les bénéfices. Les ateliers de l'État deviennent des ateliers modèles, des écoles normales d'industrie.

III. L'État devient la Providence des petits industriels et des corporations d'ouvriers. Il encourage les associations volontaires de travailleurs et fait des avances de fonds. Il délivre les travailleurs des intermédiaires et du marchandage. Il crée l'éducation professionnelle spéciale.

IV. Ateliers de travail pour les femmes. Abolition du marchandage et de l'exploitation. L'État réserve pour les ateliers de femmes toutes les commandes des administrations publiques. Limite à la dépréciation des façons et des salaires.

V. Abolition des adjudications publiques. Les grands travaux de l'État sont donnés aux ouvriers associés, sous la direction désintéressée des ingénieurs. Formation d'un corps du génie civil. Suppression du marchandage et des tâcherons. Les ouvriers travaillent directement pour le compte de l'État.



Projets d'entrepôts et de bazars destinés à régulariser les échanges et à favoriser la circulation du papier-monnaie.

I. *Entrepôts.* — Scandales et abus du commerce actuel. Rôle du commerce. Le commerce ramené à sa fonction normale. Plus de fraudes, de falsifications, de faux poids, de mensonges, de bénéfices illicites. Suppression des rouages inutiles ; réduction de frais. Garanties pour le producteur et pour le consommateur mis en rapport direct et immédiat. Entrepôts ou magasins en gros. Récépissés ou *warrants* servant de base au *crédit réel,* à un crédit jusqu'ici inconnu en France. Organisation et mécanisme des entrepôts.

II. *Bazars.* — Organisation des bazars ou magasins de vente au détail. Avantages pour les producteurs et pour les consommateurs. Garanties complètes. Diminution de frais. Exposition permanente des produits de l'industrie. Débouchés toujours ouverts. Les entrepôts et les bazars deviendraient pour le trésor une source féconde de revenus. Les entrepôts et les bazars régularisent les échanges et transforment le commerce. Ils rendent possible l'usage de la monnaie de papier.

III. *Commerce extérieur.* — Il faut abaisser les tarifs, mais maintenir les douanes. Dégrèvement des denrées exotiques et des matières premières de l'industrie. Abaissement des droits sur le fer et l'acier. Suppression des droits sur la viande et sur la houille. Suppression de droits sur les blés, quand le prix du marché intérieur excède 20 fr. l'hectolitre.

*Crédit commercial et industriel.* — L'État doit donner le crédit et non pas le recevoir. Le crédit, c'est le nerf de l'industrie. L'État doit régulariser la circulation des capitaux, faire baisser le taux de l'intérêt; l'État doit centraliser sous sa direction toutes les institutions de crédit. Les banques ne doivent pas appartenir à des compagnies de capitalistes. Le crédit doit être un moyen d'enrichir les pauvres. L'État disposant du crédit peut affranchir définitivement le peuple. L'État doit se réserver le privilége de battre monnaie, et les profits de l'émission du papier. Le papier est la monnaie démocratique et vraiment sociale. Les métaux sont la monnaie des sociétés anormales. Le papier doit représenter des valeurs réelles, des produits ou des capitaux existants. Crédit réel. Crédit moral ou personnel. En dehors de l'association, le crédit moral est impossible.

*Banque d'État.* — Annexes et succursales dans chaque département. Organisation des banques nationales de circulation. Émission des billets. Garanties. Contrôle et surveillance. Le papier peut suppléer la monnaie métallique, mais à certaines conditions. Avantages de la banque d'État. Objections. Réponse.

*Opérations de la banque.* — 1° Escompte; 2° avances sur dépôts de valeurs; 3° prêts sur récépissés des entrepôts; 4° la banque peut emprunter du numéraire, selon les besoins; 5° la banque émet des billets de faible valeur, si la nécessité l'exige; 6° la banque commandite les associations d'ouvriers.

Avantages des banques d'État, au point de vue social, au point de vue financier, et comme sources de recettes pour le trésor. L'État émancipe les travailleurs avec le prix des services rendus aux industriels et aux capitalistes. L'État devient le banquier des pauvres.



I. *Crédit foncier.* — La terre est un gage à nul autre pareil. Crédit immobilier garanti par le sol. Crédit mobilier garanti par les récoltes.

II. *Modification du régime hypothécaire.* — Publicité et spécialisation de toutes les hypothèques. Garanties pour les femmes et pour les mineurs.

III. *Réforme administrative.* — Réunion des bureaux d'enregistrement, du cadastre et des hypothèques au chef-lieu de canton. Grand livre de la propriété foncière.

IV. *Définition du crédit foncier.* — A quelles conditions il est avantageux aux propriétaires et aux cultivateurs. Prêt à longue échéance et à faible intérêt. Remboursement par annuités. Intérêts composés au profit des emprunteurs.

V. *Organisation des banques agricoles.* — Une banque par département, avec succursale dans chaque canton. Opérations de la banque. Exemple. Suppression de tous les frais de contrats et de procédure. Plus d'expropriations ruineuses par voie de justice. Réduction du budget de la chicane. Avantages des banques agricoles. Comparaison entre le prêt par la banque et un emprunt d'après le régime actuel. Bénéfices pour le trésor.

VI. *Obligations foncières.* — Garanties complètes de sécurité. La banque se substitue à tous les créanciers vis-à-vis des débiteurs, à tous les débiteurs vis-à-vis des créanciers. Réduction de l'intérêt.

VII. *Émission des obligations.* — Elles portent 5 fr. 65 c. d'intérêt. L'intérêt garanti par la banque est servi par l'emprunteur. Obligations remboursables à la volonté de la banque. Rachat des obligations. Amortissement et extinction des dettes et des titres de rente foncière.

VIII. *Pourquoi les obligations se négocieront à prime.* Les obligations sont supérieures à tous les titres connus. Elles ont tous les avantages des titres de rente et des titres de propriété sans en avoir les inconvénients ni les charges. Les obligations sont des capitaux toujours disponibles et des capitaux placés à intérêts. Les obligations ne feront point concurrence aux billets de circulation; elles entreront dans les portefeuilles et remplaceront les contrats.

IX. *Résumé sur le crédit foncier* pris à l'état le plus simple, et sur l'organisation et le mécanisme des banques agricoles. Solidarité des banques. La sécurité élevée à la plus haute puissance. — Considérations d'économie sociale. Les banques concilient la division de la propriété et la grande culture. Modèles d'obligations foncières.



*Crédit mobilier agricole.* — Création d'entrepôts et de bazars agricoles. Extirpation de l'usure à la petite semaine et de la spéculation. Avantages immenses pour les cultivateurs. Revenus pour le trésor. Les entrepôts et bazars accréditent le papier-monnaie.



*Rachat des dettes hypothécaires.* — Conversion de toutes les dettes inscrites en obligations, des dettes exigibles en annuités. Avantages pour les débiteurs. Réduction d'intérêt et suppression des frais de toute sorte. Libération à long terme et par amortissement. Avantages pour les créanciers. Trois systèmes proposés. Premier système. Deuxième système. Troisième système. Revenus possibles pour le trésor. Le progrès consiste, non à *capitaliser* la monnaie pour lui faire porter intérêt, mais à *monétiser* tous les capitaux pour ramener l'intérêt à zéro, pour abolir le privilége d'oisiveté.



*La terre aux travailleurs.* — Il ne suffit pas de prêter aux riches et de faire baisser le taux de l'intérêt, il faut favoriser l'accession des travailleurs à la propriété, pour amoindrir jusqu'à l'annuler *la rente de la terre entre les mains de quiconque ne cultive pas par lui-même.*

Grâce au crédit foncier et aux banques agricoles, tous les cultivateurs vont devenir propriétaires. Réduction de l'intérêt.

Suppression des frais. Libération par annuités et à longue échéance. Je ne veux en principe ni la division du sol, ni la petite culture, mais j'admets la division des titres de propriété. Il faut reconstituer les grandes exploitations.

*Paix aux châteaux! Guerre aux chaumières!* — La division de la propriété amènera forcément la *socialisation de la propriété*, comme la division des capitaux a donné naissance aux sociétés industrielles. Associations agricoles. La propriété divisée quant aux titres, socialisée quant à l'usage ou à l'exploitation. La petite culture tend à disparaître. Je demande la division de la propriété, parce que c'est la transition nécessaire du présent à l'avenir. Mais ce n'est point le but définitif. On ne peut encore faire comprendre au paysan les bienfaits de l'association. L'expérience seule pourra le séduire par l'intérêt.



I. *Rachat possible du sol.* — Un temps viendra, dans un avenir plus ou moins éloigné, où la société sera forcément amenée à racheter le sol, en totalité ou en partie, pour mettre un terme à l'exhaussement progressif de la rente de la terre. L'appropriation du sol a perpétué l'esclavage sur la terre. C'est une des causes les plus énergiques de la misère. Comment et à quelles conditions le sol pourra être racheté et payé. Le domaine éminent appartiendra à l'État; la possession aux cultivateurs.

II. *Rachat de la dette publique.* — Procédé infaillible pour amortir et racheter la dette en 56 ans. Économie de plus de moitié sur la dotation annuelle de l'amortissement. Remboursement intégral du capital nominal au pair. Service des intérêts au taux actuel jusqu'à remboursement complet. Libération de l'État sans impôts, sans emprunts, et réduction immédiate de dépense. Application du système des annuités. Les créanciers désintéressés en principal et arrérages.

III. *Rachat,* par le même mode, *des canaux, des chemins de fer et des mines.*



Les institutions de garantie doivent être des institutions gouvernementales. L'État doit assurer contre tous les sinistres, les risques de mer exceptés. Sécurité plus grande pour les propriétaires. Suppression des frais. Réduction des primes. Bénéfices considérables pour le trésor. Organisation des assurances par l'État. Évaluation des indemnités. Avantages de ce système. Conséquences.



Ce que je propose a déjà été réalisé avec succès, en Angleterre et en Allemagne.

Les hôtels économiques permettraient aux ouvriers de profiter des avantages de la consommation sur grande échelle. Ils seraient divisés en autant d'appartements séparés qu'on voudrait loger de familles. Exclusion des célibataires. Cuisines économiques. Tout est acheté en gros et revendu en détail au prix coûtant. Les ouvriers parfaitement logés à bon marché. Le prix des loyers couvre tous les frais et l'intérêt du capital dépensé. Salles de réunion, de conversation, de lecture. Bains et buanderies. Jardins et promenades. Salles d'école, d'asile, crèche. Salles de travail pour les femmes. Ateliers pour les hommes. Donnons aux pauvres de l'air et du soleil à discrétion.

Dans une société pacifique, le champ du travail est le champ d'honneur. Il faut faire des producteurs et non pas des soldats improductifs. Nouveau caractères des armées modernes. L'industrie aura ses héros. Organisation des armées industrielles. Les armées industrielles délivreront la France de la misère, et fonderont la liberté par la richesse.



I. *Économistes et Socialistes.* — Les Économistes prennent l'individualisme pour point de départ. Ils sont optimistes et fatalistes. Pour eux la liberté n'a qu'une valeur négative. Leur théorie se résume dans ces trois mots : *Ne rien faire.* Les Socialistes prennent pour point de départ l'association. Ils demandent l'organisation pour arriver à la liberté positive. Les Socialistes sont les véritables défenseurs de l'ordre.

II. *Le socialisme ne détruit pas la liberté :* il la fonde et lui donne des garanties réelles. La liberté, c'est le droit et le pouvoir, pour chaque citoyen, de développer pleinement et harmoniquement toutes ses facultés intellectuelles, morales et physiques. — Dans le système des Économistes, la liberté n'existe pas, ne peut pas exister. Nous ne voulons pas seulement la liberté du travail, nous voulons surtout la *liberté des travailleurs.*

III. *Emulation et concurrence.* — L'émulation est un admirable ressort d'activité qu'il faut développer au plus haut point. La concurrence est un principe funeste qu'il faut proscrire. Comment l'émulation est possible, là où la concurrence n'existe pas.

IV. *L'homme n'est point paresseux.* — L'homme a été créé actif, et le repos absolu est pour lui un supplice. Le travail est l'exercice naturel de l'activité. Le travail est un besoin. On ne se lasse pas du travail, tandis qu'on se dégoûte du plaisir. L'oisiveté forcée serait le plus dur des châtiments. Il n'y a point d'homme absolument paresseux. Pourquoi certaines natures refusent de courber la tête sous le joug du travail excessif et mal rétribué. La guerre est plus répugnante que le travail, et cependant on a su pousser l'homme aux combats et le faire voler à la mort. Il est plus facile de passionner les hommes pour l'industrie que pour les batailles; il est plus facile d'organiser le travail que d'organiser la guerre.

V. *La loi de l'offre et de la demande.* — C'est la théorie de la force et du hasard, la consécration de l'injustice. L'anarchie n'est pas la liberté. Un système où tout est réglé d'après la loi de l'offre et de la demande, est un système condamné. Il faut détrôner la force, le hasard, l'injustice, et les remplacer par le droit, la prévoyance, la justice et l'organisation.

VI. On peut donner à tout homme les moyens de vivre en travaillant. La société, loin de se ruiner, s'enrichit en augmentant le nombre des travailleurs. Le travail possible n'est limité que par l'étendue et par la fécondité du sol. La terre ne manque pas, les avances ne manquent pas davantage. Tout homme est un précieux agent de production, tout homme peut produire trois fois plus qu'il ne consomme.



Ceci n'est point un livre de théorie pure, c'est un livre d'actualité, traitant de réformes immédiates. Néanmoins il a été conçu d'après des idées systématiques. Causes de la misère. Remèdes proposés. On demande que l'État fasse des *avances* productives, et non pas des *dépenses* stériles. Les réformes proposées enrichiraient l'État et la société, sans imposer des charges nouvelles aux contribuables. Il s'agit d'émanciper les travailleurs avec le prix des services rendus à toutes les classes, notamment aux classes riches. Tous les droits légitimes sont respectés. L'humanité est jeune et pleine de sève : l'âge d'or est devant nous.



Mission du dix-neuvième siècle. Il s'agit aujourd'hui de constituer une nouvelle philosophie, une nouvelle politique et une nouvelle économie sociale. Nos institutions ne correspondent ni aux idées, ni aux sentiments, ni aux intérêts de la civilisation moderne. Une transformation est nécessaire. Notre société a depuis longtemps perdu l'aplomb et l'équilibre.

L'ancien dogme philosophique n'est plus en rapport avec nos croyances. Le dogme du malheur et de la résignation remplacé par le dogme du bonheur et de l'espérance. Nouvelle philosophie.

La politique négative, la politique de résistance, remplacée par la politique positive, par la politique d'action, d'initiation, de mouvement. Caractère nouveau de la révolution de 1848. Il faut appliquer les principes solennellement reconnus. Le mouvement révolutionnaire a accompli sa phase critique. La phase organique commence. La constitution de l'ordre nouveau peut seule rendre à la société son aplomb et son équilibre, faire renaître la confiance, mettre fin aux révolutions.

L'économie du laisser-faire est condamnée tout aussi bien que l'ancienne philosophie et l'ancienne politique. L'économie libérale a créé le paupérisme. L'économie nouvelle doit créer l'abondance pour tous et réaliser la justice.

On ne produit pas assez. On produit trop. Cercle vicieux. Équilibre de production et de consommation. Débouchés. Primes d'exportation. C'est en France que nous devons surtout trouver des consommateurs. En voulant s'enrichir par le bon marché, l'industrie s'est suicidée. D'un côté, elle s'efforce de produire à l'excès; de l'autre, elle s'évertue à appauvrir les consommateurs. Théorie du bon marché. C'est une immense déception. C'est encore la théorie de la misère. La théorie du bon marché funeste aux ouvriers, et par suite aux entrepreneurs eux-mêmes. Solidarité forcée des intérêts; solidarité dans la détresse. Il faut changer d'économie au plus vite. En attendant la constitution définitive de la société de l'avenir, il faut garantir à chaque citoyen l'existence par le travail. La passion du peuple des travailleurs dure depuis six mille ans. C'est pour nous, fils aînés du tiers état, qu'il souffre et qu'il se dévoue; c'est à nous, émancipés d'hier, à le délivrer. Si nous ne le délivrons pas, il se délivrera lui-même. La bourgeoisie doit imiter la conduite de la noblesse à la Constituante, tendre la main au peuple pour l'élever jusqu'à elle. Le peuple est le tiers état du dix-neuvième siècle. Donnons-nous le mérite de l'initiative ; réalisons la devise de la République : liberté, égalité, fraternité.



Ce livre était terminé quand la catastrophe de juin a éclaté. Proclamations du Président de l'Assemblée et du Chef du pouvoir exécutif. Parce que les socialistes avaient prévu l'explosion de la misère on voudrait les rendre complices de l'insurrection. Les insurrections ne résolvent pas les problèmes. La compression de l'émeute ne les résout pas davantage. Les ateliers nationaux ne sont pas l'œuvre du socialisme. Le plus grand ennemi de l'ordre, c'est la misère. Il fant opposer à la misère des remèdes d'une énergie souveraine. Constitution d'un vaste système de crédit. Banque d'État au capital de 1500 millions. Ces 1500 millions existent, l'État en peut immédiatement disposer. Le papier des banques nationales peut être accrédité dans les campagnes. Les billets de banque remboursables à présentation, non pas en écus, mais en blé. — Si l'on ne veut pas créer une banque d'État, qu'on mette du moins la banque de Paris à même de parer aux besoins de la situation. L'État peut commanditer la banque de 500 millions. L'État peut consacrer un milliard à former le fonds de garantie des banques territoriales ou agricoles. La quantité de la richesse n'est pas limitée. On peut enrichir les pauvres sans appauvrir les riches. On peut enrichir à la fois et les riches et les pauvres. Réconciliation des classes, extinction des haines. Tous les citoyens deviennent partisans de l'ordre, des réformes et du progrès.

FIN DE LA TABLE ANALYTIQUE.